AV

FVF
Forum Vormärz Forschung

Jahrbuch 2024
30. Jahrgang

Alltagskultur im Vormärz

herausgegeben
von
Norbert Otto Eke und Detlev Kopp

AISTHESIS VERLAG

Das FVF im Internet: www.vormaerz.de

Bibliografische Information der Deutschen Nationalbibliothek
Die Deutsche Nationalbibliothek verzeichnet diese Publikation
in der Deutschen Nationalbibliografie; detaillierte bibliografische
Daten sind im Internet über http://dnb.d-nb.de abrufbar.

Das FVF ist vom Finanzamt Bielefeld nach § 5 Abs. 1
mit Steuer-Nr. 305/0071/1500 als gemeinnützig anerkannt.
Spenden sind steuerlich absetzbar.

Namentlich gekennzeichnete Beiträge müssen nicht
mit der Meinung der Redaktion übereinstimmen.

Redaktion: Detlev Kopp

© Aisthesis Verlag GmbH & Co. KG 2025
Oberntorwall 21, D-33602 Bielefeld
E-Mail: info@aisthesis.de
Telefon: +49 521 172604

Satz: Germano Wallmann, geisterwort.de
Druck: MAJUSKEL MEDIENPRODUKTION GMBH, Wetzlar
Alle Rechte vorbehalten

Print ISBN 978-3-8498-2075-6
E-Book (PDF) ISBN 978-3-8498-2076-3
www.aisthesis.de

Inhalt

III. Mitteilungen

I.
Schwerpunktthema:

Alltagskultur im Vormärz

Alltagskultur im Vormärz

Vorbemerkung

Ziel des 2020 erschienenen „Vormärz-Handbuchs"[1] ist es gewesen, Grundlageninformationen zu ästhetischen, politischen, sozialen und ideengeschichtlichen Konstellationen, kulturellen Codes, Wissensordnungen und Institutionen des Zeitraums *Vormärz* zu vermitteln. Dieser Zielsetzung verpflichtet, öffneten die mehr als einhundert Beiträge von Kulturwissenschaftler*innen unterschiedlichster Provenienz in transdisziplinärer Modellierung des Forschungsgegenstands ‚Vormärz' Zugänge zu einer umkämpften „‚Labor'-Zeit"[2] des Experimentierens in einer relativ offenen Phase der Modernisierung; sie skizzierten Fragehorizonte für weitere Forschungen und stellten zentrale Autoren und Werke zur Diskussion. In Ergänzung dazu richtet das vorliegende Jahrbuch „Alltagskultur im Vormärz" den Blick nun auf den in der Vormärz-Forschung lange Zeit eher[3] randständigen Bereich der Alltagskultur in ihren vielfältigen Ausdrucksfeldern, Tätigkeitsformen und sozialen Habitus. Es erweitert damit den Aufmerksamkeitsradius der Vormärzforschung im Hinblick auf eine Geschichte der Praxis und der Praktiken.

Alltagskultur findet Ausdruck gleichermaßen in äußerlich wahrnehmbaren Praxisformen (Handlungs- und Verhaltensweisen) und in ‚inneren' Praktiken des Denkens, Wahrnehmens und Beurteilens. Ein konstellativen Wandlungsprozessen unterworfenes Subjekt-Welt-Verhältnis der Korrespondenz spricht sich darin *in* der Praxis und *durch* Praxis aus. Fluide Systeme sozialer Wahrnehmung und Bewertung setzen dem jeweils einen Rahmen, was Andreas Reckwitz von der „Prozessualität der performativen Praktiken"[4] hat sprechen lassen.

---

1 *Vormärz-Handbuch*. Hg. Norbert Otto Eke. Bielefeld: Aisthesis 2020.

2 Peter Stein. „‚Kunstperiode' und ‚Vormärz'. Zum veränderten Verhältnis von Ästhetizität und Operativität am Beispiel Heinrich Heines". In: *Vormärz und Klassik*. Hg. Lothar Ehrlich/Hartmut Steinecke/Michael Vogt. Bielefeld 1999. S. 49-62, hier S. 49.

3 Damit soll nicht etwa behauptet werden, dass es bislang überhaupt keine Forschungen zur Alltagskultur dieser Zeit gegeben hätte. Vgl. dazu allein Jürgen Kuczynskis großangelegte *Geschichte des Alltags des deutschen Volkes. Bd. 3: 1810-1870*. Wiesbaden: Panorama 1997.

4 Andreas Reckwitz. *Die Transformation der Kulturtheorien. Zur Entwicklung eines Theorieprogramms*. 2. Aufl. Weilerswist: Velbrück Wissenschaft 2006. S. 710.

Diese Praktiken lassen sich verstehen als Modi der Wirklichkeitswahrnehmung, der Kategorisierung und der Performanz, die sich aus dem Zusammenspiel heterogener Elemente entwickeln: körperlicher und mentaler Abläufe, der Interaktion mit Dingen, Affekten und Wissensformen.[5] Reckwitz bestimmt sie „als know-how abhängige und von einem praktischen ‚Verstehen‘ zusammengehaltene Verhaltensroutinen, deren Wissen einerseits in den Körpern der handelnden Subjekte ‚inkorporiert‘ ist, die andererseits regelmäßig die Form von routinisierten Beziehungen zwischen Subjekten und von ihnen ‚verwendeten‘ materialen Artefakten annehmen“.[6] Alltagskulturelle Praktiken wiederum changieren zwischen den politisch-medialen Räumen von Öffentlichkeit einerseits und den Binnenräumen des Privaten andererseits.[7] Die Modellierung einer Epoche ‚Vormärz‘ allein von der ‚Höhe‘ der politischen, philosophischen und ästhetischen Konzepte her bliebe von daher auch in signifikanter Weise ‚blind‘ gegenüber dem performativen Charakter von Kultur in der Interferenz und Wechselwirkung zwischen beiden Räumen.[8] Mit der Fokussierung alltagskultureller Praktiken soll in diesem Jahrbuch so auch der Blick nicht allein geöffnet werden für das weite Feld der Geselligkeitsformen, wie sie in der Festkultur, dem gemeinsamen Singen und Turnen im öffentlichen Raum in Erscheinung treten, sondern z.B. auch für die ‚Liebhaberkünste‘ des unterhaltsamen Musizierens, des Zeichnens, (Vor-)Lesens/Rezitierens und Schreibens im semi-öffentlichen oder im häuslichen Raum.

Ohne Frage wird der Alltag im 19. Jahrhundert in dem Maße zu einem Feld der kreativen Gestaltung, als ‚freie Zeit‘ nun für einen größeren Teil

---

5 Vgl. Andreas Reckwitz. „Grundelemente einer Theorie sozialer Praktiken. Eine sozialtheoretische Perspektive“. In: Zeitschrift für Soziologie 32/4 (2003). S. 282-301; weiterführend auch *Schemata und Praktiken*. Hg. Tobias Conradi/Gisela Ecker/Norbert Otto Eke/Florian Muhle. München: Fink 2012, hier insbesondere die „Einleitung“ der Herausgeber*innen, S. 9-13.

6 Andreas Reckwitz. *Grundelemente einer Theorie sozialer Praxis* (wie Anm. 5). S. 289.

7 Zum Begriff ‚Alltagskultur‘ siehe u. a. *Gattungsgeschichte als Kulturgeschichte*. Hg. Christine Siegert/Katharina Hottmann/Sabine Meine/Martin Loeser/Axel Fischer. Hildesheim, Zürich, New York: Olms 2008. S. 7-24.

8 Zur kategorialen Bestimmung des hier verwendeten Begriffsfeldes ‚Performativität – Performanz‘ vgl. weiterführend u.a. *Performativität und Praxis*. Hg. Jens Kertscher/Dieter Mersch. München: Fink 2003; *Social Performance. Symbolic action, cultural pragmatics, and ritual*. Hg. Jeffrey C. Alexander/Bernhard Giesen/Jason L. Mast. Cambridge: Cambridge University Press 2006.

der Bevölkerung disponibel wird und ihr damit auch Bedeutung zuwächst als zerstreuende (und eben Frei-Zeit füllende) Unterhaltung. Andererseits decken Unterhaltung und Geselligkeit lediglich Teilsegmente der Alltagskultur ab. Um sie in ihrer Vielfalt und Streuung zu erfassen, bedarf es eines kategorial offeneren Zugangs zu alltagskulturellen Praktiken in ihrer ganzen Breite, der sich nicht etwa allein auf das ‚gesellige Vergnügen' in künstlerischer Unterhaltung[9] beschränkt, auch wenn dieses unbestritten sichtbarere und bleibendere Spuren in der kulturellen Überlieferung hinterlassen hat als dies beispielsweise bei der Mode, bei Ernährungsgewohnheiten oder der Gesundheitsfürsorge der Fall ist. Auch diese Bereiche einer alltagskulturellen Praxis konstituieren und dynamisieren das Bewegungsfeld kultureller Transformation wie im Übrigen auch – wiederum lediglich exemplarisch – Erziehungskonzepte, das Universitätsleben und die Gestaltung von Außen- (Gartenarchitektur) und Innenräumen (Interieur).

Dies gebietet es, die Alltagskultur in ihrer ganzen Breite entlang beispielsweise der von Thomas Düllo begründeten Forschungsperspektive eines „performativen Transformationsmodells des Crossover, des Umdeutens und Eigenschaftsaustauschs"[10] in der Verbindung makrostruktureller und mikrostruktureller Phänomene in den Blick zu nehmen: der ‚großen' Linien philosophischer, politischer, auch ästhetischer Wissensordnungen, aber eben auch der ‚kleinen Dinge', wie sie sich in der Alltagskultur und in alltagskulturellen Praktiken abbilden und beobachten lassen. Im Horizont dieser Überlegungen geht das Jahrbuch einen ersten Schritt in die Richtung einer Erforschung der vormärzlichen Alltagskultur. Es sucht zunächst einmal ein Gesprächsangebot zu machen und Anregungen zu geben, um weitere Forschungen in der skizzierten praxeologischen Perspektive anzustoßen. Keineswegs ist die Geschichte der vormärzlichen Alltagskultur mit dem vorliegenden Band so auch auserzählt. Zu vielfältig, zu heterogen sind die Themen und Phänomene, als dass sie mit dem Vorliegenden auch nur annähernd erschöpfend behandelt wären. Aber ein Anfang ist damit gemacht.

Norbert Otto Eke

---

9 Vgl. zu diesem Bereich *Geselliges Vergnügen. Kulturelle Praktiken von Unterhaltung im langen 19. Jahrhundert.* Hg. Anna Ananieva/Dorothea Böck/Hedwig Pompe. Bielefeld: Aisthesis 2011.

10 Thomas Düllo. *Kultur als Transformation: Eine Kulturwissenschaft des Performativen und des Crossover.* Bielefeld: transcript 2011. S. 53.

Alina Bock (Passau)

„… ohne allen Zweck und ohne irgend eine Absicht"[1]

Die „Zwecklose Gesellschaft" in Düsseldorf als Weiterführung des romantischen Programms zweckfreier Geselligkeit

1. Einleitung

Geselligkeit und Fest durchbrechen den Alltag, doch sind sie insofern selbst alltägliche Phänomene, als sie regelmäßig mit zeittypischen Erscheinungsformen wiederkehren. Für die Zeit des Vormärz sind sie besonders aufschlussreich, spiegeln sie doch unmittelbar die Stellung des individualisierten „Subjekt[s] der Moderne"[2] und fungieren als Bindeglied zur Gesellschaft, wobei die zahlreichen neu gegründeten Vereine als wichtigste „Träger organisierter Freizeit"[3] eine Schlüsselfunktion einnehmen. Eine eigene Wendung nimmt dieses Verhältnis von Alltag und Geselligkeit vor dem Hintergrund der Romantik und ihrer Forderung nach einer „Universalpoesie"[4], welche die Kunst lebendig und gesellig und umgekehrt das Leben und die Gesellschaft

---

1 Statut des „Ordens der Zwecklosen Gesellschaft". Geschäftsakte des „Ordens der Zwecklosen Gesellschaft". Klassik Stiftung Weimar. Goethe- und Schiller-Archiv. Akte 49/420. Bl. 62-63. Hier Bl. 63R.

2 Emanuel Peter. Geselligkeiten. Literatur. Gruppenbildung und kultureller Wandel im 18. Jahrhundert. Berlin: de Gruyter 1999. S 328.

3 Werner K[arl] Blessing. Fest und Vergnügen der kleinen Leute. Wandlungen vom 18. bis zum 20. Jahrhundert. In: Volkskultur. Zur Wiederentdeckung des vergessenen Alltags. 16.-20. Jahrhundert. Hgg. Richard van Dülmen/Norbert Schindler. Frankfurt a. M.: Fischer Taschenbuch 1984. S. 352-379. Hier S. 365. Jürgen Voss setzt die erste große Blütezeit der Vereinsgründungen im Zeitraum 1815-1848 an, vgl. Jürgen Voss. Akademien, Gelehrte Gesellschaften und Wissenschaftliche Vereine in Deutschland, 1750-1850. In: Geselligkeit, Vereinswesen und bürgerliche Gesellschaft in Frankreich, Deutschland und der Schweiz. 1750-1850. Hg. Etienne François. Paris: Ed. Recherche sur les Civilisations 1986. S. 149-167. Hier S. 156.

4 Friedrich Schlegel. Fragmente [1797-1798]. In: Ders./August Wilhelm Schlegel. Athenaeum. Eine Zeitschrift 1798-1800. Bearb. Curt Grützmacher. Hamburg: Rowohlt 1969. Bd. 1 (Rowohlts Klassiker der Literatur und der Wissenschaft 29). S. 100-201. Hier S. 118-119.

poetisch machen soll.[5] Die Nachwirkungen sollen im Folgenden am Beispiel der Düsseldorfer Künstlergesellschaft der 1830er Jahre aufgezeigt werden.[6] Ihre Festkultur eröffnet „artistische Spielräume"[7], in denen „die Geselligkeit zu virtuosen Kunststücken"[8] gesteigert ist. Herausgegriffen wird die vom Dichter und Theaterdirektor Karl Immermann gemeinsam mit einem Kreis von Freunden, Künstlern und Literaten im Herbst 1837 begründete sogenannte „Zwecklose Gesellschaft". Schon ihr Name weist auf eine besondere Verbindung zu frühromantischen Bestrebungen hin, erinnert er doch an das von Friedrich Schleiermacher formulierte Konzept der zweckfreien Geselligkeit. Es stellt sich die Frage, ob und inwiefern dieses im Programm der Gesellschaft reflektiert ist und auf welchem Weg sich eine Vermittlung entsprechender Ideen vollzogen haben kann. Vermutet wird, dass die Einleitung zu Ludwig Tiecks frühromantischem Schlüsselwerk *Phantasus* hierbei eine Rolle spielt. Im Kontext der 1830er Jahre ist der darin implizit aufgehobene Wahrheits- und Bildungsanspruch der Aufklärung[9] allerdings endgültig in Frage gestellt.

---

5 Vgl. Peter. Geselligkeiten (wie Anm. 2). S. 243.

6 Vgl. an weiterführender Literatur Heinrich Theissing. Romantika und Realistika. Zum Phänomen des Künstlerfestes im 19. Jahrhundert. In: Zweihundert Jahre. Kunstakademie Düsseldorf. Anläßlich der zweihundertsten Wiederkehr der Gründung der Kurfürstlichen Akademie Düsseldorf im Jahre 1773. Hg. Eduard Trier. Düsseldorf: Staatl. Kunstakademie 1973. S. 185-202; vgl. zahlreiche Aufsätze von Sabine Schroyen zum Künstlerverein „Malkasten", z.B. in Kat. Ausst. Feste zur Ehre und zum Vergnügen. Künstlerfeste des 19. und frühen 20. Jahrhunderts. Hg. Ingrid Bodsch. Stadtmuseum Bonn. Bonn 1998-1999. Bonn: Stadtmuseum 1998 und in: 1848-1998. 150 Jahre Künstler-Verein Malkasten. Hgg. Julia Lohmann/Katharina Oesterreicher/Klaus Rinke u.a. Düsseldorf: Richter 1998; vgl. zuletzt Sabine Schroyen. Rollenspiele. Feste des Künstlervereins Malkasten in Düsseldorf. In: Schein oder Sein. Der Bürger auf der Bühne des 19. Jahrhunderts. Hgg. Irene Haberland/Matthias Winze. Oberhausen: ATHENA 2019. S. 198-221; vgl. Alina Bock. Humor im Bild bei Adolph Schroedter (1805-1875). Diss. Ludwig-Maximilians-Universität München 2022. Petersberg: Imhof 2024. S. 35-70.

7 Günter Oesterle. Eigenarten romantischer Geselligkeit. In: Europäische Romantik. Interdisziplinäre Perspektiven der Forschung. Hgg. Helmut Hühn/Joachim Schiedermair. Berlin/Boston: de Gruyter 2015. S. 201-214. Hier S. 213.

8 Oesterle. Romantische Geselligkeit (wie Anm. 7). S. 213.

9 Vgl. zu dieser Einschätzung der Forschung ebd. S. 203.

2. Die „Zwecklose Gesellschaft"

2.1. Grundlegendes

Karl Immermann, Leiter der wegweisenden Düsseldorfer Musterbühne, entwirft die „Zwecklose Gesellschaft" im Herbst 1837 als „point de ralliement für die paar aufgeweckten Köpfe Düsseldorfs"[10]. An der konstituierenden Sitzung am 30. Oktober 1837 sind die Künstler Theodor Hildebrandt, Adolph Schroedter, Karl Ferdinand Sohn, der Dirigent und städtische Kapellmeister Julius Rietz, Regierungsjustiziar Heinrich Philipp Ferdinand von Sybel sowie Regierungsrat Hermann Altgelt beteiligt.[11] Im Zuge der Ordensaufnahme am 2. November 1837 sowie in nachfolgenden Sitzungen erweitert sich der Kreis auf etwa 30 bis 40 Personen, darunter Akademiedirektor Wilhelm von Schadow, die Maler Johann Wilhelm Schirmer, Carl Friedrich Lessing, Heinrich Mücke, Eduard Steinbrück, Julius Hübner, Hermann Stilke, der spätere Akademiesekretär Rudolf Wiegmann und die Literaten Robert Reinick, Friedrich von Uechtritz und Carl Schnaase.[12] In den Akten nicht namentlich benannt werden Ehefrauen, Schwestern und Töchter. Als Gäste werden unter anderem Gerichtspräsident Wilhelm von Voss, General Johann Hans Gustav Heinrich von Hüser, Divisionsprediger Hermann Gerhard Monjé oder die damals in der Stadt weilende Malerin Gräfin Julie von Egloffstein aus Weimar erwähnt. Die Treffen im Wirtshaus Anton Beckers sind per Statut auf einen vierwöchigen Turnus festgelegt und finden

---

10 Karl Immermann an Oskar Ludwig Bernhard Wolff, Düsseldorf, 3.11.1837, zitiert nach Karl Immermann. Briefe, textkritische und kommentierte Ausgabe in drei Bänden. Bd. 2. Hg. Peter Hasubek. München: Hanser 1979. S. 751-753.

11 Vgl. Karl Leberecht Immermann. Zwischen Poesie und Wirklichkeit. Tagebücher. 1831-1840. Hg. Peter Hasubek. München: Winkler 1984. S. 554; vgl. Immermann. Briefe (wie Anm. 10). S. 744; vgl. Karl Immermann. Briefe, textkritische und kommentierte Ausgabe in drei Bänden. Bd. 3: Kommentar zu Bd. 1 und 2. Hg. Peter Hasubek, München: Hanser 1987, S. 1180.

12 Vgl. Geschäftsakte des „Ordens der Zwecklosen Gesellschaft". Klassik Stiftung Weimar. Goethe- und Schiller-Archiv. Akte 49/420. Bl. 55R (Teilnehmerliste für eine Landpartie im August 1838); vgl. außerdem Wolfgang Müller von Königswinter. In's alte romantische Land! In: Westermann's Jahrbuch der Illustrirten Deutschen Monatshefte. Bd. 6: April-Sept. 1859. Nr. 34: Juli 1859 und Nr. 35: Aug. 1859. S. 427-438 und S. 533-540. Hier: Nr. 35. S. 535.

jeweils abends von 19-23 Uhr statt.[13] Definiert ist dort auch der Zweck des Ordens, der paradoxerweise gerade darin besteht, „keinen Zweck zu haben"[14]. Gemeint ist damit nicht etwa der Verzicht auf einen einzelnen bestimmten Zweck zugunsten vielseitiger Interessen, sondern vielmehr die Überzeugung von der Absurdität allen Strebens und der Wunsch nach Geselligkeit und Spaß um ihrer selbst willen.[15] „Wer dem Augenblicke gelebt hat, erhält ein Monument"[16] wird zum Leitspruch einer Festkultur auserkoren, als deren Krönung, wie Hasubek zusammenfasst,

> höherer Unsinn, Parodie, Groteske und Satire [gelten]. In den Reden und Vorträgen dürften nicht selten Ironie und Satire, Anspielungen und Sprachspiele fast schon dadaistischen Gepräges eine wesentliche Rolle gespielt haben.[17]

2.2. Anregungen, Bezugs- und Ausgangspunkte

Inwiefern lässt sich diese Zwecklosigkeit mit Schleiermachers Theorie einer zweckfreien Geselligkeit in Verbindung bringen, die als „Höhepunkt der Geselligkeits-Theorie im 18. Jahrhundert"[18] angesehen wird. Veröffentlicht wird sie anonym im Januar- und Februarheft des *Berlinischen Archivs der Zeit und ihres Geschmacks* im Jahr 1799 unter dem Titel „Versuch einer Theorie des geselligen Betragens"[19]. Erst am Beginn des 20. Jahrhunderts wird sie

---

13 Vgl. Statut Zwecklose Gesellschaft (wie Anm. 1). Bl. 63R; vgl. Wolfgang Müller von Königswinter. Immermann und sein Kreis. Leipzig: Brockhaus 1861. S. 311.

14 Statut Zwecklose Gesellschaft (wie Anm. 1). Bl. 62R; Manfred Windfuhr. Immermanns erzählerisches Werk. Zur Situation des Romans in der Restaurationszeit. Gießen: Schmitz 1957 (Beiträge zur deutschen Philologie 14). S. 162; Günter Oesterle. Arabeske und Zeitgeist. Karl Immermanns Roman Münchhausen. In: Ideologie und Utopie. Hg. Bernhard Spies. Würzburg: Königshausen & Neumann 1995. S. 43-57. Hier S. 47.

15 Vgl. Windfuhr. Immermanns erzählerisches Werk (wie Anm. 14). S. 162.

16 Ebd. S. 164.

17 Immermann. Briefe Kommentar (wie Anm. 11). S. 1181-1182; vgl. ähnlich Windfuhr. Immermanns erzählerisches Werk (wie Anm. 14). S. 162.

18 Peter. Geselligkeiten (wie Anm. 2). S. 222.

19 Ebd. S. 222; Andreas Arndt. Friedrich Schleiermacher als Philosoph. Berlin/ Boston: de Gruyter 2013. S. 52, auch online unter: https://doi.org/10.1515/ 9783110318753.51 [Stand: 25.09.2024].

von Hermann Nohl wiederentdeckt und ihrem Autor zugeschrieben.[20] Sein vielzitierter Kernsatz lautet: „Freie, durch keinen äußern Zweck gebundene und bestimmte Geselligkeit wird von allen gebildeten Menschen als eins ihrer ersten und edelsten Bedürfnisse laut gefordert."[21] Während der Beruf und das häusliche Leben Umgang und Geist des Menschen einschränkten[22], müsse es

> einen Zustand geben, der diese beiden ergänzt, der die Sphäre eines Individui in die Lage bringt, daß sie von den Sphären Anderer so mannigfaltig als möglich durchschnitten werde [...]. Diese Aufgabe wird durch den freien Umgang vernünftiger sich unter einander bildender Menschen gelöst.[23]

Der Einzelne stehe hier in einer „allseitigen Wechselseitigkeit, in der Geben und Nehmen, Bestimmen und Bestimmtwerden Eins ist"[24]. Es entfalte sich „ein freies Spiel der Gedanken und Empfindungen, wodurch alle Mitglieder einander gegenseitig aufregen und belehren"[25]. Dabei werden individuelle „Eigenthümlichkeit"[26] und intersubjektiver „Ton"[27] miteinander vermittelt. Ist sich das vereinzelte romantische Subjekt schmerzlich des „Fragmentarischen,

---

20 Vgl. Arndt. Schleiermacher Philosoph (wie Anm. 19). S. 52; vgl. Peter. Gesellig-keiten (wie Anm. 2). S. 8 und S. 222.

21 Friedrich Schleiermacher. Versuch einer Theorie des geselligen Betragens [1799]. In: Ders. Schriften aus der Berliner Zeit 1796-1799. Bd. 2. Hg. Günter Mecken-stock. Berlin/New York: de Gruyter 1984. S. 163-184. Hier S. 165, online unter: https://doi.org/10.1515/9783110848748.163; Arndt. Schleiermacher Philo-soph (wie Anm. 19). S. 56; vgl. Peter. Gesellligkeiten (wie Anm. 2). S. 223.

22 Vgl. Schleiermacher. Geselliges Betragen (wie Anm. 21). S. 165; vgl. auch Arndt. Schleiermacher Philosoph (wie Anm. 19). S. 56; vgl. Norbert Altenhofer. Ge-selligkeit als Utopie. Rahel und Schleiermacher. In: Kat. Ausst. Akademie der Künste: Berlin zwischen 1789 und 1848. Facetten einer Epoche. Hg. Sonja Günther. Akademie der Künste Berlin 1981. Berlin: Frölich & Kaufmann 1981 (Akademiekatalog, 132). S. 37-42. Hier S. 38-39.

23 Schleiermacher. Geselliges Betragen (wie Anm. 21). S. 165; Arndt. Schleier-macher Philosoph (wie Anm. 19). S. 56.

24 Ebd. S. 54.

25 Schleiermacher. Geselliges Betragen (wie Anm. 21). S. 170, Peter. Gesellligkeiten (wie Anm. 2). S. 224.

26 Schleiermacher. Geselliges Betragen (wie Anm. 21), S. 172. Das Individuum brilliert durch seine Originalität, vgl. Peter. Gesellligkeiten (wie Anm. 2). S. 227.

27 Ebd. S. 226; Schleiermacher. Geselliges Betragen (wie Anm. 21). S. 174.

Bruchstückhaften"[28] seiner Weltsicht bewusst, so lässt der Austausch eine höhere Einheit und Totalität erahnen und gewährt ihm die „Entgrenzung seiner endlichen Existenz hin auf die Unendlichkeit eines höheren Daseins"[29]. Die freie Entfaltung der Geselligkeit um ihrer selbst willen steht, wie Arndt herausstellt, sowohl dem Kunstschönen nahe wie auch dem Spiel, das kurz zuvor von Friedrich Schiller in seiner Schrift *Über die ästhetische Erziehung des Menschen* als Konzept formuliert worden war.[30] Als zwischen Freiheit und Notwendigkeit vermittelnde Elemente werden sie im Sinne der Bildung des Menschen hin zu einem Ideal der Humanität wirksam.[31] Wie Arndt darlegt, betrifft der gesellige Umgang im Sinne Schleiermachers somit den „Kern der Humanisierung von Gesellschaft und die sittliche Vervollkommnung der Menschen"[32]. Die Theorie lässt sich damit in eine „Kontinuität aufklärerischen Denkens"[33] einordnen. Oesterle betont aber auch die implizite Abgrenzung, die Brüche und Neuerungen frühromantischer Geselligkeit.[34] Als Beispiel nennt er Verstöße gegen das gute Betragen oder gegen das Verbot weitschweifiger Rede.[35] Schleiermacher selbst erhebt die Persiflage und Anspielung in den höchsten Rang der Konversation.[36] Auch wenn Schleiermachers anonym erschienener Aufsatz offenbar seinerzeit „kaum Spuren hinterlassen"[37] hat, bleibt die Frage, inwiefern und auf welchen Wegen die

---

28 Altenhofer. Geselligkeit Utopie (wie Anm. 22). S. 41; vgl. hierzu auch Peter. Geselligkeiten (wie Anm. 2). S. 230.

29 Ebd. S. 223; vgl. auch ebd. S. 231.

30 Vgl. Arndt. Schleiermacher Philosoph (wie Anm. 19). S. 56-58. Nicht zufällig wird das Spiel auch von Schleiermacher selbst als Vergleich herangezogen, vgl. Schleiermacher. Geselliges Betragen (wie Anm. 21). S. 169.

31 Vgl. auch Arndt. Schleiermacher Philosoph (wie Anm. 19). S. 58.

32 Ebd. S. 56; vgl. in diesem Sinn auch Peter. Geselligkeiten (wie Anm. 2). S. 226; vgl. Schleiermacher. Geselliges Betragen (wie Anm. 21). S. 168; vgl. Oesterle. Romantische Geselligkeit (wie Anm. 7). S. 204.

33 Arndt. Schleiermacher Philosoph (wie Anm. 19). S. 58; hierzu Oesterle. Romantische Geselligkeit (wie Anm. 7). S. 203-205.

34 Vgl. Oesterle. Romantische Geselligkeit (wie Anm. 7). S. 203-211; vgl. in diesem Sinn auch Peter. Geselligkeiten (wie Anm. 2). S. 210, S. 221, S. 223, S. 242.

35 Vgl. Oesterle. Romantische Geselligkeit (wie Anm. 7). S. 205.

36 Schleiermacher. Geselliges Betragen (wie Anm. 21). S. 181-182; vgl. auch Peter. Geselligkeiten (wie Anm. 2). S. 230-231.

37 Arndt. Schleiermacher Philosoph (wie Anm. 19). S. 52; Oesterle. Romantische Geselligkeit (wie Anm. 7). S. 201; vgl. Altenhofer. Geselligkeit Utopie (wie Anm. 22). S. 41.

darin formulierten Ideen als Ausdruck damals virulenter Vorstellungen in die Praxis der „Zwecklosen Gesellschaft" Düsseldorfs eingingen.

Zurückzugehen ist hierbei zunächst auf die Berliner Salonkultur als einen gemeinsamen Bezugs- und Ausgangspunkt. Insbesondere die offenen Häuser jüdischer Salonnièren, wie etwa von Rahel Varnhagen oder Henriette Herz, erlauben die „zwanglose Zusammenkunft von Angehörigen gesellschaftlich entfernter Gruppen [...] zum Zwecke der Muße"[38]. „Dichterlesungen, Musik[,] [und] Theaterszenen"[39] bieten Anlass zur feingeistigen Erörterung, die auf der „Originalität der Teilnehmer"[40] beruht und „einer konversationellen Ästhetik zugänglich"[41] gemacht ist. In unmittelbarer Erinnerung an den Salon von Henriette Herz ist Friedrich Schleiermachers Aufsatz nach seinem Wegzug nach Potsdam verfasst.[42] Sein Freund Friedrich Schlegel, mit dem er 1797-99 in Berlin zusammengelebt hatte, lernt in diesem Rahmen seine spätere Frau Dorothea Veit kennen.[43] Gemeinsam mit ihr, seinem Bruder August Wilhelm und dessen Frau Caroline unternimmt er im Winter 1799/1800 in Jena den halbjährigen Versuch eines „Lebensexperiment[s]"[44]. Als Wohngemeinschaft pflegt man eine „Art urbaner ‚Salongeselligkeit in Permanenz'"[45] mit dem Ziel, „Leben, künstlerische Arbeit und Muße"[46] zu vereinen und damit die von Friedrich Schlegel im *Athenäum* unter dem Stichwort einer „progressive[n] Universalpoesie"[47] geforderte „wechselseitige Durchdringung von Poesie und Leben"[48] zu verwirklichen.

---

38 Ebd. S. 239. Vgl. auch ebd. S. 236-243; vgl. Oesterle. Romantische Gesellgkeit (wie Anm. 7). S. 207-208; vgl. Altenhofer. Geselligkeit Utopie (wie Anm. 22); vgl. Petra Wilhelmy. Der Berliner Salon im 19. Jahrhundert (1780-1914). Berlin/New York: de Gruyter 1989. S. 674-687 und S. 865-873.

39 Peter. Gesellgkeiten (wie Anm. 2). S. 239.

40 Ebd. S. 240.

41 Ebd. S. 240.

42 Vgl. ebd. S. 222; vgl. Arndt. Schleiermacher Philosoph (wie Anm. 19). S. 51-53.

43 Vgl. Peter. Gesellgkeiten (wie Anm. 2). S. 259.

44 Christa Wolf. Kultur ist, was gelebt wird. Gespräch mit Frauke Meyer-Gosau. In: Christa Wolf. Materialienbuch. Hg. Klaus Sauer. Darmstadt: Luchterhand 1979. S. 68, zitiert nach Peter. Gesellgkeiten (wie Anm. 2). S. 257; vgl. auch ebd. S. 260.

45 Peter. Gesellgkeiten (wie Anm. 2). S. 261.

46 Vgl. ebd. S. 260.

47 Schlegel. Fragmente (wie Anm. 4). S. 118-119; Peter. Gesellgkeiten (wie Anm. 2). S. 260.

48 Ebd. S. 260.

Eine Vermittlerposition derartiger Geselligkeitsformen übernimmt Ludwig Tieck, der mit Frau und Kind ebenfalls aus Berlin nach Jena in das Haus von August Wilhelm Schlegel zieht und in dessen *Phantasus* die „Geselligkeitserfahrungen in Berliner Salons und im Jenaer Romantiker-Haus ästhetisch verarbeitet"[49] sind. Die Rahmenhandlung zu der Erzählsammlung ist als Gespräch unter Freunden gehalten, in dem programmatisch künstlerische und philosophische Haltungen der Frühromantik formuliert werden. Der Behauptung, „daß das Leben kein romantisches Lustspiel sei"[50], halten sie den Versuch entgegen, dieses „seiner edlen Geburt würdig zu erziehen"[51], damit „Staub und Vernichtung in keinem Augenblicke darüber triumphieren"[52]. Die angeführten Mittel einer solchen Poetisierung muten geradezu wie eine Anleitung zu den Ideen Schleiermachers an, dem das Werk gewidmet ist. So solle „jede Tischunterhaltung [...] selbst ein Kunstwerk sein"[53]. Je mehr das Mahl sich dem Fest nähert, „um so mehr müssen Geist und Frohsinn"[54] hervortreten. Verklärt wird der Genuss der Rheinweins, dessen inspirierende Kraft den Tee- und Kaffeekränzchen, aber auch dem Konsum von Tabak entgegengehalten wird.[55] Angeregt wird das Vorlesen von Literatur, wobei ein wechselnder Anführer und Herrscher „bestimme und gebiete, welcherlei Poesien vorgetragen werden"[56]. Nicht erst hier zeigt sich die Lust, „Comödie zu spielen, ex tempore oder nach memorirten Rollen"[57]. Es sei „die geistigste und witzigste Entwickelung [sic!] unserer Kräfte und unseres Individuums [...], uns selbst ganz in ein anderes Wesen hinein verloren zu geben."[58] Explizit werden zudem Lachen, Komik und Albernheit als krönende Elemente des Miteinanders zelebriert.

Für die im *Phantasus* entwickelten Ideen und Vorstellungen finden sich in der Praxis zahlreicher Gesellschaften Entsprechungen. So sieht etwa Heinrich

---

49 Peter. Geselligkeiten (wie Anm. 2). S. 241; vgl. auch ebd. S. 261.

50 Ludwig Tieck. Ludwig Tieck's Schriften. Bd. 4: Phantasus, Theil 1. Berlin: Reimer 1828. S. 31 [Reprint: Berlin/Boston: de Gruyter 2018, online unter: https://doi.org/10.1515/9783111431376, Stand: 20.9.2024].

51 Ebd. S. 31.

52 Ebd. S. 31.

53 Ebd. S. 70.

54 Ebd. S. 73.

55 Ebd. S. 71-72; vgl. Oesterle. Romantische Geselligkeit (wie Anm. 7). S. 206.

56 Tieck. Phantasus (wie Anm. 50). S. 104.

57 Ebd. S. 51; vgl. auch ebd. S. 102.

58 Ebd. S. 100.

Theissing den „Lukasbund"[59], der mit gemeinsamen Essen, ‚komische[n]
Improvisationen, Pantomimen, Scharaden und allerlei Tollheiten die Fesseln
des vernünftigen Lebens'[60] zu sprengen sucht, als unmittelbaren Wegberei-
ter der Düsseldorfer Festkultur. Lohnenswert ist auch ein Blick auf die am
2. September 1826 von Hoffmann von Fallersleben mit Literaten, Künstlern,
Kunstfreunden und jungen Gelehrten gegründete „Zwecklose Gesellschaft"
in Breslau, die als Namensvetter der Vereinigung in Düsseldorf vorausgeht.
Man wolle keine „von jenen Societäten [...] sein, die immerfort in derselben
Richtung abschießen, ohne zu merken, dass die Kugel nichts mehr trifft, sondern sie findet überall ihren Zweck"[61], heißt es in den Vereinsbestimmungen.
Während Zwecklosigkeit hier lediglich thematische Offenheit meint, klingt
in der Formulierung „Wir wollen keinen Zweck nach außen verlegen, nur
nach innen, uns selbst Zweck sein"[62] die Nähe zu Schleiermachers Konzept
an. Nach dem Vorbild der Berliner Mittwochsgesellschaft werden Gedichte,
Aphorismen, Witze und Bücher, aber auch Lieder, Epigramme und Knittel-
verse vorgetragen sowie Druckgrafiken besehen und besprochen.[63] Gegenüber der auf das Transzendente weisenden Triebkraft Schleiermachers steht
dahinter aber ein sehr viel konkreterer Anspruch auf Bildung, Erheiterung,
Anregung und Förderung „in allem Wahren, Guten und Schönen"[64].

2.3. Geselligkeit im Düsseldorf der 1830er Jahre

Wie gestaltet sich vor diesem Hintergrund die Situation in Düsseldorf in
den 1830er Jahren? Prägend ist das Umfeld der Kunstakademie unter der
Leitung Wilhelm von Schadows, dem nach seinem Antritt 1826 zahlreiche
Künstler aus Berlin folgen. Mit der Berliner Salonkultur und der mit dieser

---

59 Theissing. Romantika (wie Anm. 6). S. 190.
60 Vgl. ebd. S. 190.
61 Rolf Parr. Zwecklose Gesellschaft [Breslau], In: Handbuch literarisch-kulturel-
   ler Vereine, Gruppen und Bünde 1825-1933. Hgg. Wulf Wülfing/Karin Bruns/
   Rolf Parr. Stuttgart, Weimar: J.B. Metzler 1998 (Repertorien zur Deutschen
   Literaturgeschichte). S. 510-517. Hier S. 510.
62 Ebd. S. 510.
63 Ebd. S. 510-511.
64 August Heinrich Hoffmann von Fallersleben. Mein Leben. Aufzeichnungen
   und Erinnerungen. Bd. 2. Hannover: Rümpler 1868. S. 35, zitiert nach ebd.
   S. 510; vgl. auch ebd. S. 512.

verbundenen Gründergeneration ist man vertraut. Des Öfteren empfängt man Gottfried Schadow, Leiter der Berliner Akademie, der seinerzeit die legendären Abende im Haus von Henriette Herz frequentiert hatte. Auch die Familie des damals in Düsseldorf weilenden Felix Mendelssohn-Bartholdy war in diese Zirkel eingebunden.[65] Weit über solche Kontakte hinaus steht man mit den kulturellen Zentren Europas in regem Austausch.[66] Philosophisch und literarisch steht die Künstlerschaft, wie Müller von Königswinter resümiert, in diesen Anfangsjahren der „Schlegel-Tieck'schen Schule"[67] nahe. Als vorbildhaft verehrt den Letzteren insbesondere Karl Immermann, der mit dem Kollegen im Briefwechsel steht und seine Stücke in das Repertoire der Düsseldorfer Musterbühne aufnimmt.[68] Seine Darstellung der von romantischen Ambitionen getragenen Geselligkeit dieser Zeit mutet geradezu verklärend an:

> In unsern Anfängen dagegen war das Streben, das Feinste, Geistigste, die Spiele der Imagination, Laune, Witz, und selbst die Grille zur Praxis zu machen [...]. Wer zählt die Maskenspiele, die Attrappen, die Pantomimen jener ersten fröhlichen Jahre? Alles wurde dramatisiert; Eigenheiten, Anekdoten, Spitznamen verarbeitete die Erfindung des Augenblicks.[69]

Einen Eindruck gewährt die scherzhafte Einladung auf einem Theaterplakat zu Immermanns Aufführung von Heinrich Kleists *Der zerbrochne*

---

65 Die oben genannte Dorothea Veit ist, ebenso wie Henriette Mendelssohn, seine Tante. Beide sind Gäste im Salon der Henriette Herz. Im Salon Fanny Hensels ist auch Immermann zu Gast, ebenso wie der mit den Düsseldorfern befreundete Franz Kugler. Seine Schwester Fanny Hensel pflegt selbst einen bekannten Salon, vgl. Wilhelmy. Berliner Salon (wie Anm. 38). S. 674-680 und S. 685-687.

66 Die in der „Zwecklosen Gesellschaft" engagierte Malerin Julie von Egloffstein beispielsweise bringt Erfahrungen als Hofdame in Weimar und als weit gereistes Ehrenmitglied der Accademia di S. Luca mit. Mit Heinrich Hoffmann von Fallersleben besteht mindestens seit den 1840er Jahren eine nähere Bekanntschaft, vgl. Bock. Schroedter (wie Anm. 6). S. 402, Fn. 3243.

67 Wolfgang Müller von Königswinter. Adolf Schrödter. In: Der Salon für Literatur, Kunst und Gesellschaft, Jg. 2 (1873). S. 1205-1212. Hier S. 1205.

68 Vgl. zur Beziehung der Düsseldorfer Künstlerschaft zu Tieck Bock. Schroedter (wie Anm. 6). S. 43.

69 Karl Leberecht Immermann. Düsseldorfer Anfänge. Maskengespräche [1840]. In: Karl Immermann. Werke in fünf Bänden. Hg. Benno von Wiese. Bd. 4. Frankfurt a. M.: Athenäum 1971. S. 549-651. Hier S. 589-590.

Krug 1829. „Derangierter Friedrich Wilhelm Schadow[,] ehemaliger aca-demischer Künstler nunmehro seit kurzem etablirt habender Cafetier nach Hegels System, und warm speisender Traiteur"[70] lädt darin zur „Retablierung seiner ruinirten Vermögens-Umstände"[71] zu „musikalisch-dramatischen Abendunterhaltungen"[72]. Vergleichbar ist ein späterer von Immermann verfasster Prospekt, der einen Umtrunk in der „[n]eueingerichtete[n] Gast- und Weinwirtschaft Auerbachs Keller"[73] ankündigt. Die Beispiele zeigen die Verquickung alltäglicher Treffen mit literarischen Motiven, die auch mit der bildenden Kunst in Beziehung stehen.[74]

Organisierte Gelegenheit zu Geselligkeit bieten zudem zahlreiche Ver-eine, unter denen der 1835 um Friedrich Wilhelm von Schadow versammelte „Familienverein" eine herausragende Stellung einnimmt.[75] Zum Zweck einer „geistreichen und liebenswürdigen Unterhaltung, wie zu einem frugalen Abendessen"[76] trifft man sich alle zwei Wochen zu Soireen im Friedrichs-bad, einem Lokal im Hofgarten.[77] Zu den Attraktionen der ersten Zusam-menkunft gehören Experimente im Bereich des „tierischen Magnetismus"[78], ehe der Ball „von Herrn Direktor Schadow durch eine Polonaise eröffnet"[79]

---

70 Theaterzettel „Der zerbrochene Krug" vom 15.3.1829. Klassik Stiftung Weimar. Goethe- und Schiller-Archiv. Akte, GSA 49/450. Bl. 24.

71 Ebd. Bl. 24.

72 Ebd. Bl. 24.

73 Karl Immermann. Prospekt „Neueingerichtete Gast- und Weinwirthschaft Auer-bachs Keller" [1837]. Geschäftsakte des „Ordens der Zwecklosen Gesellschaft". Klassik Stiftung Weimar. Goethe- und Schiller-Archiv. Akte 49/420. Bl. 66.

74 Vgl. Bock. Schroedter (wie Anm. 6). S. 265.

75 Vgl. hierzu Lilian Landes. Carl Wilhelm Hübner (1814-1879). Genre und Zeit-geschichte im deutschen Vormärz. Diss. Ludwig-Maximilians-Universität Mün-chen 2008. Berlin: Dt. Kunstverl. 2008 (Kunstwissenschaftliche Studien, 149). S. 167; vgl. Bock. Schroedter (wie Anm. 6). S. 48 und S. 357, Fn. 722 [jeweils mit weiterer Literatur].

76 Aus den Statuten des 1835 gegründeten Familienvereins Düsseldorfer Künst-ler, in: Düsseldorfer Heimatblätter 10 (1937), o. S., online unter: https://www. duesseldorferjonges.de/storage/files/9093a6e7-9fc5-42d7-af73-b86c7e8f27ef/ das-tor-10-1937pdf.pdf [Stand: 31.10.2024].

77 Vgl. Wolfgang Müller von Königswinter an Ferdinand Freiligrath, am 19.12.1837, zitiert nach Paul Luchtenberg. Wolfgang Müller von Königswinter. Bd. 1. Köln: Der Löwe 1959. S. 71.

78 Statuten Familienverein (wie Anm. 76). o. S.

79 Ebd. o. S.

wird. Ein wichtiges Element der Unterhaltung sind Theateraufführungen, für die sich insbesondere der Dichter Robert Reinick und der sich selbst als „Haupthanswurst"[80] beschreibende Schroedter literarisch engagieren.[81]

2.4. Die Ausgestaltung der „Zwecklosen Gesellschaft" in Düsseldorf

2.4.1. Parodie von Bündnissen im Allgemeinen und des Freimaurertums im Besonderen

Über solch lose verknüpften Elemente der Zerstreuung geht die „Zwecklose Gesellschaft" in Konzeption und Ausgestaltung deutlich hinaus, wobei sie einerseits Formen der von Schleiermacher und Tieck propagierten frühromantischen Geselligkeit und nicht zuletzt das Grundpostulat der Zweckfreiheit aufgreift, sich aber andererseits der damit verbundenen transzendenten Dimension auf ironische Weise entledigt. Von vorneherein beruht sie auf einem zutiefst parodistischen Ansatz, der die Form des Bundes selbst aufs

---

80 Adolph Schroedter an Gustav Lüderitz, Düsseldorf, 2.2.1836, Nürnberg, Germanisches Nationalmuseum, Historisches Archiv. Autographen. IX. Maler Deutschland. K32, keine ZR-Nr. vermerkt. Sig. SB-AUT, K32.77; vgl. Bock. Schroedter (wie Anm. 6). S. 40; vgl. auch Nadine Müller. Kunst & Marketing. Selbstvermarktung von Künstlern der Düsseldorfer Malerschule und das Düsseldorfer Vermarktungssystem 1826-1860. Diss. Heinrich-Heine-Universität Düsseldorf 2009. Regensburg: Schnell & Steiner 2010. S. 210.

81 Vgl. Johannes Höffner (Hg.). Aus Biedermeiertagen. Briefe Robert Reinicks und seiner Freunde. Bielefeld, Leipzig: Velhagen & Klasing 1910. S. 95; vgl. Schroedter an Lüderitz (wie Anm. 80); vgl. auch Müller. Marketing (wie Anm. 80). S. 210; Von Szenen aus der Kunstausstellung berichtet Karl Immermann. Tagebücher (wie Anm. 11). S. 557. In seinen Briefen an Wilhelm Nerenz geht Schroedter ausführlich auf den „Familienverein" ein, vgl. Adolph Schroedter an Wilhelm Nerenz. Briefe vom 21.12.1838, 21.2.-12.3.1839, 22.11.1839 und 27.11.1839, 2.1.1841. Heinrich-Heine-Institut. Inv. 91.5003/4, 91.5003/5, 91.5003/7, 91.5003/10; vgl. Adolf Schroedter. Briefe an Wilhelm Nerenz. 1839-1871, transkribiert und kommentiert von Rudolph Theilmann. Staatliche Kunsthalle Karlsruhe. Kopie des Manuskripts von 1991, überarbeitet 1995. Städtische Galerie Karlsruhe. Archiv Schenkung Werner W. Schroedter. S. 12, S. 16, S. 28, S. 43; vgl. auch das Austrittsgesuch Schroedters, Adolph Schroedter an Jakob Friedrichs, Düsseldorf, 18.12.1841. Stadtarchiv Hannover. StadtA H, 4.AS.01, Nr. 4510.

Korn nimmt.[82] Die von Windfuhr zitierte Passage aus der Eröffnungsrede Immermanns vermittelt einen Eindruck von dem in der Gesellschaft gepflegten Ton:

> Zu dem Orden und dem Jahr – nun die Stiftung noch – Nicht eine Stiftung, die – sondern eine Stiftung, welche – nicht eine Stiftung dort – sondern eine Stiftung hier – keine Stiftung jener, sondern eine Stiftung dieser – O – welche Stiftung![83]

Im Besonderen richtet sich die parodistische Stoßrichtung gegen die Geheimgesellschaften der Freimaurer, mit denen sich Immermann, der von 1825 bis 1829 in Magdeburg der „Loge der Glückseligkeit"[84] angehört, intensiv beschäftigt.[85] Ihr Höhepunkt ist damals längst überschritten.[86] Die „wichtigste Sozietät der deutschen Aufklärung"[87] ist „durch Geheimniskrämerei, okkulte Praktiken und Ranghierarchien in eine innere Krise geraten."[88] In Entsprechung zur Organisation der Bauhütte werden ihre Mitglieder in die Grade Lehrling, Geselle und Meister eingeteilt. Die Suchenden sollen dabei „stufenweise in eine höhere Welt geistiger Freiheit"[89] und zu wahrem Menschentum geführt werden.[90] Die Verpflichtung zur Verschwiegenheit garantiert „die Weitergabe gradspezifischer Kenntnisse"[91]. Mystisch aufgeladen erscheinen daneben durch die „Einhaltung von Ritualen, Erkennungszeichen[,][und] Symbolen"[92] die verschiedenen Initiations- und Prüfungsverfahren. Hierzu gehören der Rekurs auf den Tempel und den Altar, auf dem das Buch des Heiligen Gesetzes (die Bibel) platziert ist[93], eine ausge-

---

82 Vgl. in diesem Sinn Windfuhr. Immermanns erzählerisches Werk (wie Anm. 14). S. 162; vgl. auch Immermann. Briefe Kommentar (wie Anm. 11). S. 1182.
83 Zitiert nach Windfuhr. Immermanns erzählerisches Werk (wie Anm. 14). S. 164.
84 Ebd. S. 162.
85 Vgl. Immermann. Briefe Kommentar (wie Anm. 11). S. 1180.
86 Vgl. Peter. Geselligkeiten (wie Anm. 2). S. 130 und S. 200.
87 Ebd. S. 207.
88 Ebd. S. 207; vgl. in diesem Sinn auch ebd. S. 212.
89 Dieter A. Binder. Die diskrete Gesellschaft. Geschichte und Symbolik der Freimaurer. Graz, Wien, Köln: Ed. Kaleidoskop 1988. S. 142.
90 Vgl. ebd. S. 130.
91 Ebd. S. 152. Zum Verschwiegenheitsgebot vgl. ebd. S. 139.
92 Ebd. S. 11; vgl. auch ebd. S. 139.
93 Vgl. ebd. S. 150.

prägte Lichtmetaphorik im Sinne der Vorstellung von Erkenntnis als ‚Weg zum Licht‘[94] oder die Zelebrierung der Zahl Drei, etwa beim rhythmischen Pochen an der Tür des Tempels oder den Schlägen zur Eröffnung und Schließung der Loge.[95] Auch müssen mindestens drei schriftliche Informationen die Eignung des Bewerbers beglaubigen.[96] Zu den standardisierten Fragen im Zuge der Aufnahme gehört jene nach Mut und Standhaftigkeit.[97] Diese muss auch der Meister beim Durchschreiten der Elemente Erde, Wasser, Luft und Feuer unter Beweis stellen.[98] Seine Wanderung symbolisiert dabei gleichsam „den Tod und die Wiedergeburt“[99] und beschreibt damit den Übergang zum Transzendenten.[100]

Eine Unterteilung der Mitglieder in verschiedene Grade sieht auch das von Immermann verfasste Statut der „Zwecklosen Gesellschaft“ vor.[101] Dem ersten oder niederen entspricht jener der Seelen, womit die aufgenommenen (männlichen) Teilnehmer gemeint sind.[102] Möglich ist unter diesen eine Bandbreite von „unergründlichen u[nd] eigentlichen“[103] Seelen sowie „Titularseelen‘, ‚Ehrenseelen‘, ‚beredten, vielseitig gebildeten Sprechern‘, ‚musterhaften und unschädlichen Greisen‘ [sowie] ‚pensionierten Ehrengreisen‘“[104]. Einen höheren Grad nehmen die „unbekannten Oberen“[105] ein, die anfangs von den Begründern des Ordens gestellt werden. Gattinnen und Töchter der Mitglieder werden als Genien bezeichnet, fremde Gäste als sogenannte „Keime“[106]. Über allen herrscht als mystisches Oberhaupt Sarastro.[107]

---

94 Vgl. ebd. S. 142.
95 Vgl. ebd. S. 166.
96 Vgl. ebd. S. 139.
97 Vgl. ebd. S. 136.
98 Vgl. ebd. S. 146.
99 Ebd. S. 149, vgl. hierzu auch ebd. S. 142 und S. 148.
100 Vgl. ebd. S. 149.
101 Vgl. Statut Zwecklose Gesellschaft (wie Anm. 1). Bl. 62R-V.
102 Vgl. Müller von Königswinter. In's romantische Land (wie Anm. 12). S. 535.
103 Geschäftsakte des „Ordens der Zwecklosen Gesellschaft“. Klassik Stiftung Weimar. Goethe- und Schiller-Archiv. Akte 49/420. Bl. 8R.
104 Windfuhr. Immermanns erzählerisches Werk (wie Anm. 14). S. 162.
105 Vgl. Müller von Königswinter. In's romantische Land (wie Anm. 12). S. 535.
106 Ebd. S. 535.
107 Vgl. ebd. S. 535.

An freimaurerische Rituale angelehnt ist auch die große, bewusst auf den „Allerseelentag" 1837 gelegte „Ordensaufnahme"[108], zu der mit geheimnisvollen Einladungskarten gebeten wird:

Die Augen der Weisheit sind auf Dich gefallen, oh Jüngling, und du bist würdig erachtet worden, in den Orden der zwecklosen Gesellschaft einzutreten [...]. Schreckliche Prüfungen harren deiner, aber herrlich wird auch der Lohn seyn, der dich erwartet, wenn du sie überstehst.[109]

Angekündigt wird zudem ein abzuleistender Eid, „nichts von dem zu verrathen, was Du siehst oder hörst, selbst wenn Du Nichts sehen oder hören solltest"[110]. Gemeinsam mit Hildebrandt und Schroedter plant Immermann den Ablauf des ersten Abends „mit lächerlichem Ritual"[111]. Als Vorbild und zugleich Gesetzbuch der Vereinigung dient das von Emanuel Schikaneder und Mitarbeitern verfasste Libretto der *Zauberflöte*[112], der „Freimaureroper"[113] schlechthin. Durch „Muth und Standhaftigkeit"[114], aber auch mit Hilfe der Zauberflöte, bestehen ihre Helden die ihnen auferlegten Prüfungen – als da sind die Probe des Stillschweigens sowie die Feuer- und Wasserprobe – und gelangen über den „Weg sittlicher Läuterung"[115] zu den Zielen der Freimaurerei. Ihr Tugend- und Pflichtenkanon spricht aus den

---

108 Immermann. Tagebücher (wie Anm. 11). S. 554.

109 Programm über die Eröffnung des „Ordens der Zwecklosen Gesellschaft" am Allerseelentage 1837. Klassik Stiftung Weimar. Goethe- und Schiller-Archiv. Akte 49/420. Bl. 3-4. Hier Bl. 3R.

110 Einladungskarte zur Ordensaufnahme der „Zwecklosen Gesellschaft", Geschäftsakte des „Ordens der Zwecklosen Gesellschaft". Klassik Stiftung Weimar. Goethe- und Schiller-Archiv. Akte 49/420. Bl. 11.

111 Immermann. Briefe (wie Anm. 10). S. 753; vgl. auch Immermann. Tagebücher (wie Anm. 11). S. 554.

112 Immermann. Briefe (wie Anm. 10). S. 753. Zur Autorenschaft des Librettos vgl. Wolfgang Kelsch/Heinz Schuler. Wolfgang Amadeus Mozart. Freimaurer-Musik. Bayreuth: Freimaurerische Forschungsgesellschaft Quatuor Coronati 1990 (Quellenkundliche Arbeit 27). S. 50.

113 Ebd. S. 25. Von freimaurerischen Idealen zeugt auch die Musik Mozarts, vgl. hierzu ebd. S. 57, S. 64, S. 82.

114 Wolfgang Amadeus Mozart. Die Zauberflöte. KV 620. Eine große Oper in zwei Aufzügen. Libretto von Emanuel Schikaneder. Hg. Hans-Albrecht Koch. Ditzingen: Reclam 2022. S. 19.

115 Kelsch/Schuler. Mozart (wie Anm. 112). S. 25.

Reden des weisen Sarastro, dessen Tempel zugleich „Sitz der Götter"[116] Isis und Osiris ist.[117]

Die konkrete Planung und die Umsetzung dieser Ausgangsidee sind in der Akte der „Zwecklosen Gesellschaft" im Goethe-Schiller-Archiv in Weimar nachzulesen. Sie zeugen von Spiel und Verwandlung als den von Heinrich Theissing ausgemachten zentralen Elementen der Düsseldorfer Festkultur.[118] Sarastro, den in der ersten Sitzung Immermann selbst vorstellt, erscheint „mit thurmhoher Mütze, langem Flachsbart und dito greiser Allongenperücke"[119]. Die unbekannten Oberen tragen das Kostüm der Zauberflöte, die assistierenden Damen als „Genien pappene Flügel"[120]. Auf dem Altar liegt „das Gesetzbuch des Ordens"[121], beleuchtet von „zwei Feuerbecken daneben mit grünem Feuer. Eine ungeheure Zauberflöte von Pappe hängt quer durch den Saal"[122]. Von den vielseitig gebildeten Sprechern Hildebrandt und Schroedter befragt, ob sie genug Standhaftigkeit besitzen, die fürchterlichen Proben zu bestehen, werden die vor der Tür auf Einlass Wartenden in den Saal geführt. In parodistischer Anlehnung an freimaurerische Schrittfolgen begrüßen die Sprecher „Sarastro mit drei kurzen Sprüngen und dreimaliger Berührung seiner Nasenspitze. Sarastro antwortet mit drei kurzen Sprüngen"[123], während der „musicalische unbekannte Obere Rietz"[124] „O Isis und Osiris!" spielt. Die Prüfungen erweisen sich als machbar. Der azurblaue Löwe mit den maigrünen Augen, dem die Kandidaten zum Fraß vorgeworfen werden sollen, lässt sich nicht

---

116 Ebd. S. 57.

117 Vgl. ebd. S. 25.

118 Vgl. Theissing. Romantika (wie Anm. 6). S. 198.

119 Immermann. Briefe (wie Anm. 10). S. 753; vgl. auch Müller von Königswinter. Immermann (wie Anm. 13). S. 308.

120 Programm über die Eröffnung des „Ordens der Zwecklosen Gesellschaft" (wie Anm. 109). Bl. 3V.

121 Ebd. Bl. 4R; vgl. auch Windfuhr. Immermanns erzählerisches Werk (wie Anm. 14). S. 163; vgl. Immermann. Briefe (wie Anm. 10). S. 746.

122 Programm über die Eröffnung des „Ordens der Zwecklosen Gesellschaft" (wie Anm. 109). Bl. 3V; vgl. auch Windfuhr. Immermanns erzählerisches Werk (wie Anm. 14). S. 163; vgl. Immermann. Briefe (wie Anm. 10). S. 746.

123 Programm über die Eröffnung des „Ordens der Zwecklosen Gesellschaft" (wie Anm. 109). Bl. 4R; vgl. zu Schrittfolgen bei den Freimaurern Binder. Diskrete Gesellschaft (wie Anm. 89). S. 132.

124 Programm über die Eröffnung des „Ordens der Zwecklosen Gesellschaft" (wie Anm. 109). Bl. 4R.

blicken, da er an einer leichten Indisposition leidet und nicht einmal mehr im Stande ist, eine liegen gelassene Bratwurst zu vertilgen. Beim Ansetzen der Zauberflöte an den Mund der Kandidaten erklingt ein Akkord auf dem Flügel. Die Wasser- und Feuerprobe besteht in der Verkostung eines Glas Becker'schen Moselweins und eines Punsches. Immermann wundert sich im Rückblick: „Das Komischste bei der ganzen Sache war, daß die Neophyten durch alle Komik nicht aus ihrem Ernste zu bringen waren."[125] Ihre feierliche Aufnahme in den Grad der Seelen besiegeln drei Posaunenstöße,[126] denen eine Verlesung des Ordensstatuts und eine „Rede über alles und Jedes [sic!]"[127] folgt.

Nicht nur das freimaurerische Ritual wird hierbei auf die Schippe genommen, die Parodie zielt auf die Idee der Wahrheit selbst. Die Frühromantiker stehen für diesen Skeptizismus Pate, doch war hinter ihrer fragmentierten Weltsicht das Absolute implizit als ein unerreichbarer Endpunkt unendlichen Sehnens erhalten geblieben. Dass die Idee eines im Mystischen verborgenen höchsten Geheimnisses nur mehr ironisch angesprochen wird und auch entsprechende künstlerische Ambitionen ins Lächerliche gezogen werden, zeigt die von Adolph Schroedter in einem Brief an seinen Freund Eduard Bendemann mehrfach verwendete Metapher vom „Schleier der Isis"[128], zu dem die Vertreter erhabenen Stils im Sinne eines romantischen Idealismus strebten. Je mehr sie

Eigenthum in einer höchsten Region gewinnen, je mehr sie an den Schleier der Isis zupfen, desto mehr verlieren sie den mütterlichen Erdboden unter ihren Füßen u[nd] sterben am Ende (oft zu Anfang auch schon) zwischen Himmel u[nd] Erde, desto mehr büßen sie an menschlicher Empfindung, an Unbefangenheit des Gemüthes ein.[129]

In der „Zwecklosen Gesellschaft" dagegen wird das Spiel mit dem Mystizismus in den folgenden Sitzungen fortgesetzt. Im Protokoll der zweiten Sitzung heißt es:

---

125 Immermann. Briefe (wie Anm. 10). S. 753.
126 Vgl. auch ebd. S. 747.
127 Protokoll der ersten Ordensversammlung am Allerseelentage 1837. Geschäfts-
     akte des „Ordens der Zwecklosen Gesellschaft". Klassik Stiftung Weimar.
     Goethe- und Schiller-Archiv. Akte 49/420. Bl. 15-18. Hier Bl. 16V.
128 Adolph Schroedter an Eduard Bendemann, Düsseldorf, o. D. Universitäts-
     bibliothek Leipzig. Rep. IX 3/256b.
129 Ebd.

Als sich am heutigen Abende [...] alle Keime im Keimen, alle Seelen im Reiche des Ormuds [...], die unbekannten Obren [sic!] aber in dem ihnen eigenthümlichen, unbeschreibbaren Zustande der inneren Beschauung befanden, wurde die Versammlung für eröffnet erklärt.[130]

2.4.2. Inspiration durch die aufkommende Orientalistik und Ägyptologie

Einen bildhaften Eindruck vermittelt in der Vereinsakte im Goethe-Schiller-Archiv in Weimar eine von drei Federzeichnungen, die offenbar dazu bestimmt war, die beiliegende, von Immermann verfasste „Reimchronik" des Ordens zu illustrieren (Abb. 1). Er selbst thront, wie die Bezeichnung auf der Blattrückseite verrät, als Sarastro in langem Priestergewand und mit hohem Hut, allerdings ohne Flachsbart, vor einem astronomischen Globus, den er prophetisch deutet. Über ihm erscheinen die Piktogramme von Zwilling und Fisch neben einem kryptischen Schriftzug. Mit ruhigem Sprechgestus antwortet er den Drohgebärden von zwei Priestern in langen Gewändern mit Knüppeln auf der rechten Seite, während sich links zwei Lakaien im Frack verneigen. Haar- und Barttracht geben sie als Schroedter und Hildebrandt zu erkennen. Worauf die Szene anspielt, bleibt unklar, doch verdeutlicht sie die Faszination durch Orientalistik, die etwa durch die Feldzüge Napoleons und die aufkommende Ägyptologie befeuert werden.

Sie zeigt sich auch auf den schon erwähnten geheimnisvollen Einladungskarten für die erste Sitzung, die mit Hieroglyphen aus der Hand Hildebrandts und Schroedters individuell verziert sind.[131] Auf einem Exemplar (Abb. 2) schreitet links neben dem Text eine Gestalt mit Wildschweinkopf, eine langstielige Pfeife in der Hand, einher, der klein zwei, wie es scheint, protestierende Philister folgen. Seitlich der in verschiedenen Größen gehaltenen

---

130 Protokoll der zweiten Ordensversammlung den 3ten Dezember 1837. Geschäftsakte des „Ordens der Zwecklosen Gesellschaft". Klassik Stiftung Weimar. Goethe- und Schiller-Archiv. Akte 49/420. Bl. 25-28. Hier Bl. 25R. Bei „Ormuds" handelt es sich um das alt- bzw. mittelpersische Wort für den „Herrn der Weisheit" [Anm. d. Verf.].

131 Vgl. Gustav Pulitz. Karl Immermann. Sein Leben und seine Werke. Aus Tagebüchern und Briefen an seine Familie. Bd. 2. Berlin: Wilh. Hertz 1870. S. 202; vgl. Immermann. Tagebücher (wie Anm. 11). S. 554. Der Druck wird von Immermann veranlasst, vgl. ebd. S. 554; vgl. auch Bock. Schroedter (wie Anm. 6). S. 49.

Abb. 1: Theodor Hildebrandt: Sarastro deutet die Zukunft, Aquarell,
10,8 x 14,5 cm, Weimar, Klassik Stiftung Weimar, Goethe- und Schiller-Archiv,
GSA 49/420, Bl. 47, Bildquelle: Klassik Stiftung Weimar,
Goethe- und Schiller-Archiv.

Abb. 2: Adolph Schroedter und Theodor Hildebrandt: Einladungskarte für den
„Orden der Zwecklosen Gesellschaft", 1837, Holzschnitt und Aquarell, 33,7 x
40,3 cm, Weimar, Klassik Stiftung Weimar, Goethe- und Schiller-Archiv, GSA
49/420, Bl. 11, Bildquelle: Klassik Stiftung Weimar, Goethe- und Schiller-Archiv.

Schriftzüge erweisen weitere Strichmännchen, die mit Tierkörpern oder
-köpfen und verschiedenen Insignien ein buntes Gefolge bilden, dem zentralen Namen Sarastro ihre Ehrerbietung.[132] Obwohl in der „Reimchronik"
an einer Stelle davon die Rede ist, dass „aus zerstreuten Zeichen / Die weitre
[sic!] Nachricht wurde kund"[133], ist die Spiegelschrift an den Rändern, die
von einer Beschäftigung etwa mit demotischen Schriftsystemen zeugen
dürfte, nicht zu entziffern. Eine Fortsetzung findet dieses Spiel während der
Regentschaft Adolph Schroedters als Sarastro, über den in der Chronik des
Ordens ironisch vermerkt ist, er habe „koptisch"[134] gesprochen. Das Leit-
motiv orientalisierender Motivik setzt sich in weiteren bildlichen Beiträgen
fort. Eine anonyme aquarellierte Umrisszeichnung (Abb. 3) zeigt die altpersi-
sche Gottheit „Ormuds", die das teuflische Wesen Ahriman an seinem Horn
gepackt hat und ihm mit einem Messer zu Leibe rücken will. Diesmal ist
den Figuren eine Keilschrift beigegeben, die darunter in lesbaren Zeilen den
bekrönten Sieger zugleich als „Vernunftwesen" und das überwältigte Tier als
„Philisterwesen" zu erkennen gibt. Die detaillierte Ausgestaltung zeugt von
einer interessierten Auseinandersetzung mit orientalistischen Themengebie-
ten, die als eklektizistischer Ideenfundus herangezogen werden.

2.4.3. Dreimaliges zweckloses Handeln als Bedingung zur Beförderung der Seelen

Neben der für die erste Sitzung reservierten Ordensaufnahme sind im Statut
weitere Vergnügen vorgesehen, die für die folgenden Termine einen festen
Rahmen setzen. Wie in der Einleitung zu Tiecks „Phantasus" vorgeschla-
gen, leitet in jeder Sitzung ein neu gewähltes Oberhaupt als Sarastro den

---

132 Vgl. zu der anderen Einladungskarte ebd. S. 48-49.

133 Karl Immermann. Reimchronik von den dreien letzteren Sarastronibus,
Geschäftsakte des „Ordens der Zwecklosen Gesellschaft". Klassik Stiftung Weimar. Goethe- und Schiller-Archiv. Akte 49/420. Bl. 48-53. Hier Bl. 49V.

134 Immermann. Reimchronik (wie Anm. 133). Bl. 52R. In der von Julie von
Egloffstein gezeichneten Herrschergenealogie des Ordens weist sein Bildfeld
entsprechende Schriftzeichen auf, vgl. Julie Gräfin von Egloffstein. Ehrentafel
mit Eintragungen der leitenden Oberhäupter des „Ordens der Zwecklosen
Gesellschaft". Klassik Stiftung Weimar. Goethe- und Schiller-Archiv. Akte
GSA (ÜF 105).

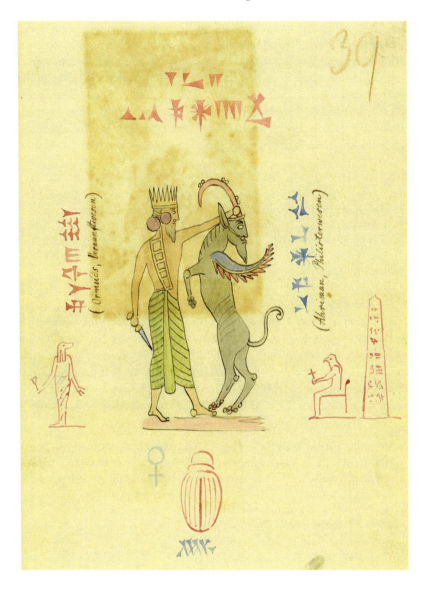

Abb. 3: Anonym Das Vernunftwesen Ormuds besiegt das Philisterwesen Ahriman,
Aquarell, 33,6 x 21,2 cm, Weimar, Klassik Stiftung Weimar,
Goethe- und Schiller-Archiv, GSA 49/420, Bl. 37R,
Bildquelle: Klassik Stiftung Weimar, Goethe- und Schiller-Archiv.

Abend.[135] Nach Immermanns Vorsitz sind dies in den anschließenden Monaten Hermann Altgelt, Theodor Hildebrandt, Adolph Schroedter, Heinrich Philipp Ferdinand von Sybel, Carl Schnaase, Robert Reinick und andere.[136] Die Möglichkeit, als Seele in den Rang von Oberen aufzusteigen, wenn der Anwärter drei Tatumstände nachweist, „bei welchen er ohne allen Zweck und ohne irgendeine Absicht gehandelt hat"[137], eröffnet ein weites Feld der Belustigung. Zahlreiche der vorab eingereichten und bei Tisch vorgetragenen Bewerbungen in Gedicht- und Prosaform sind in der Akte in Weimar erhalten.[138]

> Daß es bei dieser Gelegenheit nicht an ergötzlichen Ereignissen fehlte, die ebenso ergötzlich vorgetragen wurden, war [...] nicht zu verwundern [...]. Je weniger man es manchem ernsten und gesetzten Manne angesehen hatte, daß auch er seinerzeit zu den Tapsen und Strolchen gehörte, die gelegentlich auf die Nase fallen, Rippenstöße erhalten und ausgelacht werden, desto fröhlicher hob sich die Stimmung in der Runde.[139]

An den wohlgeborenen „Adolph Sarastro"[140] richtet sich ein Gedicht von Julius Hübner, das von drei arabesken Initialen begleitet wird, welche die „Zwecklosia" dieses Künstlers illustrieren (Abb. 4): Das Niedersetzen im Denkersessel, das verzweifelte Kratzen hinterm Ohr und schließlich der rettende Geistesblitz: „Dann dacht ich und dachte – / Was du sprichst, ist schon dein! / Was könnte denn 3fach zweckloser seyn / Als Setzen und Kratzen und Denkenspein???"[141]. Mit der Frage „War wirklich dies zwecklos?[142]

---

135 Vgl. Robert Reinick an Franz Kugler, Düsseldorf, 11.7.1838, abgedruckt in Höffner. Aus Biedermeiertagen (wie Anm. 81). S. 117. vgl. Windfuhr. Immermanns erzählerisches Werk (wie Anm. 14). S. 62; vgl. Statut Zwecklose Gesellschaft (wie Anm. 1). Bl. 62V.

136 Vgl. Egloffstein. Ehrentafel (wie Anm. 134).

137 Statut Zwecklose Gesellschaft (wie Anm. 1). Bl. 63R; Windfuhr. Immermanns erzählerisches Werk (wie Anm. 14). S. 162.

138 Vgl. Geschäftsakte Zwecklose Gesellschaft (wie Anm. 103). Bl. 21-24 (Bewerbungen u. a. von Friedrich von Uechtritz, Carl Schnaase, Julius Hübner, Rudolf Wiegmann und Julie von Egloffstein).

139 Müller von Königswinter. Immermann (wie Anm. 13). S. 313.

140 Geschäftsakte Zwecklose Gesellschaft (wie Anm. 103). Bl. 29 R.

141 Ebd. Bl. 30R.

142 Ebd. Bl. 30R.

Abb. 4: Julius Hübner: Drei Zwecklosia, Aquarell und Deckweiß, 28,8 x 18,2 cm,
Weimar, Klassik Stiftung Weimar, Goethe- und Schiller-Archiv, GSA 49/420,
Bl. 29V, Bildquelle: Klassik Stiftung Weimar, Goethe- und Schiller-Archiv.

stellt er Sarastro vor ein Paradoxon: Mit der Entscheidung für die Aufnahme war die Mühe nicht vergebens. Nur mit der Ablehnung bleibt das Schreiben tatsächlich zwecklos.

Der Bedingung kommt dabei eine programmatische Bedeutung zu. So assoziieren die verschiedenen Bewerber das zweckfreie Handeln, inspiriert durch Immermanns absurd-philosophische Ausführungen der ersten Sitzung, mehrfach mit dem Weg der Seele zur Unsterblichkeit und der Loslösung vom „ird'schen Halten und vom Kleister / Womit ein Leben festgeklebt!"[143] Mit dem Gedanken, dass erst das zwecklose Handeln den Menschen zur Göttlichkeit erhebt, ist Schleiermachers Ansatz der Zweckfreiheit auf eigentümliche Art verfremdet, indem die Zweckfreiheit gerade nicht auf die geistigen und künstlerischen Höhenflüge des Menschen in freier Geselligkeit zielt, sondern auf das antirationale, absurde, kindische und lächerliche Alltagshandeln, das zum Gegenstand gemeinsamer Belustigung wird. Auch ist der erwartete himmlische Lohn wohl durchaus als ein prosaischer aufzufassen.

2.4.4. Weiteres Rahmenprogramm

Zu den zeremoniellen Abläufen der Aufnahme und Beförderung tritt in jeder Sitzung ein unterhaltsames Rahmenprogramm, das alle künstlerischen Gattungen einschließt. Gemäß Statut sollen „Compositionen vorgelegt, Vorlesungen gehalten und Musikstücke vorgetragen"[144] werden. Die im *Phantasus* lediglich auf literarische Arbeiten bezogene Idee ist somit auf zusätzliche Sparten ausgeweitet, wie es auch in anderen Gesellschaften üblich ist.[145] Als Autor bringt vor allem Immermann „eigene oder fremde leichtere Lektüre"[146] zu Gehör. Vielfach herausgestellt wurde der Einfluss der „Zwecklosen Gesellschaft" auf das Entstehen seines Romans *Münchhausen. Eine*

---

143 Geschäftsakte Zwecklose Gesellschaft (wie Anm. 103). Bl. 23V.
144 Statut Zwecklose Gesellschaft (wie Anm. 1). Bl. 63R.
145 Vgl. Tieck. Phantasus (wie Anm. 50). S. 103.
146 Robert Reinick an Franz Kugler, Düsseldorf, 11.7.1838, abgedruckt bei Höffner. Aus Biedermeiertagen (wie Anm. 81). S. 117; vgl. Windfuhr. Immermanns erzählerisches Werk (wie Anm. 14). S. 62; vgl. auch Königswinter. Immermann (wie Anm. 13). S. 314. An Lektüre erwähnt wird z. B. das Gedicht „Dread nought" von Ferdinand von Freiligrath, vgl. Königswinter. In's romantische Land (wie Anm. 12). S. 535.

Geschichte in Arabesken, der mit ihrem Zusammentreten konkrete Gestalt annimmt.[147] Das Verfassen des Textes und das Vorlesen der geschriebenen Passagen, von dem schon ab der zweiten Sitzung die Rede ist, verlaufen parallel.[148] Für die Gruppe erweisen sich diese Lesungen als gemeinschaftsstiftendes Erlebnis. Müller von Königswinter schwärmt vom „Vorlesetalent des Dichters"[149], der „in seinem Vortage einen so natürlichen Fluß entwickelte, wie dies bei Tieck der Fall gewesen ist."[150] Immermann selbst zeichnet in der „Reimchronik" das Bild einer „Unschuldszeit Zwecklosias"[151], „als alles Volk hier stand und saß, / den Tönen lauschte, Bilder ehrte, / Münchhausens Wundermärchen hörte."[152] So wie in Tiecks *Phantasus* das Erzählen von Märchen im Zentrum steht,[153] so betont die Formulierung auch hier den märchenhaften Zug des Vorgetragenen. Auch ohne eine reale Situation der Gesellschaft vorzustellen, beschwört das von Adolph Schroedter im Februar 1841 nach dem Tod Immermanns und nach Auflösung der Gesellschaft begonnene Ölgemälde „Münchhausen im Kreis seiner Jagdfreunde" mit seiner wohligen, vom warmen Licht des Ofens beleuchteten Punschatmosphäre

---

147 Vgl. Immermann. Tagebücher (wie Anm. 11). S. 553; vgl. Immermann. Briefe Kommentar (wie Anm. 11). S. 1180-1182; vgl. Bock. Schroedter (wie Anm. 6). S. 50.

148 Vgl. Alina Bock. Karl Leberecht Immermann (1796-1840). Münchhausen eine Geschichte in Arabesken. In: Kat. Ausst. Die Verwandlung der Welt. Die romantische Arabeske. Hg. Werner Busch/Petra Maisak, Freies Deutsches Hochstift, Frankfurter Goethe-Museum, Hamburger Kunsthalle, Frankfurt a. M./Hamburg 2013-2014. Petersberg: Imhof 2013. S. 341-342. Hier S. 341; vgl. Bock. Schroedter (wie Anm. 6). S. 35; vgl. Günter Oesterle. Arabeske und Zeitgeist. Karl Immermanns Roman Münchhausen. In: Ideologie und Utopie. Hg. Bernhard Spies. Würzburg: Königshausen & Neumann 1995. S. 43-57. Hier S. 47, vgl. Immermann. Briefe Kommentar (wie Anm. 11). S. 1180-1182; vgl. Immermann. Tagebücher (wie Anm. 11). S. 552-561; vgl. Pulitz. Immermann (wie Anm. 131). S. 248 und S. 258.

149 Müller von Königswinter. In's romantische Land (wie Anm. 12). S. 535.

150 Ebd.

151 Immermann. Reimchronik (wie Anm. 133). Bl. 49R; Windfuhr. Immermanns erzählerisches Werk (wie Anm. 14). S. 165; vgl. Oesterle. Arabeske (wie Anm. 148). S. 56, Fn. 33.

152 Immermann. Reimchronik (wie Anm. 133). Bl. 49R; Windfuhr. Immermanns erzählerisches Werk (wie Anm. 14). S. 165; vgl. Oesterle. Arabeske (wie Anm. 148). S. 56-57, Fn. 33; vgl. Bock. Schroedter (wie Anm. 6). S. 51.

153 Vgl. Tieck. Phantasus (wie Anm. 50). S. 113.

die Erfahrung gemeinsamen Lauschens.[154] Die vorausgegangene, nicht nachweisbare Ölskizze von 1836 hatte Immermann seinerzeit selbst als Inspirationsquelle gedient. Sein als Arabeske konzipierter Roman behandelt die Geschichte vom Urenkel des berühmten Lügenerzählers, der an einer Stelle des Romans eigens auf das Bild Schroedters verweist. Als Satire gefasst enthält dieser Teil des Romans zahlreiche Anspielungen auf die Kunst.[155] Nicht nur der scherzhafte Umgang in der Gesellschaft ist somit prägend, sondern auch das Nebeneinander unterschiedlicher künstlerischer Medien.[156] Hierzu gehören auch kleine Theaterstücke.[157] Als Immermann mit seiner Verlobten Marianne Niemeyer aus den Flitterwochen zurückkehrt, empfangen ihn die Freunde mit einem dramatischen Festspiel aus der Feder von Friedrich von Uechtritz, in dem die Protagonisten des Romans in Beziehung zu seiner Person gebracht sind.[158]

Darüber, welche Zeichnungen und Bilder von den Künstlerinnen und Künstlern zur „Unterhaltung für das Auge"[159] mitgebracht wurden,[160] geben die Quellen keine Auskunft. Mit dem von Gustav von Pulitz erwähnten starken „Heft von zum Teil sehr humoristischen Akten"[161], in dem „Maler, Architecten [sic!], Musik, Mimik[,] und Poesie mit Kräften wetteiferten"[162],

---

154 Vgl. Adolph Schroedter. Münchhausen erzählt seine Jagdabenteuer, 1842, Öl auf Leinwand, 57,5 x 79,7 cm, Hamburg, Hamburger Kunsthalle, Inv. 3185; vgl. ausführlich Bock. Schroedter (wie Anm. 6). S. 51, S. 271 und Abb. 27 wie auch allgemein zur Rolle des Erzählens ebd. S. 40-44.

155 Vgl. auch Markus Fauser. Intertextualität als Poetik des Epigonalen. Immermann-Studien. München: Fink 1999. S. 291.

156 Vgl. auch ebd. S. 289.

157 Erwähnt wird in den Akten der Entschluss zur Aufführung der Tragödie „Don Carlos" in fünf Aufzügen mit einem Vorspiele, die aber wohl parodistische Züge trägt, vgl. Protokoll zweite Ordensversammlung (wie Anm. 130). Bl. 26R-26V. Auch eine von Schroedter gezeichnete Bildfolge scheint sich auf einen komödiantischen Stoff zu beziehen, das Thema bleibt aber unklar; vgl. Bock. Schroedter (wie Anm. 6). S. 49-50.

158 Vgl. Pulitz. Immermann (wie Anm. 131). S. 306; vgl. Bock. Schroedter (wie Anm. 6). S. 50.

159 Müller von Königswinter. Immermann (wie Anm. 13). S. 314.

160 Vgl. ebd., S. 314; vgl. Protokoll zweite Ordensversammlung (wie Anm. 130), Bl. 25R.

161 Pulitz. Immermann (wie Anm. 131). S. 202.

162 Ebd. S. 202.

dürfte die besagte Akte im Goethe-Schiller-Archiv gemeint sein, aus dem
bereits einige Beiträge herausgegriffen wurden. Verantwortlich für den musikalischen Teil ist Julius Rietz, der in der Regel zu Beginn „eigne [sic!] oder
fremde Kompositionen"[163] vorträgt. Daneben wird etwa Robert Reinick
„auf dem Felde des Liedes"[164] und Adolph Schroedter „auf dem Gebiet der
Humoristik thätig"[165].

Bei Tisch wird die Unterhaltung fortgesetzt. Als Grundsatz gilt hierbei,
laut Statut, das Prinzip der „Frugalität"[166], demzufolge nur eine Schüssel
und ein gewöhnlicher Tischwein gereicht werden dürfen. Wer dagegen
verstößt, ist verpflichtet, beim nächsten Treffen den ganzen Orden „in
Champagner freizuhalten"[167]. In Immermanns „Reimchronik" ist die Ver-
pflegung ein größeres Thema. So tagt der Verein zu Beginn im Hauptlokal
Anton Beckers, wo das bereitstehende Salatbuffet jedoch schon während
des geistigen Programms „Wittrung [sic!] / von leiblicher nach geistiger
Füttrung [sic!]"[168] verspricht. Die Idee zur Verlegung der Mahlzeit in den
Keller wird im Text als großer „Wurf und Fund"[169] gepriesen und eigens mit
einer Zeichnung illustriert (Abb. 5).[170] Ein junger Geck im Frack, den eine
Bezeichnung von fremder Hand auf der Blattrückseite als Adolph Schroedter identifiziert, verblüfft Immermann und die Gesellschaft mit einem
Geistesblitz, während im Hintergrund der Kellner einen Braten zur Tafel
bringt. Die „Reimchronik" zitiert den Ausruf: „Ihr Brüder, Schwestern,
höret! Speist / In Zukunft nur Unsterbliches / Hier oben, [–] nur Verderb-
liches / Da unten, So wird besser gerathen / Die Musenlust, die Lust am
Braten"[171]. Beschlossen wird somit die räumliche Trennung des geistigen

163 Robert Reinick an Franz Kugler, Düsseldorf, 11.7.1838, abgedruckt bei Höff-
    ner. Aus Biedermeiertagen (wie Anm. 81). S. 117; vgl. Windfuhr. Immermanns
    erzählerisches Werk (wie Anm. 14). S. 62; vgl. auch Müller von Königswinter.
    Immermann (wie Anm. 13). S. 314.

164 Ebd.. S. 314; Müller von Königswinter. Schroedter (Anm. 67). S. 1211.

165 Müller von Königswinter. Immermann (wie Anm. 13). S. 314; Müller von
    Königswinter. Schroedter (Anm. 67). S. 1211.

166 Statut Zwecklose Gesellschaft (wie Anm. 1). Bl. 63V.

167 Ebd. Bl. 63V.

168 Immermann. Reimchronik (wie Anm. 133). Bl. 49R.

169 Ebd. Bl. 49 V.

170 Eine Ziffer neben dem Text verweist auf die Zeichnung mit der „No. 1" (ebd.
    Bl. 49V).

171 Ebd. Bl. 49 V.

Abb. 5: Theodor Hildebrandt: Der Geistesblitz, Aquarell, 9 x 13,5 cm,
Weimar, Klassik Stiftung Weimar, Goethe- und Schiller-Archiv, GSA 49/420,
Bl. 46, Bildquelle: Klassik Stiftung Weimar, Goethe- und Schiller-Archiv.

Programms und der sich anschließenden leiblichen Genüsse. Dass in diesem Zusammenhang auch der Wein, wie ihn Schroedters Bildwelt als Kontrast zu „einer nüchternen, manichäerhaften Philisterei"[172] verherrlicht, eine wichtige Rolle spielt, legt schon die Wasser- und Feuerprobe in Form von Moselwein und Punsch nahe. Die spontane Interaktion der Teilnehmer ist aus den überlieferten Zeugnissen allenfalls indirekt nachvollziehbar. Müller von Königswinter, der bei zwei Sitzungen als Gast zugegen ist, erinnert sich, dass „Julius Rietz das Textbuch der Zauberflöte [...] in oftmals höchst drolliger und lustiger Art zu den contrastirendsten Citaten handhabe."[173] Die Beschreibungen des Autors sind jedoch nicht einheitlich. Während er sich einmal an das spontane „Kreuzfeuer einer lustigen und witzigen Unterhaltung"[174] erinnert, betont er ein anderes Mal die dominante

172 Friedrich von Uechtritz. Blicke in das Düsseldorfer Kunst- und Künstlerleben. Bd. 2. Düsseldorf: Schreiner 1840. S. 69.
173 Müller von Königswinter. In's romantische Land (wie Anm. 12). S. 535.
174 Königswinter. Immermann (wie Anm. 13). S. 311.

Stellung Karl Immermanns, die ihm „nicht gerade auf gemütlicher Art zu beruhen"[175] scheint. „Von gleichberechtigtem Meinungsaustausch, der sich in harmlosen Plaudereien ergeht, habe ich nur wenig bemerkt. [...] Auch bei Tisch und später, als wir um eine Bowle saßen, führte Immermann das Wort, während sich die Uebrigen ziemlich passiv verhielten."[176] Die Protokolle der Sitzungen immerhin erwähnen verschiedene spontane Aktionen. Zur ersten Sitzung heißt es etwa: „Mannigfache Producte des Künstlerischen und der Begeisterung dienten dazu, den Geist der Erhebung zu erhalten und zu verstärken."[177] So schnitzt ein

Künstler aus dem Stegreif aus einer Birne die Büste des heutigen mystischen Oberhauptes Sarastro, an welcher eine Rosine die Nase formen musste; ein Werk von schlagender Wirkung [...] der besten Zeiten der Kunst würdig.[178]

Ein anderer Meister fertigt dazu aus einem Apfel das Postament, eine Anmaßung, die wegen des „vor Seelen u. Keimen nimmer zu enthüllenden Geheimnis[es]"[179] sofort von den unbekannten Oberen durch Aufessen des Apfels unterdrückt wird. Das Beispiel zeigt die Ironisierung des freimaurerischen Geheimniskultes und der offiziellen Kunstgattungen.[180]

2.4.5. Konstruktion einer Geschichtlichkeit

Der mit jeder Sitzung wechselnde Sarastro verleiht den Sitzungen dabei seinen Akzent. Nachvollziehbar ist die Folge der Regenten anhand der erwähnten Ehrentafel von Julie von Egloffstein wie auch aus der besagten „Reim-Chronik von den dreien letzteren Sarastronibus"[181], in der ironisch eine

---

175 Müller von Königswinter. In's romantische Land (wie Anm. 12). S. 535.
176 Ebd. S. 536.
177 Protokoll erste Ordensversammlung (wie Anm. 127). Bl. 17R.
178 Ebd. Bl. 17R.
179 Vgl. ebd. Bl. 17R.
180 Vgl. Theissing. Romantika (wie Anm. 6). S. 200; Oesterle. Arabeske (wie Anm. 148). S. 47.
181 Immermann. Reimchronik (wie Anm. 133). Bl. 48R; vgl. auch Windfuhr. Immermanns erzählerisches Werk (wie Anm. 14). S. 165, Fn. 36; vgl. Immermann. Tagebücher (wie Anm. 11). S. 662; vgl. Egloffstein. Ehrentafel (wie Anm. 134).

Geschichtlichkeit des Ordens konstruiert wird. Die ersten beiden Herrscher stünden für

> Die Zeit, in der die Sage bricht sich / Ja möglich wär' es, daß erstände / Ein zweiter Niebuhr[,] welcher fände, Es mangle ihnen Existenz / Sie sein nur epische Sentenz / Oder astronomische Figuren, / Oder sinnbildliche Volksconjunkturen / Oder missverstandene Hieroglyphen.[182]

Gegenüber den ersten beiden mythischen Herrschern gehören Sarastro drei, vier und fünf bereits zur „Periode, die geschichtlich"[183], was jedoch auch sie nicht davor schützt, dass „Niebuhr [sie] schlachtete ohn' Erbarmen"[184]. Ein vermutlich späterer handschriftlicher Vermerk neben dem Text der Reimchronik verweist auf die beiliegende Illustration Nr. 2 (Abb. 6) mit einer Darstellung der drei Sarastros,[185] die in ägyptisierender Manier auf einem Thron platziert sind. Während die linke Figur mittels einer Bezeichnung auf der Blattrückseite als Theodor Hildebrandt identifiziert wird, muss es sich bei jener mit dem Attribut einer Panflöte um seinen Nachfolger Adolph Schroedter, bei jener rechts davon, mit einer Fleischkeule, um Heinrich Philipp Ferdinand von Sybel handeln. Für Hildebrandt sprechen in der Tat der markante, in der Chronik vielzitierte Schnurrbart sowie die leere Gabel und der schmale Bauch, die auf die große Hungersnot während seiner Regentschaft verweisen, als man nach Verlegung des Festmahls ins Kellergeschoß von Anton Becker unversorgt bleibt. Bemerkenswert ist die Regentschaft Hildebrandts auch aufgrund seiner abrupten Machtübernahme. Angesichts der milden Herrschaft seines Vorgängers hatte das Volk verlangt, „daß der Herrscher sich fühlbar machen solle, man wollte lieber einen Tyrannen haben"[186]. Beim Versuch Hildebrandts, die Verfassung umstürzen, wird

---

182 Immermann. Reimchronik (wie Anm. 133). Bl. 50R. Die Anspielung auf Barthold Georg Niebuhr, den Begründer der Geschichtswissenschaft und Sohn des Orientreisenden Carsten Niebuhr, belegt das Interesse an der aufkommenden Geschichtswissenschaft. In seinem Tagebuch erwähnt Immermann zu dieser Zeit Gespräche mit dem jungen Heinrich von Sybel, seines Zeichens Historiker, über die Verfälschung der römischen Geschichte durch Tacitus, vgl. Immermann. Tagebücher (wie Anm. 11). S. 552.

183 Ebd. Bl. 50R.

184 Ebd. Bl. 50R.

185 Ebd. Bl. 50R.

186 Protokoll zweite Ordensversammlung (wie Anm. 130). Bl. 27V.

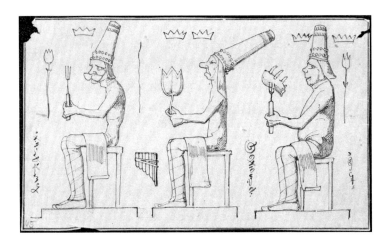

Abb. 6: Theodor Hildebrandt: Sarastro drei, vier und fünf [Theodor Hildebrandt, Adolph Schroedter und Heinrich Philipp Ferdinand von Sybel], Aquarell, 10,7 x 18,2 cm, Weimar, Klassik Stiftung Weimar, Goethe- und Schiller-Archiv, GSA 49/420, Bl. 45, Bildquelle: Klassik Stiftung Weimar, Goethe- und Schiller-Archiv.

ihm jedoch kräftiger Widerstand geleistet.[187] Die Episode wirft die Frage nach versteckten politischen Implikationen auf. Da den Vereinen jede politische Agitation verboten ist, findet sie allenfalls im Versteckten unter dem Deckmantel anderweitiger Aktivitäten statt.[188] Hasubek geht davon aus, dass sich in den „scherzhaften Episoden eine kritische Auseinandersetzung mit kulturellen und gesellschaftlichen Phänomenen der Zeit"[189] vollzieht. Die vielfachen Seitenhiebe gegen das Philistertum und die im Programm formulierte Verschärfung des Schweigegebots selbst für den Fall, dass das Gesehene und Gehörte „gegen den Staat, die Religion und gegen die guten Sitten angehen sollte"[190], machen die Gesellschaft zu einem Raum der freien Meinungsäußerung. Gleichzeitig bleibt die Parodie, soweit sie sich aus

187 Vgl. ebd. Bl. 28R.
188 Vgl. Peter. Geselligkeiten (wie Anm. 2). S. 200.
189 Immermann. Briefe Kommentar (wie Anm. 11). S. 1182.
190 Immermann. Briefe (wie Anm. 10), S. 745. Programm über die Eröffnung des „Ordens der Zwecklosen Gesellschaft" (wie Anm. 109). Bl. 3V. Bemerkenswerterweise ist dieser Text auf der Einladungskarte durch die harmlosere Formulierung „nichts von dem zu verrathen, was Du siehst oder hörst, selbst wenn Du

Quellen nachvollziehen lässt, auf einer allgemeinen Ebene. Das Statut der Gesellschaft wird von Immermann offiziell mit der Bitte um Portofreiheit angemeldet.[191] Einen besonderen Höhepunkt erlebt die Gesellschaft am 11. Februar 1838 unter der Regentschaft von Hildebrandts Nachfolger Adolph Schroedter.[192] Seine besondere Wertschätzung durch Immermann kommt in der huldvollen Ankündigung der „Reimchronik" zum Ausdruck:

> Hoch hebe dich jetzo, du Knittelreim, / Lieblich töne, Reimchronik, wie Honig fein! / Denn den Thron, welchen schirmen Egyptische [sic!] Götter, / Vor dem Anubis bellt in den Hundetag, / Und Apis brüllt, der Stier ohne Zag / Besteigt der Modicäer Sarastro Schrödter. [...] Alle Künste erblühten und erglühten / [...]. Sämtliche Zweige der Wissenschaft / Trugen Früchte von strotzender Pracht [...] Unter den Keimen gab ein Keimen, / Unter den Seelen ein Schwärmen und Reimen.[193]

Auf „den Schwingen hoher Immagination [sic!]"[194] lässt auch Schroedters Nachfolger Heinrich Philipp Ferdinand von Sybel ein buntes Märchenreich erstehen, wobei er in „neuen Wundersätzen"[195] phantasiert. Es lässt sich erahnen, wie die Lust an Spiel und Verwandlung die Kreativität der Teilnehmenden frei von Vernunft und Zweck zu ästhetischen Höhenflügen entließ. Im Sommer 1838 verlässt man sogar das Becker'sche Lokal. Sarastro Robert Reinick organisiert eine Landpartie, um den Dienst an Isis und Osiris auf würdevolle Weise zu begehen. Nach einer Überfahrt der Karawane über den Nil (Rhein) begibt man sich zum Palast von Luxor (Bilk), um dort im versunkenen Palast des Hirtenkönigs Hyksos eine Mumie auszugraben und Kaffee zu trinken, ehe man die Rückreise nach Memphis (Düsseldorf) antritt. „Es wird gebeten Raketen, Humor, Pistolen, Zauberflöten und was sonst zum ägyptischen Tempeldienst gehört[,] mitzubringen."[196] Ein Jahr später haben sich die Aktivitäten offenbar beruhigt, denn Schroedter regt ein neues Treffen an:

Nichts sehen oder hören solltest" ersetzt, Einladungskarte Zwecklose Gesellschaft (wie Anm. 110). Bl. 11.
191 Vgl. Statut Zwecklose Gesellschaft (wie Anm. 1). Bl. 63V.
192 Immermann. Tagebücher (wie Anm. 11). S. 561.
193 Immermann. Reimchronik (wie Anm. 133). Bl. 51R.
194 Ebd. Bl. 51V.
195 Ebd. Bl. 51V.
196 Geschäftsakte Zwecklose Gesellschaft (wie Anm. 103). Bl. 55R.

Schlafen die gesalbten Götter? Sind die Könige Meron's einbalsamirt & auf
dem besten Wege per Mumie in die Farbenblasen der Herrn Maler zu wan-
dern? / O starker Held! Rüttle an die Gemächer der Schläfer [...] – summe
ihnen leise in's Ohr von Waldvögelein, von dem Lügenbaron ec. – endlich
lasse eingehen in ihre gebräunten Nüstern den Duft weissen Becker[']schen
Punsches, – & siehe zu, ob sie in Lethargie verkommen werden![197]

Auch nach Auflösung der Gesellschaft – spätestens im Jahr 1840 – bleiben
die hier gepflegten Aktivitäten für spätere Vereinigungen vorbildlich. In
Frankfurt am Main gründet Adolph Schroedter 1849 mit Heinrich Hoffmann die Gesellschaft zur „Katakombe", der ebenfalls das alte Ägypten als
Leitbild dient und in der ein wechselnder Pharao „fuer die geistige Nahrung
zu sorgen"[198] hat. Auch im 1848 gegründeten Düsseldorfer Künstlerverein „Malkasten" leben die Ideen fort. Eine von Müller von Königswinter
im *Frankfurter Konversationsblatt* 1851 geschilderte Episode dürfte reale
Gepflogenheiten reflektieren. Dem Maler Isidor Schwindel wird darin von
Künstlerkollegen die Aufnahme in eine Geheimgesellschaft vorgegaukelt.
Der Hauptspaßmacher Lutz mahnt den Prüfling mit den Worten: „Die
geringste Mutlosigkeit sperrt dir auf immer den Weg zu Isis und Osiris. Nie
lernst du dann die Zauberflöte blasen."[199] Weit über solche Bezüge hinaus
bleibt der romantische Sinn für Illusion und Verwandlung, wie Heinrich
Theissing gezeigt hat, in Düsseldorf das ganze Jahrhundert über lebendig
und damit länger als in anderen Städten wirksam.[200]

---

197 Adolph Schroedter an Karl Immermann, Düsseldorf, 2.11.1839, Geschäfts-
     akte des „Ordens der Zwecklosen Gesellschaft". Klassik Stiftung Weimar. Goe-
     the- und Schiller-Archiv. Akte 49/420. Bl. 60-61. Hier Bl. 60.; vgl. auch Bock.
     Schroedter (wie Anm. 6). S. 51.
198 Heinrich Hoffmann. Lebenserinnerungen. Frankfurt a. M.: Insel 1985. S. 131;
     Bock. Schroedter (wie Anm. 6). S. 52-53; vgl. Schroedter. Briefe Transkription
     Theilmann (wie Anm. 81). S. 270, Anm. 309.
199 Müller von Königswinter: Künstlercarneval. In: Frankfurter Konversations-
     blatt. Beilagen zu Nr. 1-13 vom 1.-15.1.1851. S. 1-50. Hier 4 (4.1.1851). S. 14.
200 Vgl. Theissing. Romantika (wie Anm. 6). S. 187 und 189.

3. Fazit

Vergleichen wir abschließend die in der „Zwecklosen Gesellschaft" gepflegte Geselligkeit mit den frühromantischen Programmen Schleiermachers und Tiecks, so lässt sich festhalten, dass trotz des gemeinsamen Ausgangspunktes der völligen Zweckfreiheit deutliche Unterschiede bestehen. Das Ideal individueller Originalität führt zwar zu aberwitzigen Einfällen, die jedoch in den Rahmen einer pseudo-hierarchischen Struktur und eines vorgegebenen Programms gestellt sind. Nachzuvollziehen ist die Erhebung zweckloser Geselligkeit zum Gesamtkunstwerk, wobei Parodie, Anspielung und Persiflage ein zentraler Stellenwert zukommt. Bewusst wird die hohe Sphäre der Kunst jedoch immer wieder durch Banales und Triviales konterkariert. Das hehre Ziel einer Entfaltung des Menschen zu seiner wahren Bestimmung, die sich im freien, wechselseitigen Austausch mit anderen vollzieht, ist durch die Skepsis gegenüber jeglichen Formen einer höheren Wahrheit von vorneherein ironisiert. Wenn zudem der frühromantische Ansatz auf eine grundsätzliche Aufhebung der „Trennung zwischen Arbeiten, Denken, Produzieren einerseits und Leben, Kontakthaben, Sichvergnügen andererseits"[201] zielt, so ist mit der „Zwecklosen Gesellschaft" ein Ort geschaffen, der dem Alltag als Freiraum für Spiel und Unvernunft gerade enthoben ist. So verliert die Gesellschaft mit ihren Formen der Verklärung bewusst die Bodenhaftung. In künstlerischer Hinsicht äußerst produktiv ist sie allemal, indem die Künste einander wechselseitig befeuernd an der Entstehung eines für den Augenblick geschaffenen Gesamtkunstwerks mitwirken.

---

201 Inge Hoffmann-Axthelm. „Geisterfamilie". Studien zur Geselligkeit der Frühromantik. Diss. FU Berlin 1970. S. 172f., zitiert nach Peter. Geselligkeiten (wie Anm. 2). S. 261.

Patricia Czezior (München)

Brauchtum, Aberglaube und Rituale in Zeiten des gesellschaftlichen Umbruchs

Annette von Droste-Hülshoffs *Westphälische Schilderungen* (1845)

1. Hinführung: Annette von Droste-Hülshoffs Verortung in der Literatur des Vormärz

> Mein Turm ist köstlich, d.h. meinem Geschmacke nach: einsam, graulich; heimliche Stiegen in den Mauern; Fensterscheiben mit Sprüchen von Gefangenen eingeschnitten; eine eiserne Tür, die zu Gewölben führt, wo es nachts klirrt und rasselt; und nun drinnen mein lieber, warmer Ofen, mein guter, großer Tisch mit allem darauf, was mein Herz verlangt, Bücher, Schreibereien, Mineralien, und als Hospitant mein klein Kanarienvögelchen, das mir aus der Hand frißt und die Federn verschleppt. Oh, es ist ein prächtiges Ding, der runde Turm; ich sitze darin wie ein Vogel im Ei, und mit viel weniger Lust herauszukommen.[1]

Die Verfasserin dieses Briefs inszeniert sich hier als Eremitin, zwar der Welt durchaus zugewandt, aber mit „viel weniger Lust" als ein Vogel, die Schale des Eis aufzubrechen und das sichere Refugium zu verlassen. Der Rückzugsort ist dabei für eine Adlige ganz standesgemäß ein Turmgemach der Meersburg am Bodensee, wo Annette von Droste-Hülshoff Wohnrecht bei ihrer Schwester Jenny genießt, die dort an der Seite ihres Mannes Joseph von Laßberg (1770-1855) lebt. Eine gewisse Schaurigkeit mit Reminiszenzen an die Romantik klingt in der Historie des mitunter als Gefängnis genutzten Turms an, in scharfem Kontrast zur Behaglichkeit des Innenraums der Schreibstube.[2]

---

1 Annette v. Droste-Hülshoff. Brief an Luise Schücking („Meersburg, den 29sten Februar 1844"). In: Annette von Droste-Hülshoff. Werke. Ausgewählt von Sarah Kirsch. Köln: Kiepenheuer & Witsch 1986. S. 456.

2 Der Turm als Rückzugsort gemahnt an das berühmte Vorbild Michel de Montaigne (1533-1592), der auf seinem Schloss im Périgord ein Turmzimmer als Schreibstube eingerichtet hatte; zeitgenössisch sei dabei auf Friedrich Hölderlin (1770-1843) verwiesen, der seit 1807 in Tübingen in einem ehemaligen Stadtmauerturm am Neckar

Es nimmt kaum Wunder, dass Annette von Droste-Hülshoff (1797-1848), die im Übrigen auch ihren Hauptwohnsitz im westfälischen Rüschhaus gelegentlich zu einem weltabgewandten, behaglichen Idyll stilisiert,[3] von der Nachwelt lange als „eine Gallionsfigur des literarischen Biedermeier" gehandelt wird.[4] Jenseits der Diskussion um den in der rezenten Forschung nicht mehr klar zu profilierenden Gattungsbegriff des Biedermeier muss doch herausgestellt werden, dass die westfälische Dichterin, die mit Heinrich Heine (1797-1856) das Geburtsjahr teilt und im Jahr der großen Revolutionen verstorben ist, deren Lebenszeit also mit einer Epoche grundlegender politischer und gesellschaftlicher Umbrüche zusammenfällt, in gewisser Weise eine besondere Rolle einnimmt in einer literarischen Öffentlichkeit, die von der „Diskurshegemonie ihrer lautstark und selbstbewusst auftretenden Kollegen" bestimmt wird.[5] Zudem wird ihre Verortung auch durch die Position als Frau und Angehörige des Adels determiniert, zwei Kriterien, die zumindest eine Professionalisierung des Schreibens erheblich erschweren, ist für Adlige doch die Erwerbstätigkeit ein standesgemäßes Tabu und trotz etlicher in der ersten Hälfte des 19. Jahrhunderts ins Licht der Öffentlichkeit tretender Autorinnen ist die weibliche Schriftstellerei noch lange keine Selbstverständlichkeit – was sich nicht zuletzt an anonym oder unter (männlichem) Pseudonym erscheinenden Werken zeigt.[6]

---

hauste. Heutzutage ist der Dichterturm zum Topos geworden, wie der (dotierte) Titel des *Turmschreibers* zeigt (vgl. z. B. München, Deidesheim, Abenberg).

3 „Mein Stübchen ist jetzt so traulich, so ganz wie für Sie geordnet, das flackernde Feuer im Ofen, auf dem Tische am Fenster ein Teller voll Vergißmeinnicht, auf dem vor mir einer mit den besten Pflaumen, die ich je gegessen [...]" (Annette v. Droste-Hülshoff. Brief an Levin Schücking („Rüschhaus, den 10ten[?] Oktober 1842"). In: Annette von Droste-Hülshoff. Werke (wie Anm. 1). S. 407.

4 Jochen Grywatsch. Annette von Droste-Hülshoff (1797-1848). In: Vormärz-Handbuch. Hg. Norbert Otto Eke. Im Auftrag des Forum Vormärz Forschung. Bielefeld: Aisthesis 2020. S. 701-707, hier S. 701.

5 Wolfgang Bunzel. Vom Schatten der Diskurse und den Nischen im literarischen Feld. Zur Literatur der Restaurationszeit (1815-1848/49). In: Literaturgeschichte als Problemfall. Zum literaturhistorischen Ort Annette von Droste-Hülshoffs und der ‚biedermeierlichen' Autoren in der ersten Hälfte des 19. Jahrhunderts. Hg. Rüdiger Nuth-Kofoth. Hannover: Wehrhahn 2017 (= Droste-Jahrbuch 11 (2015/16)). S. 41-66, hier S. 59.

6 Auch der erste Gedichtband von Droste-Hülshoff wurde 1838 „in Münster bei der Aschendorffschen Verlagsbuchhandlung auf 220 Seiten" unter dem Titel

Die in diesem Beitrag unternommene Analyse der *Westphälischen Schilderungen* (1845) von Annette von Droste-Hülshoff soll aufzeigen, dass ihre teils wie aus einer Beobachterposition vom Rande her erklingende Stimme, die fernab von vormärzlicher Agitation auch auf religiöse und regionale Motive rekurriert, alles andere als harmlos und gewiss nicht als realitätsfremd zu bewerten ist. Ihre Beobachtungen charakterisieren eine Region in einer ökonomischen und sozio-kulturellen Umbruchsituation, im Spannungsfeld zwischen Tradition und Moderne.

2. Der Blick auf Land und Leute: Die Betrachtung des westfälischen Alltags

2.1 Auswirkungen des politischen Wandels: Industrialisierung, Pauperismus und soziale Formationen

Dem als biedermeierlich gebrandmarkten Rückzug in die Innerlichkeit des Privaten steht das Narrativ der *Westphälischen Schilderungen aus einer westphälischen Feder* entgegen, ein Rundgang in „(proto)ethnografische[r]" Manier,[7] der Land und Leute in einer Momentaufnahme porträtiert und gleichzeitig analysiert. Es handelt sich hierbei außer der *Judenbuche* um den „einzige[n] Prosatext, der zu Drostes Lebzeiten publiziert wurde" – und gleichzeitig um einen Text, der „beim Publikum heftigen Widerspruch" hervorruft.[8] Ursprünglich im Rahmen eines größeren Projekts ihres engen Freundes und Vertrauten Levin Schücking (1814-1883) konzipiert und niedergeschrieben wurden die *Schilderungen* schließlich 1845 in drei Tranchen

„Gedichte von Annette Elisabeth v. D....H....'", also mit nur angedeuteter Nennung des Namens veröffentlicht, wenn auch für die eingeweihte literarische Szene wohl durchaus zu entschlüsseln (Barbara Beuys. Blamieren mag ich mich nicht. Das Leben der Annette von Droste-Hülshoff. Frankfurt a.M./Leipzig/Berlin: Insel [7]2023. S. 266-267).

7 Esther Kilchmann. Westphälische Schilderungen aus einer westphälischen Feder. In: Annette von Droste-Hülshoff Handbuch. Hg. Cornelia Blasberg und Jochen Grywatsch. Berlin/Boston: De Gruyter 2018. S. 529-533, hier S. 532.

8 Thomas Wortmann. Durchkreuzter Hermannmythos und Paderborns *wilde[ ] Poesie*. Drostes *Westphälische Schilderungen*. In: Droste Jahrbuch 8 (2009/2010). Hg. Jochen Grywatsch und Winfried Woesler. Hannover: Wehrhahn 2011. S. 121-140, hier S. 128.

in den *Historisch-politischen Blättern für das katholische Deutschland* (1838-1923) veröffentlicht – anonym, denn die Verfasserin hatte bereits im Vorfeld Bedenken.[9]

Mögliche Leseerwartungen werden dahingehend enttäuscht, dass Droste-Hülshoff sich in keiner Weise an einer Weiterschreibung der Historie Westfalens als Ort des Sieges der Germanen gegen den römischen Feldherrn Varus (9 n. Chr.) beteiligt, ein Kampfgeschehen, das als *Hermannsschlacht* tituliert zur Folie nationaler Gründungsmythen wird.[10] Ihre Beschreibungen betonen vielmehr das Kleinteilige und Vielgestaltige eines Landschaftsstriches und seiner Bevölkerung, die „mangelnde Homogenität", und dies eben „in einer Region [...], von der gerade [...] die Geschichte der Einheit des deutschen Volkes erzählt werden sollte".[11]

Die *Schilderungen* setzen mit einer detaillierten Beschreibung der Beschaffenheit Westfalens ein, immer aus der Perspektive eines Wanderers, wobei neben geomorphologischen Gesichtspunkten auch die Kulturlandschaften, die Flora und die Fauna einbezogen werden. Die fruchtbaren Wiesen und Wälder des Münsterlandes erfahren dabei eine Idyllisierung, werden zur „bukolischen" Literaturlandschaft,[12] in der Mensch und Natur sich zu einer gleichsam der Zeit enthobenen Symbiose ineinanderfügen:

> Unter den Zweigen lauschen die Wohnungen hervor, die langgestreckt, mit tief niederragendem Dache, im Schatten Mittagsruhe zu halten und mit halbgeschlossenem Auge nach den Rindern zu schauen scheinen, welche hellfarbig und gescheckt wie eine Damwildherde sich gegen das Grün des Waldbodens oder den blassen Horizont abzeichnen, und in wechselnden Gruppen durcheinander schieben [...][13]

---

9 Vgl. hierzu: Esther Kilchmann. Westphälische Schilderungen aus einer westphälischen Feder (wie Anm. 7). S. 530.

10 Der einst in römischen Militärdiensten stehende Arminius (ca. 16 v.-21 n. Chr.), dem es als (romanisierter) Fürst der Cherusker gelingt, weitere germanische *gentes* gegen die römischen Legionen unter Publius Quinctilius Varus (ca. 46 v.-9 n. Chr.) siegreich zu vereinen, wird im nationalistisch geprägten 19. Jh. nach und nach zum deutschen *Hermann* stilisiert (vgl. Hermannsdenkmal, 1875).

11 Thomas Wortmann. Durchkreuzter Hermannmythos und Paderborns *wilde[ ] Poesie*. Drostes *Westphälische Schilderungen* (wie Anm. 8). S. 131.

12 Esther Kilchmann. Westphälische Schilderungen aus einer westphälischen Feder (wie Anm. 7). S. 531.

13 Annette von Droste-Hülshoff. Westfälische Schilderungen. In: Annette von Droste-Hülshoff. Werke (wie Anm. 1). S. 223-256, hier: S. 225.

Die Landwirtschaft stört hier in keiner Weise die natürlichen Gegebenheiten, die als Nutzvieh angesiedelten Rinder könnten dem flüchtigen Betrachter gar als grasende Wildherde gelten. Dass dieses verschlafene Paradies jedoch ebenso wie alle anderen Gegenden dem Wandel unterworfen und damit in seiner Daseinsform bedroht ist, wird wenige Absätze später vermerkt:

> Bevölkerung und Luxus wachsen sichtlich, mit ihnen Bedürfnisse und Industrie. Die kleinern malerischen Heiden werden geteilt; die Kultur des langsam wachsenden Laubwaldes wird vernachlässigt, um sich im Nadelholze einen schnellern Ertrag zu sichern, und bald werden auch hier Fichtenwälder und endlose Getreideseen den Charakter der Landschaft teilweise umgestaltet haben, wie auch ihre Bewohner von den uralten Sitten und Gebräuchen mehr und mehr ablassen; fassen wir deshalb das Vorhandene noch zuletzt in seiner Eigentümlichkeit auf, ehe die schlüpferige Decke, die allmählich Europa überfließt, auch diesen stillen Erdwinkel überleimt hat.[14]

Sehr deutlich wird der Impetus der Erzählinstanz, in der Deskription einer im Übergang begriffenen (Um-)Welt den Ist-Zustand für die Nachkommen zu bewahren, die eben die Eigenheiten, die diese Region vor anderen auszeichnen, vergessen haben werden. Die Angst vor einer unaufhaltsamen Vereinheitlichung der Oberflächenstrukturen, die jedwede nationale Besonderheit unkenntlich macht, zieht sich indes bis in heutige Diskurse – ebenso die bereits von Droste-Hülshoff angeführten Konsequenzen einer Urbarmachung der Landschaft, die nur mehr auf „schnellern Ertrag" ausgerichtet ist. Auf Traditionen und Rituale, die als ein Remedium gegen den Wandel gelten mögen, wird die Verfasserin noch zu sprechen kommen, erst aber wendet sie den Blick nach vollendetem Rundgang durch die Bezirke der Provinz Westfalen der Bevölkerung zu. Dabei wird zunächst die Klimatheorie angedeutet,[15] wenn auch *ex negativo*, mit dem Hinweis, dass der „Paderbörner" eher den „Stempel des Bergbewohners" trüge als der „durch seine Umgebungen weit mehr dazu berechtigte Sauerländer".[16] Letzterer dient dabei nur noch selten als einsamer „Kohlenbrenner in den Waldungen", als

---

14 Annette von Droste-Hülshoff. Westfälische Schilderungen (wie Anm. 13). S. 226-227.
15 Zur Klimatheorie im 18. Jh. vgl. Bernd Kleinhans. Klimadebatten im Zeitalter der Aufklärung. Theorien und Diskurse des 18. Jahrhunderts. Bielefeld: transcript 2023 (= Environmental and Climate History 3).
16 Annette von Droste-Hülshoff. Westfälische Schilderungen (wie Anm. 13). S. 231.

Vertreter der „bleichen Hammerschmiede vor ihren Höllenfeuern" oder als „mit Lederschurz und blitzendem Bleierz auf [dem] Kärrchen aus- und einfahrende[r] Bergknapp[e]" zur „passende[n] Staffage" einer von Gebirgen und Schluchten geprägten, wild romantischen Landschaft.[17] Stattdessen verbrächten „drei Viertel der Bevölkerung, Mann, Weib und Kind, ihren Tag unter fremdem Dache (in den Fabrikstuben)" oder sie zögen „auf Handelsfüßen" durch die Gegend, woraus „hervorgeht, daß nicht hier der Hort der Träume und Märchen, der charakteristischen Sitten und Gebräuche zu suchen" sei.[18]

In knappen Worten wird so die fundamentale Veränderung der Arbeitswelt durch die zunehmende Industrialisierung skizziert, die Sphäre der Arbeit ist fortan getrennt vom eigenen Heim (wie es noch im Falle der klassischen Landwirtschaft und beim Handwerk oder Kleingewerbe der Fall ist), die Menschen werden zu Angestellten und Lohnarbeitern – oder sind gezwungen, als Gewerbetreibende umherzuziehen, ein Phänomen, in dem sich bereits die Prekarität andeutet.[19] Wie selbstverständlich werden auch Frauen und Kinder miteinbezogen, die ihren Teil zum Lebensunterhalt der Familie beitragen müssen, anders als im Bürgertum und Adel üblich.[20] Mag auch die Tätigkeit als Köhler oder Knappe im Bergbau weitaus weniger

---

17 Ebd., S. 233.

18 Ebd., S. 232.

19 Zur Veränderung der Arbeitswelt hält Jürgen Kocka fest: „Die Fabrik, der größere, zentralisierte, arbeitsteilige Produktionsbetrieb auf zunehmend maschineller Grundlage, wurde zur typischen Produktionsform der Industrialisierung, und erst mit ihr setzte sich die in Handwerk und Heimgewerbe noch kaum vorhandene Trennung von Leitung und Ausführung durch; erst mit ihr wurde die (an sich viel ältere) Lohnarbeit zum dauerhaften Massenphänomen und erst mit ihr etablierte sich die räumliche Trennung von Haushalt und Erwerbsarbeit als Regel [...]" (Jürgen Kocka. Kampf um die Moderne. Das lange 19. Jahrhundert in Deutschland. Stuttgart: Klett Cotta 2021. S. 32).

20 Bezogen auf die internationale Textilindustrie in der ersten Hälfte des 19. Jahrhunderts weist Christopher Clark darauf hin, dass Kinder flächendeckend zur Arbeit eingesetzt wurden und dies ab dem Grundschulalter (vgl. Christopher Clark. Frühling der Revolution. Europa 1848/49 und der Kampf für eine neue Welt. Aus dem Englischen von Norbert Juraschitz, Klaus-Dieter Schmidt und Andreas Wirthensohn. München: Deutsche Verlags-Anstalt 2023. S. 36-37). Dem steht entgegen, dass in Preußen ein Gesetz erlassen wird (vgl. *Preußisches Regulativ*, 1839), das die Kinderarbeit einschränken soll, nicht zuletzt, weil

mit einer frei gewählten Berufung als mit harter körperlicher Arbeit zu tun
haben, so ist doch in Rechnung zu stellen, dass die von Droste-Hülshoff hier
angerissenen Formen der modernen Erwerbsarbeit nicht nur die Menschen,
sondern auch die Gegend grundlegend verändern. Denn die Fabriken und
die in ihnen ausgeübten Gewerbe nehmen keinerlei Rücksicht mehr auf
etwaige Besonderheiten der Umgebung oder regional gewachsene Traditionen, vielmehr erwirtschaften sie ihren Profit gerade um den Preis der Belie-
bigkeit und Austauschbarkeit der Ressourcen, unter die die Angestellten
subsumiert werden.

Tatsächlich dem Prekariat anheimgefallen sind sodann die Einwohner des
Hochstifts Paderborn, durch deren wenig vorteilhafte Beschreibung die Autorin viel Unmut auf sich zog. Eine augenfällige Armut („rauchige Dörfer",
„dachlückige Hüttchen"[21]) bringt den Betrachter nahezu ins Stolpern, wenn
nämlich ein notdürftig gezimmerter Verschlag und dessen Bewohner bis in
den Weg hineinragen: „[...] wir selbst sahen einen bejahrten Mann, dessen
Palast zu kurz war, um ausgestreckt darin zu schlafen, seine Beine ein gutes
Ende weit in die Straße recken."[22]

Bezeichnend ist dabei nicht zuletzt die Erwähnung des Alters des obdach-
losen Mannes, der möglicherweise aufgrund eines Gebrechens nicht mehr
in der Lage ist, seinen Lebensunterhalt zu verdienen. Die Art seines ironisch titulierten „Palasts" ist dabei in der Gegend öfter anzutreffen, wobei
es auch solidere „Verschläge" gibt, die den Anschein einer „bescheidene[n]
Menschenwohnung" erwecken, entstanden durch „Fleiß und Ausdauer" der
Bewohner – eine Bewertung, die sich fast zynisch ausnimmt angesichts der
Armseligkeit des Unterschlupfs.[23]

Die Häufigkeit dieser inferioren Behausungen verweist bereits auf ein
strukturelles Problem, das keineswegs einem Fehlverhalten des Einzelnen
anzulasten ist – doch genau das unternimmt die Verfasserin, wenn sie den
vom Naturell her von ihr südländisch typologisierten Paderbornern[24] einen

---

dadurch die seit 1717 geltende Schulpflicht verletzt wird, deren Durchsetzung
zunächst aber wohl kaum zu kontrollieren ist.

21 Annette von Droste-Hülshoff. Westfälische Schilderungen (wie Anm. 13).
S. 233.

22 Ebd., S. 234.

23 Ebd.

24 Wortmann merkt hierzu an, dass die in ihrer Physiognomie dergestalt skizzierten Paderborner „weniger an die Germanen als vielmehr an ihre römischen
Gegner [erinnern]", angesichts des Narrativs der heldenhaften Schlacht und

gleichsam naturgegebenen Leichtsinn und damit eine gewisse Mitschuld an ihrem Zustand zuschreibt.[25]

Es ist anzunehmen, dass das Gros der Bevölkerung keine Möglichkeit hat, irgendwie geartete finanzielle Rücklagen zu bilden, weshalb es unerheblich ist, ob einzelne Groschen dem *blauen Montag* (seit dem 16./17. Jh.) im Wirtshaus dienen, was hier aber vor der Folie der ‚sparsamen‘ Münsterländer und der ‚geschäftstüchtigen‘ Sauerländer als moralisch verwerflich angedeutet wird. Die in den einzelnen Regionen divergierenden sozialen Verhältnisse der Menschen werden von der Autorin wahrgenommen, allerdings falsch gedeutet, da die Ursache in Gegebenheiten wie Stadt vs. Land, der jeweiligen vorhandenen Infrastruktur (Landwirtschaft, Industrialisierungszustand) bis hin zu je nach Gegend möglicherweise unterschiedlichen administrativen Gepflogenheiten (Zugang zu Allmenden, steuerliche Abgaben an Grundherren etc.) zu suchen ist. Dass sich die ökonomische Situation der Bevölkerung gerade in Teilen Westfalens in den ersten Jahrzehnten des 19. Jahrhunderts drastisch verschlechterte, belegen entsprechende Statistiken,[26] dies vor dem Hintergrund der für Mitteleuropa allgemein zu stellenden Diagnose des Pauperismus.[27] Die Zahl der potenziellen Tagelöhner steigt deutlich an, mit allen Konsequenzen eines Lebens im Prekariat.

Ein weiteres Phänomen dieser Entwicklung ist der von Droste-Hülshoff thematisierte Holzraub, gleichsam das Pendant zur Wilderei: „Die

---

des Gründungsmythos ein subversives und verstörendes Detail (Thomas Wortmann. Durchkreuzter Hermannmythos und Paderborns *wilde[ ] Poesie*. Drostes *Westphälische Schilderungen* (wie Anm. 8). S. 132).

25 Annette von Droste-Hülshoff. Westfälische Schilderungen (wie Anm. 13). S. 234.

26 Christopher Clark führt für die Region Minden-Ravensberg an, dass „das Verhältnis der Familien, die von Lohnarbeit lebten, zu grundbesitzenden Bauern Anfang des Jahrhunderts bei 149/100" lag und „im Jahr 1846" dann bereits „auf 310/100 gestiegen" sei (Christopher Clark. Frühling der Revolution. Europa 1848/49 und der Kampf für eine neue Welt (wie Anm. 20). S. 57).

27 So benennt Kocka eine „in den 1840er/50er Jahren noch einmal verschärfte Diskrepanz zwischen schnellem Bevölkerungswachstum und nicht rasch genug wachsender Wirtschaftskraft und Nahrungsgrundlage. Diese Diskrepanz war der Kern des mitteleuropäischen Pauperismus mit einer Zuspitzung im zweiten Jahrhundertviertel, die die unteren Schichten in Land und Stadt mit Armut, Hunger und Elend bedrohte und die von Zeitgenossen wie von Historikern ausgiebig und kontrovers diskutiert worden ist." (Jürgen Kocka. Kampf um die Moderne. Das lange 19. Jahrhundert in Deutschland (wie Anm. 19). S. 59)

Gutsbesitzer sind deshalb zu einem erschöpfenden Aufwande an Forstbeamten gezwungen, die den ganzen Tag und manche Nacht durchpatrouillieren, und doch die massivsten Forstfrevel, z. B. das Niederschlagen ganzer Waldstrecken in einer Nacht, nicht immer verhindern können."[28] Die „Überwachung der preußischen Regierung" hat dem bereits Jahrzehnte währenden Treiben kein Ende gesetzt, es höchstens etwas mehr ins Verborgene zurückgedrängt, wohingegen es „vor dreißig Jahren [...] etwas sehr Gewöhnliches" gewesen sei, „beim Mondscheine langen Wagenreihen zu begegnen, neben denen dreißig bis vierzig Männer hertrabten, das Beil auf der Schulter, den Ausdruck lauernder Entschlossenheit in den gebräunten Zügen".[29] Die Bewertung des Tatbestandes drückt sich gerade in letzterem Bild deutlich aus, den Holzräubern haftet unzweifelhaft etwas Kriminelles an, die „lauernde Entschlossenheit" und „das Beil auf der Schulter" bezeugen ihren Hang zur Gewalttätigkeit, und so endet auch manche derartige Aktion in einem „blutigen Kamp[f]". Der „Waldfrevel", der im Übrigen auch in der *Judenbuche* keine unerhebliche Rolle spielt, wird in den *Westfälischen Schilderungen* von Droste-Hülshoff auf eine Stufe mit der Schmuggelei gestellt, die „Holzbedürftigen" seien mitunter gar „Beamte" und nähmen das Diebesgut „von Leuten, denen doch, wie sie ganz wohl wissen, kein rechtlicher Splitter eigen ist".[30]

Letzteres Urteil drückt die Komplexität der juristischen Lage aus, in der Gewohnheits- und seit Generationen ausgeübte Nutzungsrechte den durch aufgelöste Feudal- und Lehnsstrukturen, neue Parzellierungen und administrative Umgestaltung geänderten Eigentumsverhältnissen gegenüberstehen. Ebenso klingt die wohl aus ihrer Position als Adlige herrührende Ambivalenz der Verfasserin durch, immerhin kennt sie die Problematik von der mütterlichen Verwandtschaft her aus der Perspektive der Grundbesitzer.[31] Zwar artikuliert sich in dem eigenwilligen Kompositum „Holzbedürftige" die existenzielle Notlage der Diebe, allerdings treffen ihre Taten nach Ansicht der

---

28 Annette von Droste-Hülshoff. Westfälische Schilderungen (wie Anm. 13). S. 235.

29 Ebd.

30 Ebd. (auch vorherige Zitate).

31 „Tatsächlich waren die von Haxthausens bis zur Mitte des 19. Jahrhunderts in mehrere Rechtsstreitigkeiten verwickelt, in denen der Bevölkerung Bredenborns die Nutzung der Wälder für die Holzgewinnung zugestanden wurde" (Lars Korten. Die Judenbuche. Ein Sittengemälde aus dem gebirgigten Westphalen. In: Annette von Droste-Hülshoff Handbuch (wie Anm. 7). S. 505–529, hier S. 526).

Autorin eben auch diejenigen, die selbst ebenfalls kein Besitzrecht an den Wäldern haben, vermutlich Forstbeamte und vom preußischen Staat eingesetzte Verwalter.[32]

Im zeitgenössischen Diskurs um die sozialen Gegensätze, die Gefahr der Verelendung der Arbeiter und Tagelöhner und das sich daraus ergebende Konfliktpotenzial liefert Droste-Hülshoffs Momentaufnahme in anzitierten Passagen eine ungeschönte Darstellung der Zustände, „einen eher frührealistisch zu nennenden Ansatz", wobei mitunter eine „feudal[e] Werthaltung" zutage tritt, gerade auch in der als „unmündig bis amoralisch" skizzierten „Landbevölkerung", wie Esther Kilchmann konstatiert.[33] Kontroverse und ablehnende Reaktionen auf den Text machen umso deutlicher, wie schwierig eine neutrale Berichterstattung und Analyse angesichts einer politischen und gesellschaftlichen Situation ist, die für alle Bevölkerungsschichten tiefgreifende und substanzielle Veränderungen mit sich bringt, und dies über viele Jahre hinweg. Dass Annette von Droste-Hülshoff ihre eigene Herkunft sowie ihre soziale Verortung nicht völlig abstrahieren bzw. ausblenden kann, nimmt kaum wunder.

2.2 Brauchtum und (Aber-)Glaube: die Wirksamkeit von Traditionen gegen die allgegenwärtige Kontingenzerfahrung

Vor der Folie der eben besprochenen und für den Einzelnen mitunter tief verstörenden Umbrüche und deren Folgen, die die Gesellschaft unwiderruflich zeichnen und die die Autorin nicht ausspart, wirken die ebenfalls von ihr ausführlich im Duktus einer Volkskundlerin[34] dargestellten Brauchtümer

---

32 Im Herzogtum Westfalen kann die älteste Forstordnung bereits auf 1567 datiert werden; in Westfalen unter preußischer Oberhoheit (1815-1918/1949) werden, wie auch in Preußen selbst, nach 1815 die Zuständigkeiten neu organisiert, und es entstehen Oberförstereien, denen Oberförster bzw. Forstmeister vorstehen.

33 Esther Kilchmann. Westphälische Schilderungen aus einer westphälischen Feder (wie Anm. 7). S. 531.

34 Die Begriffe der Volks- und Völkerkunde entstehen um 1780, das Fach selbst, welches seine Ursprünge in der Statistik, Kameralistik, Landbeschreibung und Staatenkunde der Aufklärung hat, entwickelt sich schließlich auch unter dem Einfluss der Romantiker (Volksliedsammlungen, Märchen) und wird ab 1858 institutionalisiert, begründet durch Wilhelm Heinrich Riehl (1823-1897) (vgl. Anja Oesterhelt. Geschichte der Heimat. Zur Genese ihrer Semantik in

und Rituale wie der Versuch, die „gute alte Zeit" doch noch ein Stück weit festzuhalten.

Bezeichnenderweise gibt es bei den ‚wüsten' Paderbornern kein Übermaß „[a]lter Gebräuche bei Festlichkeiten [...], da der Paderborner jedem Zwange zu abgeneigt ist, als daß er sich eine Lust durch etwas, das nach Zeremoniell schmeckt, verderben sollte".[35] Der Hang zur Tradition scheint hier also weniger ausgeprägt und sogar in dieser Hinsicht werden die aus der Sicht der Verfasserin unbeherrschten Bewohner als gewissermaßen undiszipliniert und rebellisch dargestellt. Einer der wenigen Bräuche, dem sie jedoch frönen, ist die „Fastnacht", ausgerechnet das Fest also, bei dem sich Besitz- und Herrschaftsverhältnisse spielerisch umkehren und Vernunft und Ordnung vorübergehend außer Kraft gesetzt sind.

Dass an diesem Tag der ritualisierten Tollheit die Ärmsten ins Licht der Öffentlichkeit treten und sich im allgemeinen Trubel zur Schau stellen, macht dabei dem Urteil der Verfasserin nach einen „grausigeren Eindruck" als alles andere. Wie die Pestkranken muten sie an, wenn sie mit „langen Nasenschnäbeln" und verhüllten, fratzenhaften Gesichtern dahin „taumeln", für die Angehörigen des Bürgertums und Adels wohl ein wahrhaft Furcht einflößender Anblick – so ganz lassen sich die gesellschaftlichen Grenzen und Schranken nicht ignorieren, nicht einmal zur Fastnacht.

Der Obrigkeit ins Gesicht lachen darf der Paderborner ebenfalls beim Schützenfest, wo dann der „Wildschütz' vor dem Auge der sein Gewerb ignorierenden Herrschaft mit seinem sichern Blick und seiner festen Hand paradieren darf, und oft der schlimmste Schelm, dem die Förster schon wochenlang nachstellen, dem gnädigen Fräulein Strauß und Ehrenschärpe als seine Königin überreicht".[36] Anders als beim ungezügelten Fastnachtstreiben folgt hier immerhin alles einem festen Ablauf und Ritual; dasselbe gilt für das „Erntefest", das einen „starken Gegensatz zu den derben Sitten des Landes" bildet, zudem motiviert durch die kirchliche Tradition des Erntedanks und fest verankert in der eigentlich überkommenen feudalen Struktur, da es „nur auf Edelhöfen und großen Pachtungen im altherkömmlichen Stile gefeiert [wird]".[37]

Literatur, Religion, Recht und Wissenschaft. Berlin/Boston: de Gruyter 2021 (= Studien und Texte zur Sozialgeschichte der Literatur 157). S. 470).

35 Annette von Droste-Hülshoff. Westfälische Schilderungen (wie Anm. 13). S. 237.

36 Ebd., S. 238.

37 Ebd., S. 238f.

Es darf angenommen werden, dass ein derartiges Zeremoniell über die Generationen hinweg wenig Veränderung erfahren hat und auch in einer im Wandel begriffenen Welt noch an den althergebrachten Werten der Religion und den Konventionen der Ständegesellschaft festhält. Genauer ist damit der Katholizismus gemeint, der unter anderem im Paderborner Land und nicht zuletzt in und um Münster, in Droste-Hülshoffs Heimat, gepflegt wird (vgl. *Hochstift Münster*, 13. Jh.-1803; *Hochstift Paderborn*, 14. Jh.-1803), mit dem Stiftsadel auf Engste verschränkt ist und gleichsam eine Gegenposition zur protestantischen Religion der seit den Befreiungskriegen (wieder) installierten preußischen Herrschaft über Westfalen markiert (ab 1815). Trotz des dokumentarischen Duktus und der gewählten Beobachterposition tritt zwischen den Zeilen unverkennbar die Sympathie der Autorin für diese Art des Brauchtums zutage, wenn sie anmerkt, dass den beim Erntefest dargebrachten musikalischen Weisen, dem *Tedeum*, „etwas wahrhaft Ergreifendes" innewohne, „gerade bei diesen Menschen"[38] – wobei letzterer Kommentar wieder ein gewisses Standesgefälle bzw. die moralistisch geprägte Einschätzung der Paderborner artikuliert.

Sehr ausführlich schildert die Verfasserin des Weiteren eine Hochzeit im Münsterland, dessen Bevölkerung als in sich ruhend, in die behagliche Häuslichkeit zurückgezogen und gleichsam als der nordische Gegensatz der so südlich porträtierten Paderborner gezeichnet wird. Wenig überraschend verlaufen die hier beschriebenen Feierlichkeiten auch in sehr geordneten Bahnen, wobei es sich um Bräuche handelt, die dem Volkstum und nicht der Religion angehören. Die herausragende Bedeutung des Althergebrachten zeigt sich nicht zuletzt darin, dass alte „Gemeinderegiste[r]" wichtiger sind als neue Nachbarschaften, was „Rechte und Verpflichtungen" der Gäste betrifft. Das soziale Milieu, in dem sich die dargestellte Zeremonie abspielt, umfasst dabei weniger vermögende Haushalte, wohl ehemals Lehnsbauern, was dadurch zum Ausdruck kommt, dass sich die am Vortag der Hochzeit von den Gästen überreichten Gaben (Lebensmittel) an der Bedürftigkeit des zukünftigen Paares bemessen und „oft, wenn das Brautpaar unbemittelt ist, so reichlich [ausfallen], daß dieses um den nächsten Wintervorrat nicht sorgen darf".[39]

Ganz anders als im Fall der wilden Paderborner Fastnacht ist hier die traditionelle Ordnung in keiner Weise gefährdet, und das vom Volk ausgetragene

---

38 Ebd., S. 239.
39 Ebd., S. 249.

Zeremoniell folgt einem streng ritualisierten Ablauf, der zwar an sich nicht religiös ist, freilich aber die in den Augen der Kirche heilige Eheschließung orchestriert.

Den Übergang zu den ausführlich geschilderten Ausformungen des im Volk herrschenden Aberglaubens markiert ein im Todesfall praktiziertes Ritual, bei dem „der Tod eines Hausvaters seinen Bienen angesagt werden muß, wenn nicht binnen Jahresfrist alle Stöcke abgezehrt und versiechen sollen".[40] Generell urteilt Droste-Hülshoff über ihre Landsleute, dass der „Münsterländer [...] überhaupt sehr abergläubisch, sein Aberglaube aber so harmlos, wie er selber" sei.[41] Bisweilen scheint die Geistergläubigkeit eine Schnittmenge mit der Religiosität einzugehen wie im Fall der „arme[n] Seelen aus dem Fegfeuer", die in den Wäldern und Mooren umgehen und die sich dann durch die Wortgewalt von „vielen tausend Rosenkränzen" irgendwann beruhigen lassen.[42] Der Folklore der gutartigen „Hausgeiste[r]", die den Bewohnern des Landstrichs ähnlich in „einsamer, träumerischer" Manier durch die Dämmerung streifen und mehr Nutzen als Schaden bringen, steht das mitunter unheimliche „Vorgesicht" entgegen.[43] Der so Begabte, der vorzugsweise „in Mondnächten" von seinem Gesicht überfallen wird, „sieht Leichenzüge – lange Heereskolonnen und Kämpfe, – er sieht deutlich den Pulverrauch und die Bewegungen der Fechtenden, beschreibt genau ihre Uniformen und Waffen, hört sogar Worte in fremder Sprache, die er verstümmelt wiedergibt".[44]

Der Schrecken der Koalitions- bzw. Napoleonischen Kriege (1792/1799-1815), die auch Westfalen nicht aussparten und wechselnder Herrschaft unterwarfen (vgl. *Royaume de Westphalie*, 1807-1813), hat sich hier tief ins Volksgedächtnis eingebrannt und wird als Furcht einflößende Vorahnung zurück in die Vergangenheit projiziert, ein historisches Ereignis, das für die Zeitgenossen nicht abzuwenden gewesen wäre, zumal sie die Vorzeichen wohl nicht richtig zu deuten wussten.

---

40 Ebd., S. 252.
41 Ebd. Zum zeitgenössischen Aberglauben vgl. z. B. Nils Freytag. Aberglauben im 19. Jahrhundert. Preußen und seine Rheinprovinz zwischen Tradition und Moderne (1815-1918). Berlin: Duncker & Humblot 2003 (= Quellen und Forschungen zur brandenburgischen und preußischen Geschichte 22).
42 Annette von Droste-Hülshoff. Westfälische Schilderungen (wie Anm. 13). S. 252.
43 Ebd., S. 253.
44 Ebd., S. 254.

Die feste Verankerung des Aberglaubens in der Bevölkerung dokumentiert die Verfasserin auch bezüglich des rituellen „Besprechens", das sie diesmal wieder im Paderborner Land beobachtet. Unter anderem skizziert sie „einen Vorfall", der sich auf einem „Edelhof[e]" zuträgt, dessen Besitzer zwar „Protestant" ist, also ein Vertreter des im Vergleich zum Katholizismus sogar aufgeklärteren Christentums, der aber einer Raupenplage nicht mehr Herr wird und daher den „Besprecher" kommen lässt.[45] Für die darauffolgende geheimnisvolle Abwanderung der Schädlinge deutet die Verfasserin die Möglichkeit einer rationalen Erklärung an (Duftstoffe).

Bereits Annette von Droste-Hülshoffs Vater, Clemens August von Droste-Hülshoff (1760-1826), zeichnet in seinem *Liber mirabilis* (Ms. 1800-1808) die „Spökenkiekerei" seiner Landsleute auf, „als sorgfältige Sammlung von Weissagungen und Prognostica ein über 120 Quartseiten umfassendes Dokument des Volks- und Aberglaubens Westfalens".[46] Die Autorin hat also eine Quelle und Vorlage für die Geschichten und Episoden, die sich zudem als wahres Volksgut vor allem auch mündlich tradieren. Ebenso wie die Brauchtümer anlässlich bestimmter Festivitäten oder (kirchlicher) Feiertage gehören der Aberglaube und seine Rituale zunächst dem Bereich des Folkloristischen an, finden in bestimmten Bereichen auch Anschluss an religiöse Traditionen (wie im Fall der verirrten spukenden Seelen, denen durch Gebet der Weg aus dem Fegefeuer gewiesen wird), stehen aber gleichzeitig für die andere, vom „richtigen" christlichen Glauben abgewandte Seite, die „dunkle" Seite, falls sie in Bereiche des Unheimlichen hineinragen, wie im Fall des zweiten Gesichts. Dass sich diese Form des Glaubens nicht nur auf Westfalen oder die Landbevölkerung beschränkt, belegt ein Brief Annette von Droste-Hülshoffs, in dem sie ein im wahrsten Sinne des Wortes in Berlin umherspukendes Gerücht wiedergibt, nach dem der „Prinz von Mecklenburg" (gemeint ist wohl Karl Friedrich August, Herzog zu Mecklenburg, 1785-1837) nach seinem Tod vor seinem „Palais" gesichtet wird, worauf die ganze Wache zusammentritt, um „dem Prinzen die militärischen Ehren" zu erweisen. Erst bei Tageslicht durchsuchen sie dann das Gebäude und treffen dort natürlich niemanden an. Bemerkenswert daran ist vor allem der Kommentar, der Vorfall sei „durch viele Augenzeugen bestätigt" und „sogar zur Verhütung entstellender Gerüchte dem Militär, auch in Münster, offiziell

---

45 Ebd., S. 241.
46 Jochen Grywatsch. Stationen der Lebensgeschichte. In: Annette von Droste-Hülshoff Handbuch (wie Anm. 7). S. 2-25, hier S. 3.

bekanntgemacht worden".[47] Die Obrigkeit sucht, die Deutungshoheit zu wahren – besser, die Bevölkerung glaubt eher an den toten Herzog als Wiedergänger als an der Fähigkeit und dem Verstand der Staatsdiener zu zweifeln.

Grundsätzlich liegt es im Interesse von Staat und Kirche, die Menschen das glauben zu machen, was ihnen im Sinne ihres Machterhalts gerade dienlich erscheint. Dem Aberglauben freilich wohnt dabei oft etwas Subversives inne, er besetzt die Nischen, die die offiziellen Götter noch nicht erobert haben, und ist in diesem Sinne ganz im Volk verhaftet. In Zeiten des Umbruchs ergänzt er die Traditionen und Brauchtümer als die offiziellen und anerkannten Ausdrucksmittel der Volkstümlichkeit und schafft mit ihnen ein Gegengewicht zur durch von Effizienzgedanken und Rationalität bestimmten Gleichmacherei von Regionen und ihren spezifischen Gegebenheiten.

3. Conclusio

Trotz der gebotenen „Vorsicht" hinsichtlich der Textgattung – es handelt sich ja gerade nicht um private Notizen, sondern um einen von Anfang an zur Publikation vorgesehenen literarischen Bericht, der daher auch eine Fiktionalisierung durchläuft – können die *Westphälischen Schilderungen* dennoch als ein vielschichtiges Dokument der Beschreibung des Alltags gelesen werden. Die Autorin reißt dabei die soziale Frage und die Problematik des Pauperismus an, der durch fundamentale Änderungen der Besitzverhältnisse, der Verwaltungsstrukturen und die fortschreitende Industrialisierung in der ersten Hälfte des 19. Jahrhunderts weite Teile Europas betrifft. Die Beschreibung der verarmten Bevölkerung im Landstrich Paderborns steht dabei in signifikantem Gegensatz zu den teilweise idyllisierenden Beschreibungen der Landschaften und der noch traditionell bewirtschafteten großen Gutshöfe. Obgleich Annette von Droste-Hülshoff sich im Duktus einer Volkskundlerin dabei weitgehend als Beobachterfigur inszeniert, klingt doch manches Urteil durch, sowohl bezüglich der Paderborner, deren gleichsam angeborene Leichtfertigkeit in den Augen der Autorin eine gewisse Schuld an ihrer Armut trägt, als auch hinsichtlich der Relikte einer unwiederbringlich verlorenen Zeit. Diese konserviert sich noch in den von der Landbevölkerung gepflegten Traditionen und Ritualen, die bisweilen mit religiösen Feiertagen

---

47 Annette v. Droste-Hülshoff. Brief an die Schwester („Rüschhaus, d. 15ten [Febr. 1838]"). In: Annette von Droste-Hülshoff. Werke (wie Anm. 7). S. 312.

zusammenfallen und die althergebrachten Ordnungssysteme (Kirche, Feu-
dalherrschaft) bestätigen – was in durchweg positivem Licht dargestellt wird.
Weitaus interessanter noch erscheinen in diesem Kontext die erwähnten
Phänomene des in der Bevölkerung manifesten Aberglaubens, der als eine
gewissermaßen subversive Form des Brauchtums immer auch den Zweifel an
Religion und anerkannten Institutionen in sich trägt und sich jedweder von
oben verordneter Rationalisierung widersetzt. In diesem dunklen Fleck im
Zeitalter der Aufklärung konzentriert sich vielleicht die Ohnmachtserfah-
rung der Menschen, die den sozio-ökonomischen Umwälzungen wenig ent-
gegenzusetzen haben, als ein letztes kleines Beharren auf ihrem individuellen
Glauben an die Götter der Vergangenheit.

Dass auch Annette von Droste-Hülshoff selbst den Erfahrungen ihrer Zeit
unterworfen ist und dass sie die Besonderheit ihrer eigenen Position – als
Adlige, als schreibende, unverheiratete Frau, die um ihren Platz in der Gesellschaft ringt – nicht ganz ausblenden kann, durchdringt den Text immer wieder, macht ihn dadurch aber nur umso wertvoller und authentischer.

Hermann-Peter Eberlein (Bonn/Wuppertal)

Bilder aus dem Bonner Studentenleben

Die 1818 gegründete Bonner Universität war in den ersten drei Jahrzehnten ihres Bestehens noch nicht die etablierte preußische „Prinzenuniversität", zu der sie in der zweiten Hälfte des 19. Jahrhunderts wurde. Sie war in gewisser Weise noch in einem Experimentierstadium, was sich auch im Alltagsleben der Studenten zeigte.

Ohne Anspruch auf Vollständigkeit sollen im Folgenden Bilder aus dem Bonner Studentenleben im Vormärz präsentiert werden: Gasthäuser, Geselligkeit, Ausflüge, Fechtübungen, Wohnungen, Stipendien, Verbindungsleben. Dabei ergibt sich aufgrund der mir zugänglichen Quellen – überwiegend Lebenserinnerungen und Briefe[1] – ein Übergewicht aus dem Bereich

---

1 Theodor Althaus. *Zeitbilder 1840-1850.* Bielefeld: Aisthesis, 2010; Bruno Bauer – Edgar Bauer. *Briefwechsel während der Jahre 1839-1842 aus Bonn und Berlin.* Charlottenburg: Edgar Bauer, 1844; Willibald Beyschlag. *Aus meinem Leben. Erinnerungen und Erfahrungen der jüngeren Jahre.* Halle a. S.: Eugen Strien, 1896; Jacob Burckhardt. *Briefe.* Hg. von Max Burckhardt. Birsfelden-Basel: Schibli-Doppler, 1977; Ders.: *Briefe.* Hg. von Fritz Kaphahn. Leipzig: Dieterich, 1929; Ders. *Briefe an Gottfried und Johanna Kinkel.* Hg. von Rudolf Meyer-Kraemer. Basel: Benno Schwabe, 1921; Jacob Burckhardt – Paul Heyse. *Briefwechsel.* Hg. v. Erich Petzet. München: J. F. Lehmann, 1916; Paul Heyse. „Jugenderinnerungen und Bekenntnisse". *Gesammelte Werke Reihe III, Band 1.* Stuttgart/Berlin-Grunewald: Cotta, 1924, S. 3-311; August Heinrich Hoffmann von Fallersleben. *Mein Leben.* Band I-IV. Berlin: F. Fontane, 1892; Gottfried Kinkel. *Selbstbiographie 1838-1848.* Hg. von Richard Sander. Bonn: Friedrich Cohen, 1931; Johanna Kinkel. *Eine Auswahl aus ihrem literarischen Werk.* Hg. v. Ingrid Bodsch. Bonn: Stadtmuseum, 2010; Karl Schorn. *Lebenserinnerungen. Ein Beitrag zur Geschichte des Rheinlands im neunzehnten Jahrhundert*, 1. Band (1818-1848). Bonn: P. Hanstein, 1898. – Sonstige Literatur: Ingrid Bodsch. *Dr. Karl Marx. Vom Studium zur Promotion. Bonn – Berlin – Jena.* Bonn: Stadtmuseum, 2012; Dies. (Hg.) *Harry Heine stud. juris in Bonn 1819/20. Zum ersten Studienjahr Heinrich Heines (1797-1856) und zur Bonner Stammbuchblätterfolge von ca. 1820 des stud.med. Joseph Neunzig (1797-1877).* Bonn: Stadtmuseum 1997; Max Braubach. *Kleine Geschichte der Universität Bonn.* Krefeld: Scherpe, 1950; Edith Ennen/Dietrich Höroldt. *Kleine Geschichte der Stadt Bonn.* Bonn: Wilhelm Stollfuss, 1967; Heiner Faulenbach. *Ein Quart Suppe ... Das Benefizwesen*

der Geistes- und der Rechtswissenschaften; die Mediziner sind unterreprä-
sentiert. Ein besonderer Fokus soll auf dem „Maikäferbund" liegen, einem
geselligen Kreis von Studenten mit poetischen Interessen, und auf den seinerzeit gängigen Studentenstammbüchern.

Stadtansichten

Zu Beginn zwei Ansichten der Stadt Bonn vom Ende der 1830er Jahre.
Zunächst aus der Feder des Theologen Willibald Beyschlag:

> Das erst durch die preußische Universitätsstiftung aus halb bäurischen Zustän-
> den emporgehobene Bonn war damals im Ganzen noch ein recht unansehn-
> licher, kleinbürgerlicher Ort; die schönen Außentheile, namentlich die vor
> dem Coblenzer Thore gelegene Villenstadt, waren erst in schwachen Anfän-
> gen vorhanden. Doch war der große französisch-regelmäßige Hofgarten vor
> dem alten Kurfürstenschloß und die nach Poppelsdorf, dem Kreuzberg und
> dem Venusberg führende Allee anmuthend, und noch schöner der ‚alte Zoll‘,
> die hochgelegene alte Bastion, von der man auf den mächtig einherflutenden
> Rhein mit seinem jenseitigen Hügellande hinunterschaut und stromaufwärts
> die blauen sieben Berge vor Augen hat.[2]

---

der Universität Bonn erläutert am Beispiel der Evangelisch-theologischen Fakultät.
Bonn: Bouvier, 2003; Dominik Geppert. *Preußens Rhein-Universität 1818-1918.*
Geschichte der Universität Bonn, Band 1. Göttingen: V&R unipress, 2018; Diet-
rich Höroldt (Hg.). *Stadt und Universität. Rückblick aus Anlaß der 150 Jahr-Feier*
der Universität Bonn. Bonn: Ludwig Röhrscheid, 1969; Gerhard Kirchlinne. *Die*
Rheinische Friedrich-Wilhelms-Universität zu Bonn. Geschichte und Geschichten
aus zwei Jahrhunderten. Bonn, 2. Aufl. 2018; Otto Markwart. *Jacob Burckhardt.*
Persönlichkeit und Jugendjahre. Basel: Benno Schwabe, 1920; Jens-Peter Müller.
„Ritualisierte Gesellligkeit. Bonner Studenten im Vormärz". *Bonna Perl am grü-*
nen Rheine. Studieren in Bonn von 1818 bis zur Gegenwart. Hg. Thomas Becker.
Göttingen: V&R unipress, 2013. S. 23-39; Walther Ottendorf. *Das Haus Simrock.*
Beiträge zur Geschichte einer kulturtragenden Familie des Rheinlandes. Neu hg. v.
Ingrid Bodsch. Bonn: Stadtmuseum, 2003; Doris Pinkwart (Hg.). *Karl Simrock*
(1802-1867). Bonner Bürger, Dichter und Professor. Bonn: Ludwig Röhrscheid,
1979; *Karl Simrock 1802-1876. Einblicke in Leben und Werk.* Hg. Karl-Simrock-
Forschung. Bonn: Hausdruckerei der Universität, 2002.
2 Beyschlag. Leben (wie Anm. 1). S. 90.

Etwas genauer erinnert sich der Jurist Karl Schorn, der 1836 sein Studium in Bonn aufgenommen hat:

Bonn war damals noch eine kleine Stadt von etwas über 15000 Einwohnern und machte einen kleinstädtischen Eindruck. Alte tiefe Festungsgräben mit Resten von Festungs-Mauern und Thürmen umgaben von Südwesten nach Norden die alte Stadt. Von den Thorburgen stand damals [...] das Sternthor und über den Viehmarkt hinaus nach Norden nur noch die einsam stille, damals vornehme Wilhelmstraße. An dem kleinen Neuthor, an dessen innerer Seite linker Hand, wo ein Stammscher Garten lag, saß die alte, allen Musensöhnen bekannte ,Gevatterin' mit ihren Obstkörben. Durch das Neuthor ging man über eine an Stelle des jetzigen Kaiserplatzes gelegene steinerne Brücke zur damals noch fast gänzlich unbebauten, an beiden Seiten mit tiefen Sandgruben eingefaßten Poppelsdorfer Allee und weiter zu dem ringsum frei liegenden und von Wassergräben umgebenen Poppelsdorfer Schlosse. Von dessen südlicher Fronte, ebenso wie von der gleichen Seite des Universitätsgebäudes und Hofgartens, hatte man damals abgesehen von der Anatomie einen völlig freien Blick auf das ganze majestätische Siebengebirge.[3]

Aufnahmeprüfungen

Eine Besonderheit in den ersten Jahren der Universität waren Aufnahmeprüfungen für solche Bewerber, die wegen der zurückliegenden Kriegsjahre keinen ordnungsgemäßen Schulabschluss hatten erwerben können oder die Privatunterricht erhalten hatten. Auch Harry Heine musste sich einer solchen Prüfung *pro immatriculatione* unterziehen. Die Anforderungen wurden „bewußt niedrig gehalten, wie sich auch anhand der Beurteilungen zeigt, die selbst bei völliger Unkenntnis in einigen Prüfungsfächern vor einer Ablehnung des Studiumsgesuches zurückschreckten, wobei auch das Fernbleiben in einzelnen Prüfungsfächern akzeptiert wurde."[4] Harry Heine etwa wurde mündlich nur in Latein und in Geschichte geprüft: In Geschichte fand man ihn „nicht ohne Kenntnisse", im Lateinischen hingegen unsicher. Die schriftlichen Prüfungen in Mathematik und Griechisch, „das er nicht gelernt" hat, wurden ihm erlassen, der eingereichte deutsche Aufsatz bewies immerhin,

---

3 Schorn. Lebenserinnerungen (wie Anm. 1). S. 72.
4 Bodsch. Harry Heine (wie Anm. 1). S. 17 und 21.

„wiewohl auf wunderliche Weise gefaßt ..., ein gutes Bestreben"[5]. Insgesamt erhielt er die schlechteste Note III – wie die allermeisten der Ende 1819 angetretenen Bewerber: Von 71 Kandidaten erhielten nur vier die Bestnote I und sieben die II. Eine junge Universität konnte sich allzu hohe Ansprüche nicht leisten – sie brauchte Studenten.

Wohnungen

Heine wohnte in der Josephstraße, der beliebtesten Studentenwohngegend, die die Sandkaule mit dem Rheinufer verbindet. Der Anteil der Studenten an der Wohnbevölkerung der Stadt betrug in den Anfangsjahren zwischen 4 und 7 Prozent, er steigt Ende der 1820er Jahre plötzlich an, fällt danach stufenweise wieder ab und erreicht im Jahre 1841 einen Tiefstand; im Sommersemester 1851 dann überschreitet die Anzahl der Studenten die Tausendergrenze. Bonn hatte sich bei seinen Bemühungen um eine Universität „auch mit dem Argument Gewicht zu schaffen versucht, daß es ausreichend Zimmer für die zu erwartenden Studenten anzubieten habe"[6]. Trotzdem kam es aufgrund der plötzlichen großen Nachfrage nach Zimmern und Wohnungen vor allem aus dem Kreis der Dozenten und Professoren bald zu Engpässen. Die Zimmerpreise schnellen in die Höhe – dafür werden bereits 1818 in Poppelsdorf „preiswerte Zimmer und billiger Mittagstisch" angeboten.[7] Im Juli 1818 werden dort schon 80 Quartiere zur Vermietung gemeldet; trotzdem sind vier Jahre später nur drei – darunter Hoffmann von Fallersleben, der 1819 in ein kleines einstöckiges Haus neben der Kirche gezogen war – und 1825 nur 28 Studenten dort gemeldet. Außerhalb von Bonn und Poppeldorf war es ländlich; nur ganz vereinzelt wohnen Studenten in den umliegenden Ortschaften einschließlich Beuels. Innerhalb Bonns verteilen sich die Studenten recht gleichmäßig auf die einzelnen Stadtbezirke; die Gegend um die Universität liegt verständlicherweise an der Spitze. In den sanierungsbedürftigen Quartieren im Norden mieten sich nur die ärmeren Studenten ein. Eine Ausnahme macht einzig die erwähnte Josephstraße, die erst im 18. Jahrhundert angelegt worden war und dank ihres Durchgangs zum Rhein „in besserem Stand war als die zum Fluß zugemauerten

---

5 Ebd. S. 21.
6 Höroldt. Stadt und Universität (wie Anm. 1). S. 193.
7 Ebd. S. 194.

Parallelgassen"[8]; hier wohnen 1825 zwei Drittel aller in diesem Stadtbezirk gemeldeten Studenten. Im Laufe der Zeit verlagert sich der Schwerpunkt der studentischen Bevölkerung aufgrund der zunehmenden Sanierungsbedürftigkeit von diesem Rheinviertel in die westlichen Stadtteile nördlich von Markt und Münster und zum Marktplatz selbst.

Es gab auch Wohngemeinschaften. Willibald Beyschlag bewohnte in seinem letzten Semester gemeinsam mit seinem Freund Albrecht Wolters „ein hübsches gemeinsames Quartier von drei Stuben, das uns gestattete nach Lust und Bedürfnis getrennt oder zusammen zu arbeiten und Freunde bei uns zu sehen."[9] Paul Heyse wohnte in seinem ersten Bonner Semester zusammen mit Bernhard Abeken, einem Bekannten aus Berliner Tagen, „in zwei Zimmern eines ansehnlichen Hauses, das dem Besitzer eines großen Warengeschäfts, Röttgen, gehörte"[10]. Solche Wohngemeinschaften werden allerdings aufgrund des häufigen Studienortwechsels in der Regel kurzlebig gewesen sein – so auch bei Heyse: „Im Winter darauf, als mein Stubengenosse mich verließ, fand ich ein bescheideneres Quartier in der Rheingasse bei einer Witwe Böschemeyer, die einen kleinen Laden mit Eisenkram hielt, und deren schönäugige Tochter Settchen mich darüber hinwegsehen ließ, daß dies Stübchen nach dem Hof hinaus nicht viel Sonne und einen rauchenden, eisernen Ofen hatte."[11] – Zu dem Thema, das man von einer solchen Bemerkung aus weiterspinnen kann, nämlich Liaisons zwischen Studenten und Bürgerstöchtern, kann ich nur Vermutungen anstellen, da hierüber in der Regel wenig Aufhebens gemacht wurde.[12]

Eine Besonderheit stellten die Verhältnisse bei den katholischen Theologiestudenten dar: Sie hatten von Anfang an Wohnmöglichkeiten im Schloss selbst. Für ihre evangelischen Kommilitonen galt das nicht: Ihre Fakultät bat 1819 den Kultusminister Altenstein, „daß ihr analog zur katholischen Fakultät, die für ihre Studenten im Universitätshauptgebäude in größerem

---

8 Ebd. S. 195.

9 Beyschlag. Leben (wie Anm. 1). S. 195.

10 Heyse. Jugenderinnerungen (wie Anm. 1). S. 97.

11 Ebd.

12 Walter Jens beschreibt in *Eine deutsche Universität. 500 Jahre Tübinger Gelehrtenrepublik* (München: Kindler, 1977), S. 72-100 die schrecklichen Folgen, die solche Verhältnisse haben konnten. – Anders sah es bei Offizieren aus. Vgl. Heyse. Jugenderinnerungen (wie Anm. 1), S. 89 mit Blick auf Fontanes *Irrungen, Wirrungen*: „Mein Gott, eine Liebschaft zwischen einem Offizier und einem Mädchen niederen Standes ist ja so etwas Alltägliches!"

Umfang Wohnraum zur Verfügung hatte, zumindest einige Wohnplätze eingeräumt würden."[13] Dazu kam es freilich erst 1854.

Stipendien und Freitische

In seiner Stiftungsurkunde zur Universität hatte Friedrich Wilhelm III. der Universität hinreichende Mittel auch für „„Freitische und andere Benefizien' zugunsten von bedürftigen, fleißigen wie gesitteten Studierenden ‚ohne Unterschied der Konfession'" zugesagt[14]. Dieser Fonds wurde durch den Ertrag einer zweimal jährlich in der Rheinprovinz und in der Provinz Westfalen durchzuführenden Kirchenkollekte für beide Konfessionen verstärkt; er kam Studenten aller Fakultäten zugute. „Eine Vorstellung über die Höhe des Kollektenaufkommens ist beispielsweise den für die Jahre 1838 bis 1840 bekannten Einnahmen des ‚Unterstützungsfonds für dürftige und würdige Studierende' zu entnehmen: Das durchschnittliche jährliche Kollektenaufkommen aus den katholischen wie den evangelischen Gemeinden betrug damals weniger als 2000 Taler. Dazu kamen pro Jahr ein Staatszuschuss von 3000 Talern, Zinsen von 381 Talern und aus Stiftungen etwas über 604 Taler."[15] Die Statistiken der Benefikanten sind noch vorhanden: In den Jahren 1819 bis 1821 erhielten 415 Studenten eine Unterstützung, danach bewegen sich die Zahlen pro Studienjahr zwischen 285 und 424, schließlich stiegen sie bis zur Revolution bis auf 708; ein deutlicher Schwerpunkt lag dabei immer bei Studenten der Katholisch-theologischen Fakultät.[16] Die Zahlen weisen auf eine ungleiche Höhe der Stipendien je nach Jahr und Fakultät hin, lassen freilich nicht erkennen, nach welchen Kriterien und in welcher Höhe sie im Einzelfall vergeben wurden. „Anzunehmen ist jedoch,

---

13 Heiner Faulenbach. „Aus hundertfünfzig Jahren Evangelisch-Theologisches Stift – Hans-Iwand-Haus – der Universität Bonn". *Studienhaus im Wandel. 150 Jahre Evangelisch-Theologisches Stift ‚Hans-Iwand-Haus' der Universität Bonn.* Hg. Eberhard Hauschildt u. Tibor Attila Anca, Rheinbach: cmz, 2009, S. 26.

14 Faulenbach. Ein Quart Suppe (wie Anm. 1). S. 23.

15 Ebd. S. 25.

16 Die genauen Zahlen für die Zeit zwischen 1819 und 1923 und die Verteilung auf die Fakultäten bietet Faulenbach, Ein Quart Suppe (wie Anm. 1). S. 82-88.

dass die ständig steigende Zahl der unterstützten Studenten rechnerisch zu niedrigeren Stipendienbeträgen geführt haben muss.“[17]

Fest, Fackelzug und die Folgen

Am 18. Oktober 1819 versammelten sich aus Anlass des Rektoratswechsels und im Gedenken an die Leipziger Völkerschlacht auf dem Kreuzberg im Westen von Poppelsdorf Studenten zu einer Feier mit Reden und anschließendem Fackelzug zum Bonner Münsterplatz. Für diese Feier war kein Verbot ergangen; an ihr nahm – wiewohl noch gar nicht immatrikuliert – auch der zukünftige stud.iur. Harry Heine teil. Gemeinsam mit anderen musste er sich am 26. November vor dem Universitätsgericht einem Verhör unterziehen – inzwischen war nämlich bekannt geworden, dass man bei der Versammlung die *deutsche Freiheit* hatte hochleben lassen. Der Universitätsrichter Professor Karl Josef Anton Mittermaier, Rektor und Senat und sogar der Universitätskurator allerdings waren bemüht, die Sache herunterzuspielen, um sonst zu gewärtigenden erheblichen Nachteilen bis hin zur Stilllegung der Universität aus dem Wege zu gehen. Daher ging es für Heine und seine Kommilitonen noch einmal glimpflich ab. Heines Erinnerungslücken wurden protokolliert: „Solche Worte habe ich nicht gehört ... Diese Worte habe ich gehört, den Zusammenhang kann ich mir aber nicht mehr ins Gedächtnis rufen ... Ich habe den Brief nicht gelesen ... Wissen Sie sonst nichts anzugeben? Nein.“[18] Die Sache verlief im Sande.

Allgemeinheit, Burschenschaften, Landsmannschaften

Im Gefolge der Karlsbader Beschlüsse vom Sommer 1819 wurden am 20. September die Burschenschaften verboten, die Universitäten wurden überwacht und eine Reihe weiterer Maßnahmen zur Unterdrückung liberaler und nationaler Gesinnungen wurden getroffen. „Da nach Lage der Dinge damit gerechnet worden war, hatten sich schon im Sommer Bonner Studenten unter Mitwirkung Hoffmann von Fallerslebens [...] und Anton

---

17 Ebd. S. 81.
18 Bodsch. Harry Heine (wie Anm. 1). S. 15 (eigene Zusammenstellung aus dem Protokoll).

Haupts als ihrem ersten Sprecher zu einer Verbindung unter dem Begriff ‚Allgemeinheit' zusammengeschlossen, die ‚keine Burschenschaft und keine Landsmannschaft' sein, sondern das, ‚was gut und zweckmäßig scheint und sich durch Erfahrung bewährt hat, als Gesetz halten' wollte"[19]. Anstelle der burschenschaftlichen Trikolore Schwarz-Rot-Gold wählte man die Farben Grün-Weiß-Rot – immerhin die der Cisrhenanischen Republik von 1797:

> Weiß wie die Unschuld, weiß ist unser Zeichen,
> Grün wie die Hoffnung die im Herzen glüht,
> Wie's Laub von unsern Reben, unsern Eichen,
> Und roth das Band das unsre Brust umzieht.[20]

Hoffmann von Fallersleben erhielt den Auftrag, das erste Kommersbuch zusammenzustellen „und darin hauptsächlich auf den Rhein und seine schönste Gabe, den Wein Rücksicht zu nehmen".[21] Er verwendete Urtexte und ältere Sammlungen, entfernte „alle Lieder, die nach Puder und Pomade rochen oder voll Rohheiten und Renommisterei strotzten"[22], fügte unter Pseudonym zwei eigene bei und dichtete politisch gefährliche Texte um. Im August 1819 erschien das Büchlein, 153 Studenten hatten subskribiert.

Obwohl die Verfassung der *Allgemeinheit* von der Verfassung der Burschenschaft beeinflusst war, nahm man in Bonn Studenten ohne Ansehen ihrer Herkunft und Religionszugehörigkeit auf – also auch Nicht-Deutsche und Juden. Auch Harry Heine gehörte dazu – gemeinsam mit 280 von insgesamt etwa 600 Studenten im Wintersemester 1819/1820. Aufgrund staatlicher Repressionen – schon geringste mündliche oder schriftliche Äußerungen waren gefährlich und Hoffmann von Fallersleben musste das handschriftliche Exemplar der Statuten in einem Kamin verstecken – löste sich die *Allgemeinheit* Anfang Juni 1820 bereits wieder auf – um sich schon bald unter dem Namen *Cerevesia* neu zu gründen. Diese Gesellschaft wiederum wandelte sich unter dem Namen *Germania* Anfang November 1820 in eine Burschenschaft um, die nun auch die burschenschaftlichen Farben führte; ihre Mitgliederzahl konnte jedoch nicht annähernd die der früheren *Allgemeinheit* erreichen und sank durch polizeiliche Verfolgung schließlich

---

19 Ebd. S. 10.
20 Hoffmann von Fallersleben. Mein Leben (wie Anm. 1). S. 80.
21 Ebd.
22 Ebd.

auf 25 herab. Am 5. Februar 1822 „löste sie sich offiziell auf und bestand bis 1828 lediglich als ein formlos organisierter Geheimbund fort. Erst im Wintersemester 1827/1828 erlaubten die äußeren Umstände eine formelle Rekonstituierung. Die *körperliche und geistige Ausbildung für das Leben im Volke und Staate durch sittlich begründetes Leben* wurde in den neuen Statuten als Hauptzweck der Verbindung definiert. Aussagen über politische Ziele wurden darin hingegen bewusst vermieden."[23]

Seit 1820 etablierten sich neben der Burschenschaft mehrere studentische Landsmannschaften, „die der nationalen Einheitsidee ebenso ablehnend gegenüberstanden wie den strengen moralischen Grundsätzen, denen sich die Mitglieder der Burschenschaft unterwarfen"[24]: bis 1821 die *Rhenania*, *Guestphalia* und *Borussia*, 1832 die *Saxonia* und die *Palatia*. Ab 1831 wurden die Burschenschaften noch einmal stärker verfolgt und lösten sich auf; eine Nachfolgeburschenschaft, die *Marcomannia*, bestand nur von Anfang Dezember 1832 bis Juni 1833. „Damit kam die organisierte burschenschaftliche Bewegung in Bonn für mehrere Jahre vollständig zum Erliegen"[25], die Landsmannschaften hingegen blühten. Erst Anfang Februar 1843 konnte mit der *Fridericia* wieder eine Burschenschaft gegründet werden; sie hatte zu Beginn 28, ein Jahr darauf 72 Mitglieder. Aufgrund eines Streites über die Rolle des studentischen Duells spaltete sich die *Friedericia* im Sommer 1844: Die konservative, altburschenschaftliche Minderheit, die an den traditionellen Ritualen und Hierarchien festhielt, konstituierte sich im Juli als *Alemannia*, während die *Fridericia* gemeinsam mit weiteren ‚Progressisten' in eine Richtung tendierte, die der alten *Allgemeinheit* nahekam: Man forderte die Abschaffung des Duellwesens, sämtlicher akademischer Sonderrechte und der rechtlichen Trennung zwischen Bürgern und Studenten. Aber auch hier blieben erhebliche Spannungen: Mitte Dezember 1845 kam es mit der Gründung der *Frankonia* zu einer erneuten Spaltung. Ihr gehörten vornehmlich Söhne des Bildungsbürgertums an; man verwarf das Duell

---

23 Björn Thomann. „Die Bonner Burschenschaften in der Revolution 1848". *Internetportal Rheinische Geschichte*, abgerufen unter: https://www.rheinische-geschichte.lvr.de/die-bonner-burschenschaften-in-der-revolution-1848/ DE-2086/lido/57d128e7e531a8.76703693 (abgerufen am 28.07.2024). Auf diesem Artikel basieren zu einem erheblichen Teil die Ausführungen im laufenden Abschnitt.

24 Ebd.

25 Ebd.

und den Trinkzwang, behielt aber die traditionellen korporativen Organisationsstrukturen bei. Die *Frankonia* hatte Bestand, die *Friedericia* löste sich im Sommer 1847 auf, von der *Alemannia*, wo zwischenzeitlich eine progressistische Fraktion ans Ruder gekommen war, spaltete sich nach deren Niedergang eine reformorientierte *Arminia* ab, der sich auch einige ehemalige Friedericianer anschlossen.

„Zu einer festen Größe innerhalb der Bonner Studentenschaft avancierten die seit dem 4.7.1847 in der ‚Union‘ vereinigten Verbindungen katholischer Studenten"[26]; dazu zählten die seit Ende 1844 bestehende *Bavaria*, die *Burgundia, Romania, Ruhrania, Salia* und *Thuringia*. Ihnen gehörten gegen Ende der 1840er Jahre etwa hundert der 720 Bonner Studenten an; sie vertraten in erster Linie die Interessen des Katholizismus an der Universität.

Diese Vielfalt studentischer Verbindungen war möglich, obwohl jeder Student bei seiner Immatrikulation eine Erklärung unterschreiben musste, keiner verbotenen Verbindung beitreten zu wollen. „Dieser Revers konnte leichten Herzens gegeben werden, weil ja kein spezielles Verbot gegen eine der aller Welt, nur nicht der Universitäts-Behörde bekannt sein sollenden Verbindungen ergangen war. Das gewählte Corps, so lautete also die streng logische Consequenz, gehörte demnach nicht zu den verbotenen Verbindungen"[27].

Verbindungsleben

Alles in allem hatte sich im Laufe der Jahre ein ganz erheblicher Teil der Studentenschaft einer wie auch immer gearteten Verbindung angeschlossen; Kneipen, Kommerse und später Umzüge prägten ihren Alltag. Hoffman von Fallersleben schreibt:

> Commerse und Bälle waren unsere Vergnügen, woran sich jeder betheiligen konnte. Wollte sich einer sonst erholen oder belustigen, so gab es Gelegenheit genug. So fand sich immer Nachmittags ein kleiner Kreis von Freunden und Bekannten ein auf der Vinea Domini, damals noch eine Kaffee- und Weinwirtschaft. Die Aussicht auf den Rhein und nach dem Siebengebirge war reizend, und der Aufenthalt unter dem Schatten der Bäume, umspielt von der

---

26 Ebd.
27 Schorn. Lebenserinnerungen (wie Anm. 1). S. 54.

frischen Rheinluft, erquickend. Andere, die in Poppelsdorf speisten, blieben gewöhnlich noch einige Stunden dort.[28]

„Die Westphalen hatten", so erinnert sich Karl Schorn,

ihre Kneipe in der Rheingasse, und zwar anfangs daselbst in einem dicht am Rhein gelegenen kleinen aber gut eingerichteten Gasthof bei Bauer, später im Engel bei dem [...] Wirth Hartzem, die Rhenanen kneipten bei Jupp Schmitz in der Bonngasse, wo wir auch unser bescheidenes Mittagsmahl für fünf Silbergroschen einnahmen. Die Preußen hausten in der Baumschule; die Sachsen bei Ruland in der Stockenstraße, eine Treppe hoch, und endlich die Hanseaten in der Josephstraße [...] Sämmtliche Kneiplokale hatten die damals in fast allen Bierhäusern übliche höchst primitive Einrichtung mit Tischen, Stühlen und Bänken von Eichenholz, an den Wänden als einzige Dekorationen ältere Kneipbilder und auf schlichen Consolen die damals nie fehlenden sogenannten Birkenheimer, auch Birkenmeyer genannt, d. h. aus einem rohen Birkenstamm von 15 20 Centimeter Durchmesser hergestellte Trinkpokale mit ausgedrechseltem Fuß und Deckel, 1 bis 1 1/2 Fuß hoch, der innere Raum ausgepicht zur Aufnahme eines entsprechenden Quantums Bier. Bei sogenannten Bierscandälern war das Leeren dieses Birkenmeyers die höchste Bravour.[29]

Dabei war laut Willibald Beyschlag „das damalige bonner Bier so schlecht, daß einer einmal einen Zettel an sein Glas heftete mit der Aufschrift ‚Alle Stunde einen Eßlöffel voll.'"[30]. „Warmes Abendbrod gehörte nicht zur täglichen Gewohnheit, und ebensowenig der Genuß von Wein"[31] – schon deshalb nicht, weil die Erzeugnisse des unmittelbaren Umlandes zu sauer waren.

„Im Winter mußte jeden Samstag Abend eine sogenannte Bierzeitung erscheinen, mit deren Redaktion eine eigene Commission von drei Mitgliedern betraut" war.[32] Dabei wurde viel gedichtet: über den betrunken schlafenden Corpsburschen, über den Rhein, über das Gasthaus Sankt Peter in Walporzheim, das älteste an der Nahe, über die Insel Nonnenwerth, über

---

28 Hoffmann von Fallersleben. Mein Leben (wie Anm. 1). S. 79.
29 Schorn. Lebenserinnerungen (wie Anm. 1). S. 55.
30 Beyschlag. Leben (wie Anm. 1). S. 112.
31 Schorn. Lebenserinnerungen (wie Anm. 1). S. 56.
32 Ebd. S. 58.

die Sonne, die mit der Erde anstößt, um „aus dem brausenden Ocean" zu trinken.[33]

Neben den institutionalisierten Verbindungen gab es lockere, manchmal durch Zufall entstandene Gruppen wie die ‚Theologenkneipe', einen harmlosen Verein, der einen Austausch unter Fachgenossen bezweckte, oder die ‚Schweizerkneipe', eine Gruppe von Schweizer Theologiestudenten, die der weithin bekannte Theologieprofessor Carl Immanuel Nitzsch an den Rhein gelockt hatte. Aus der ‚Theologenkneipe' ging später der ‚Wingolf' hervor, „beruhend auf den Principien der Frömmigkeit, Sittlichkeit, Wissenschaftlichkeit, unter Verpönung des Duells"[34]. Hier herrschte aber keine fromme Enge. „Wir hielten freie Reden, trugen selbstverfaßte Gedichte vor oder lasen etwas aus guten Büchern, wie aus E. M. Arndts patriotischen Schriften."[35]

Kleidung, Bälle, Theater

Die Kleidung der Studenten war einfach:

> im Sommer der schwarze Sammet- oder Manchester-, für den Winter ein dicker Flausrock waren, abgesehen von der Gesellschaftstoilette und den theuren, bei festlichen Anlässen und im sogenannten ‚Wichs' getragenen, reich gestickten und mit Fangschnüren gezierten Pickeschen, für den gesammten gewöhnlichen Verkehr völlig ausreichend. Mäntel und Ueberzieher waren im Allgemeinen den Studenten unbekannte Kleidungsstücke. Bei Sommerhitze trug man auch statt des Sämmtlings leinene Röcke, statt der wärmeren Mütze Strohhüte mit Nachahmung der Corpsfarben.[36]

Die Gesellschaftstoiletten wurden vornehmlich auf den exklusiv gehaltenen Casino- oder Museumsbällen gebraucht, wohin die besseren Familien der Stadt gerne ihre Töchter ausführten, und wo jüngere Corpsstudenten gern gesehen waren.

Neben die Bälle trat das Theater; ein neues Gebäude war 1826 am Vierecksplatz (heute Berliner Freiheit) errichtet worden. „Die Studiosen hatten gegen niedriges Eintrittsgeld fast ausnahmslos das verhältnismäßig sehr

---

33 Ebd. S. 61.
34 Beyschlag. Leben (wie Anm. 1). S. 111f.
35 Ebd. S. 112.
36 Schorn, Lebenserinnerungen (wie Anm. 1). S. 56.

geräumige Parterre inne und gaben in demselben ihrem Uebermuth durch Mitsingen oder Mitdeklamiren bekannter Opernmelodien und klassischer Dramen-Stellen ziemlich regelmäßig freien Lauf. Das Parterre spielte förmlich mit."[37]. Das Theatergebäude musste freilich wegen Baumängeln schon 1844 wieder abgerissen werden.

Der rheinische Karneval hatte in Bonn wenig Chancen: Im Frühjahr 1828 veranstaltete man nach Kölner Vorbild einen Rosenmontagszug; daraufhin verbot eine Kabinettsorder für die Zukunft solche Lustbarkeiten. Erst nach 1840 wurden sie wieder erlaubt.

Mensuren und Reitunterricht

Mensuren gehörten, allerdings in geringerem Maße als in der Kaiserzeit, bis auf wenige Ausnahmen zum Verbindungsleben: Wollte man nicht in Verruf geraten, musste man fechten oder zumindest sekundieren. Angesichts obrigkeitlicher Verbote musste man seine Pauklokale in der Umgebung finden – im Sommer etwa auf dem Venusberg, im Winter gelegentlich in Beuel, wohin man mit Nachen über den mit Eisschollen besetzten Fluss übersetze. Zu den Usancen lasse ich Karl Schorn das Wort[38]:

> Die Contrahagen lauteten gewöhnlich auf 12 Gänge und kleine Mützen, oder auf 1 Gang (15 Minuten). Verschärfte Forderungen auf Säbel oder ohne Binden und Bandagen waren selten. Auch bei letzterer Form waren der Hals, die Axillaris und die Pulsader möglichst geschützt.

> Innerhalb reichlich bemessener Mensurlinien hatte man reichliche Bewegungsmöglichkeiten; durch Fintenschlagen durfte man den Gegner täuschen, "ohne zu einem Anhieb verpflichtet zu sein". Die Augen waren

nur durch den festen ziemlich breiten und den Hieb abfangenden Mützenschirm geschützt. Die Mützen selbst bestanden aus leichtem Tuch in der Corpsfarbe und waren mit einfacher Seide gefüttert, so daß nur scharfe Hiebe durchdrangen, und auch deren Wirkungen einigermaßen geschwächt wurden. Man bediente sich auf der Mensur seiner gewöhnlich getragenen Mütze, welche, wenn auch vergilbt und mit Schmissen [...] geziert, während der ganzen aktiven Zeit nicht abgelegt zu werden pflegte.

---

37 Ebd. S. 73.
38 Alle folgenden Zitate ebd. S. 70.

Die Schmisse selbst konnten schlecht behandelt werden und heilten langsam: „Bei der gänzlichen Unbekanntschaft der [...] Antiseptik eiterten alle Wunden oft Wochen lang und nöthigten den Betroffenen eben so lange zur verborgenen Einsamkeit, weil sonst der öffentlich gezeigte Schmiß"[39] vor den Universitätsrichter gebracht worden wäre. „Wer also das Pech mehrmaliger Abfuhr hatte, war je nach Umständen den größten Theil des Semesters außer Kurs gesetzt".[40] Insgesamt aber „war das Fechten noch eine Kunst, die Kraft und Gewandtheit nicht nur des Armes, sondern auch des ganzen Körpers und ferner die Fähigkeit erforderte, aus den Augenwendungen des Gegners dessen beabsichtigten Hieb vorher zu sehen, um denselben zu pariren und sofort durch einen geschickten Nachhieb zu erwidern."[41]

Weniger bedeutend für die Ausbildung des Körpers war das Reiten – immerhin aber gab es einen von der Universität angestellten Universitäts-Reitlehrer, dessen Unterricht gerne angenommen wurde. „Die Reitbahn befand sich in den neben dem Coblenzer Thor gelegenen weiten Parterreräumen des ehemaligen Kurfürstlichen Theaters"[42], das die preußische Regierung aus Furcht vor schlechten Einflüssen seinem ursprünglichen Zweck entzogen hatte.

Sperrstunde, Streiche und Strafen

Es war damals in Bonn wie in allen rheinischen Städten für alle Wirthschaften, also auch für die Studentenkneipen der Schluß der Wirthschaft auf 11 Uhr Abends polizeilich bestimmt. In den von Studenten ausschließlich besuchten Localen übten die 3 Pedelle [...] die abendliche Controle in durchaus höflicher Weise mit einem freundlichen ‚Guten Abend' und der Weisung: ‚es ist Polizeistunde.' In der darauf folgenden Viertelstunde waren denn auch der Regel nach die Kneipen geleert [...] Wenn trotzdem bei dem wiederholten Besuch des Pedells dennoch Nachzügler in der Kneipe saßen und dann nicht sofort sich entfernten, dann gab es Protokolle und Geldstrafen durch den gestrengen Universitätsrichter von Salomon [...]. Machten sich einzelne Individuen durch besondre Excesse und Zuwiderhandlungen bemerklich, so gab es statt

---

39 Ebd. S. 69.
40 Ebd.
41 Ebd. S. 70.
42 Ebd. S. 71.

Geldbußen Carcerstrafen, die als fideles Gefängniß in den schön gelegenen südlichen Räumen der zweiten Etage des Coblenzer Thors[43]

abgesessen wurden.

Ich sage: fideles Gefängniß, denn den Inhaftirten war der Empfang des fast nie fehlenden Besuches bei Wein und Bier und Kartenspiel gestattet, und zuweilen ging es dabei hoch her, so daß die beträchtlichen Bewirthungskosten [...] eine bedeutende Auszehrung des mit inhaftirten Monatswechsels im Gefolge hatten; dazu kamen noch beträchtliche Nebenausgaben für das aus einem nahen Gasthof geholte Mittagessen und für Herbeischaffung des einem anständigen Menschen nothwendigen Bettwerks auf der harten und wenig einladenden Matratze. Wenn man sich gut mit seinen Hausleuten stand und diese besonders honorirte, konnte man auch das eigene Bettzeug mit Decken und Kissen herbeischaffen lassen. Die Carcerstrafen waren also wesentlich Strafen für den elterlichen Geldbeutel.[44]

Das alles war Teil der akademischen Gerichtsbarkeit, die sich nicht nur auf Disziplinarsachen, „sondern auch auf leichtere, sonst vor den ordentlichen Richter gehörende Vergehen und Schuldsachen erstreckte", dabei urteilte in marginalen Fällen der Universitätsrichter allein, bei schwereren Delikten gemeinsam mit den Mitgliedern des Senats.[45] Der Bonner Karzer beherbergte von 1818 bis 1840 insgesamt 989 Häftlinge, darunter 159 wegen Duellierens (inklusive der Sekundanten und Unparteiischen 276), 187 wegen Überschreitens der Sperrstunde von 22 Uhr im Winter und 23 Uhr im Sommer und 181 wegen Lärms auf der Straße. Dahinter steckt wohl „ein Kanon von absichtlich vollzogenen Regelverstößen."[46]

Gründe für Disziplinarstrafen gab es reichlich. „An jedem späten Abend", so berichtet Willibald Beyschlag,

erfüllte sich der Marktplatz mit angetrunkenen Studenten, die mit einander Händel suchten und zu dem Ende auch den friedfertig Einhergehenden ‚anrempelten'; bis draußen in den Hofgarten hörte man das wüste Getümmel

---

43 Ebd. S. 61f. – Das Salamanderreiben als „besondere Art das letzte Bier vor oder schon während der Polizeistunde zu trinken" schildert Müller. Ritualisierte Geselligkeit (wie Anm. 1). S. 34.

44 Schorn. Lebenserinnerungen (wie Anm. 1). S. 62.

45 Ebd.

46 Müller. Ritualisierte Geselligkeit (wie Anm. 1). S. 29f.

und Gejohle. Die Regierung hatte die burschenschaftlichen Verbindungen, welche dem Studentenleben doch eine ideale Richtung gegeben hatten, verboten; dagegen duldete sie die, welche in Raufen und Saufen die höchsten Ziele des Studentenlebens erblickten.[47]

Freilich konnten Ruhestörer nur identifiziert und damit zur Rechenschaft gezogen werden, wenn die Orte, an denen sie lärmten, ausreichend beleuchtet waren; dies war jedoch nur in der Innenstadt der Fall. „Dort, wo es den Studenten zu hell war, griffen sie häufig zu einer pragmatischen Lösung und zerstörten die Straßenlaternen. Wurden sie dabei von einem der Pedelle erkannt und der Tat überführt, so drohten ihnen aber nur eine kurze Karzerhaft und die Zahlung der Kosten zur Wiederinstandsetzung der defekten Laterne."[48]

Professorale Abende

Verschiedene Professoren luden ihre Studenten zu offenen Abenden ein. Der Theologiestudent Theodor Althaus, heute nur noch als Geliebter Malwida von Meysenbugs bekannt, lässt uns an gleich zwei solcher Zirkel teilhaben: bei dem jungen Theologiedozenten Gottfried Kinkel – der eine nicht unbedeutende Rolle während der Revolution spielen sollte – und bei dem Nestor der Evangelisch-theologischen Fakultät, Carl Immanuel Nitzsch. Beim ersteren herrscht eine liberale Atmosphäre:

> Das Kränzchen bei Kinkel versammelt sich gewöhnlich jeden Donnerstag [...] Gegen acht Uhr oder etwas früher finden sich in der Regel alle Theilnehmer in seiner Wohnung im Poppelsdorfer Schlosse ein: eine nicht ausschließlich theologische Gesellschaft von zehn – zwölf Studenten, die Mehrzahl Theologen, doch auch Philologen und Philosophen, in dem weiten Umfang, den dies letztere Gebiet gewöhnlich begreift. Dann setzt man sich etwa anderthalb Stunden in der Dämmerung um einen runden Tisch, und die Conversation pflegt Kinkel immer so zu leiten, daß wo möglich *ein* Gegenstand von allgemeinem Interesse durchgesprochen wird, doch so, daß, wenn Jemand irgend einen bedeutenden Nebenumstand beibringt, man sich gleich zu diesem wendet und nicht pedantisch zum ersten zurückkehrt, eine Manier, die den

---

47 Beyschlag. Leben (wie Anm. 1). S. 93.
48 Müller. Ritualisierte Geselligkeit (wie Anm. 1). S. 38.

Vortheil hat, daß der Stoff nie ausgeht [...] Niemand geniert sich, eine angenehme Ungebundenheit, die doch nie im geringsten über die Schranken geht,
herrscht in der ganzen Gesellschaft.[49]

Bei Nitzsch hingegen herrscht gemeinhin achtungsvoller Respekt vor der
Meinung des Gastgebers – in der Regel „nämlich ist der Comment das: Ja,
Herr Professor! oder: ich glaube auch, Herr Professor!"[50] Althaus mit seinem ungestümen Temperament fällt allerdings gelegentlich aus der Rolle,
wenn es um Pressefreiheit oder Volksvertretungen geht.

Ausflüge und Gasthäuser

„Ich ließ mir", schreibt Paul Heyse über sein erstes Bonner Semester (vorher
hatte er in Berlin studiert),

die Jugendlust nicht trüben, die hier an den lachenden Rheinufern hell auf-
blühte, sondern verbrachte den Sommer 1849 wie sonst nur ein Fuchs sein
erstes Semester, mehr in lustigen Streifzügen durch die herrliche Gegend und
in den kleinen Weinkneipchen von Endenich, Kessenich und Rolandseck, als
in den Hörsälen, immer in der Gesellschaft sehr guter Freunde, wenn ich auch
ein für allemal mich von allem, was Korpskomment hieß, ferne hielt.[51]

Endenich und Kessenich sind heute Bonner Ortsteile, nach Rolandseck
braucht man zu Fuß bei heutigen Wegeverhältnissen immerhin gute drei
Stunden. Die Commerse der Verbindungen „wurden fast sämtlich auswärts,
in Rolandseck, auf Nonnenwerth und Remagen" gehalten; zu „den auswär-
tigen Commersen wurde mit dem Dampfboot und Musik gefahren zur freu-
digen Ueberraschung der anwesenden Passagiere"[52]. Hingegen wurden für
andere Ausflüge einspännige Leihdroschken zum Selbstkutschieren benutzt:

---

49 Brief vom 11. Juni 1841 in: Althaus. Zeitbilder (wie Anm. 1). S. 15f. Vgl. auch
    Beyschlag. Leben (wie Anm. 1). S. 100: „Nicht minder anziehend, ja entzückend
    waren die freien Abende, welche Kinkel uns darbot. Hier fand sich ohne Zweifel
    der auserlesenste Studentenkreis zusammen, den die bonner theologische und
    philosophische Facultät damals umschloß".
50 Brief vom 18. Februar 1843 in: Althaus. Zeitbilder (wie Anm. 1). S. 18.
51 Heyse. Jugenderinnerungen (wie Anm. 1). S. 89f.
52 Schorn. Lebenserinnerungen (wie Anm. 1). S. 71.

Die oft mit 5-6 Insassen beladenen, schlecht gefütterten, abgetriebenen und von unkundigen Musensöhnen mittelst Peitschenhieben angetriebenen Gäule konnten Mitleid erwecken [...] Es war gerade kein Hochgenuß, mit diesen niedrigen, sehr unbequemen und engen Wagen weitere Touren zu fahren; dennoch sah man oft 4-5 derartiger Carossen vollgestopft zum Coblenzer Thor hinausfahren, um in Rolandseck die romantische Natur zu bewundern und nachher den poetischen Eindruck durch eine Bowle bei Groyen zu befestigen."[53]

Mehrtägige Ausflüge gingen etwa ins Ahrtal und zum Laacher See, der Willibald Beyschlag besonders entzückte[54]; Karl Simrocks Gastfreundschaft auf seinem ererbten Weingut am Menzenberg bei Honnef war legendär.[55]

Der Lindenhof

Eine besondere Rolle unter den Ausflugsgaststätten spielte das am Rhein gelegene Gartenlokal *Unter den Linden* bzw. *Zur Linde* in Plittersdorf, etwas nördlich vom Godesberger Ortskern gelegen. Ursprünglich hauptsächlich von Treidelknechten und Fährleuten besucht, wandelte sich das Lokal nach Aufkommen der Dampfschiffe und dem damit einhergehenden Ende des Treidelns Anfang des 19. Jahrhunderts zu einem beliebten Treffpunkt für Studenten und Professoren – vor allem wegen seiner Lage unmittelbar am Rhein und der Aussicht auf den Fluss und das Siebengebirge, die Ernst Moritz Arndt als „himmlisch schön" beschrieb. Emanuel Geibel, der von 1835 bis 1836 in Bonn studierte, und Karl Simrock verkehrten hier, Gottfried Kinkel und Carl Schurz, Arndt selbstverständlich, daneben Ferdinand Freiligrath, der als freier Schriftsteller in Unkel südlich von Honnef lebte, und Harry Heine, der von der lindenbestandenen Terrasse, dem Blick auf den Rhein und dem verhallenden Abendgeläute aus Königswinter schwärmte. Alexander von Humboldt war im Lindenhof zu Gast, die ‚Rheingräfin' Sibylle Mertens-Schaafhausen mit ihrer Geliebten Adele Schopenhauer und der gemeinsamen Freundin Annette von Droste-Hülshoff und schließlich der Student Albert von Sachsen-Coburg-Gotha, der 1839 im Lindenhof die junge Königin Victoria traf, die er ein Jahr später heiraten

---

53 Ebd.
54 Beyschlag. Leben (wie Anm. 1). S. 105.
55 Kinkel. Selbstbiographie (wie Anm. 1). S. 66.

sollte. Die beiden ältesten Töchter des Wirtes, Kathrin und Gretchen, wurden bald Gegenstand verliebter Schwärmerei[56], vor allem das *Gretchen von Plittersdorf* wurde in Gedichten besungen. Heine begeisterten ihre „feurigen schwarzen Augen", und Paul Heyse widmete ihr eine Novelle. Als der um eine Generation jüngere Rudolf Baumbach 1877 sein bis heute bekanntes Studentenlied *Die Lindenwirtin* dichtete, stand Gretchen hinter der anonymen Angebeteten:

Keinen Tropfen im Becher mehr
Und der Beutel schlaff und leer,
Lechzend Herz und Zunge,
Angetan hat's mir dein Wein,
Deiner Äuglein heller Schein,
Lindenwirtin, du junge.[57]

Die Mutter des Gretchen, die eigentliche Lindenwirtin Agnes Mundorf, scheint eine beherzte Frau gewesen zu sein: Während der Revolution 1848 versteckte sie Carl Schurz und Friedrich Hecker bei sich. Auch später besuchten nachmals berühmte Gäste das Lokal; heute heißt es nach einem später dazu erworbenen und dann wieder verkauften Hotel *Schaumburger Hof* – hier tagte hundert Jahre danach, am 5. September 1948, der Parlamentarische Rat.

Maikäfer

Im Lindenhof traf sich ab 1842 auf Empfehlung eines Mitglieds, das über der Gaststube ein Studentenzimmer gemietet hatte, auch der *Maikäferbund*. Gegründet wurde er am 29. Juni 1840[58] durch Gottfried Kinkel und seine

---

56 Carl A. Kellermann. *Das Gretchen von Plittersdorf. Der Lindenwirtin Töchterlein*. Lorch: Karl Rohm, 1934.

57 Erst später wurde die Anonyma durch Anfügen einer siebten Strophe mit der Godesberger Wirtin und Liedersammlerin Aennchen Schumacher (1860-1935) identifiziert, die das Lied 1885 entdeckt und populär gemacht hatte; im Jahre 1891 benannte sie daraufhin ihren eigenen Gasthof in *Zur Lindenwirtin* um.

58 Es gab den Maikäferverein offenbar bereits vor dem offiziellen Gründungsdatum. Eine aus dem Jahr 1839 stammende Federzeichnung von Kinkel und anderen „zeigt u. a. ein auf dem Rhein schwimmendes Segelschiff mit Namen

Verlobte Johanna Mockel, in deren Wohnung man sich in der Regel zunächst auch traf:

> Man kam an einem wöchentlichen Abend zusammen, ein handschriftliches Blatt, welches während der Woche umlief und von den Mitgliedern zu füllen war, wurde verlesen, dann der übrige Abend literarischer oder musikalischer Unterhaltung gewidmet. Auch machte man gemeinsame Spaziergänge und vereinigte sich von Zeit zu Zeit an einem Sonntag-Nachmittag, um bei einer Tasse Kaffee ‚Maleracademie‘ zu halten, d. h. die gefüllten Maikäfernummern mit colorirten Titelbildchen zu versehen, in denen freiwilliger und unfreiwilliger Komik natürlich ein weiter Spielraum eröffnet war.[59]

Beyschlag, in diesen Jahren ein Bewunderer und enger Freund Kinkels, schildert die Atmosphäre der Treffen so:

> Ernst und Scherz war sehr anmuthig gemischt: wir saßen um einen Theetisch, auf den nach der eigentlichen Sitzung eine ganz einfache Bewirthung und schließlich ein Glas Wein kam; jeder mit seinem Orden geschmückt, einem buntzusammengesetzten Maikäfer an grünseidenem Bande. Die Vorlesung des Blattes, das wir natürlich größerentheils mit scherzhafter leichter Waare füllten, erweckte sofort eine heitere Stimmung; dieselbe hob sich höher, wenn ein neues wohlgelungenes Gedicht zum Vorschein kam. Nach dem Abendbrod las Kinkel mit seinem ausdrucksvollen Vortrag und seiner prächtigen Stimme aus irgend einem neuen poetischen Werke vor, oder die ‚Directrix‘ setzte sich ans Clavier, phantasirte in reizender Weise, oder sang eins und das andere ihrer selbstcomponirten lieblichen Lieder.[60]

Beyschlag schildert auch eine Aufführung der Goethe'schen Iphigenie, mit deren Vorbereitung man das ganze Semester über beschäftigt war: „Ein auserwählter Kreis von Professoren und Damen füllte das eine Zimmer der Directrix, das andere mit seiner Flügelthür war die griechisch-einfache Bühne

---

    ‚Maikäfer-Verein‘. Im Text auf der Zeichnung heißt es: ‚Am heutigen Tage rasteten allhier ... die Maikäferbrüder auf dem Rückwege vom Laachersee‘". Karl Simrock (wie Anm. 1). S. 37.

59 Beyschlag. Leben (wie Anm. 1). S. 113f. – Die sieben handschriftlichen Jahrgänge der Zeitschrift sind im Besitz der Universitätsbibliothek Bonn. In Gottfried Kinkels Selbstbiographie spielt der Maikäfer eine eher marginale Rolle.

60 Beyschlag. Leben (wie Anm. 1). S. 114. – Johanna Mockel war eine hervorragende Pianistin und Komponistin.

[...]. Die Darstellung erndtete reichen Beifall und mußte an einem folgenden Tage noch einmal wiederholt werden; daran schloß sich ein übermü-
thig fröhlicher Abend" an.[61] Ausflüge führten im Winter zu den Friesdorfer
Höhen und nach Plittersdorf, von wo aus man mit dem Kahn in die Stadt
zurückkehrte; meist endeten sie „in einem uns vorbehaltenes behaglichen
Kaffeestübchen in Endenich".[62] Mitglieder des Bundes waren neben Kinkel
(genannt Urmau), Johanna Mockel (Directrix) und Beyschlag etwa Theodor
Althaus, Jacob Burckhardt, Jacob Grimm, Karl Simrock, Georg Weerth und
Ferdinand Freiligrath. Die Namen belegen: War der *Maikäfer. Eine Zeitschrift für Nicht-Philister* zunächst eine Sammlung von scherzhaften Beiträgen wie Satiren auf die Bonner Spießbürger, so wandelte er sich im Laufe der
Zeit zu einem veritablen literarischen Organ. Man übte sich allerdings auch
in eher schlichten Künsten, etwa dem Verfassen von Gedichten nach vorgegebenen Endreimen, *Rattenkönig* genannt. Jährlich am Stiftungstag wurde
ein Fest mit dichterischem Wettbewerb und Preisgericht feierlich begangen,
dabei wurden längere Texte vorgetragen wie 1841 Kinkels Epos „Otto der
Schütz", das mit über 80 Auflagen das erfolgreichste und langlebigste Werk
seines Autors werden sollte. Im Laufe der Jahre freilich nahm Kinkel immer
mehr Autorität für sich in Anspruch; der freie Geist schwand, und es kam zu
Streitigkeiten und Austritten.[63] Ab 1846 fand praktisch kein Vereinsleben
mehr statt; Beiträge für den *Maikäfer* wurden nachträglich eingetragen. Im
März 1847 lösten Gottfried und Johanna Kinkel den Bund auf, da sich die
Interessen einer neuen Studentengeneration von literarischen auf politische
Themen verlegt hatten und keine Talente mehr nachwuchsen. Eine Filiale
in Berlin, *Filial-Mau* genannt, die Beyschlag, Burckhardt und der Theologe
Albrecht Wolters im Winter 1842/43 gegründet hatten, blieb kurzlebig.
    Der Maikäferbund war nicht das einzige Bonner Dichterkränzchen:
Emanuel Geibel, Karl Grün, Moriz Carrière und Karl Marx bildeten kurz-
zeitig ein Poetenkränzchen, das sich mit dem Wegzug der Beteiligten jedoch
bald auflöste. Ebenso erging es 1838 dem kleinen literarischen Zirkel, dem
neben Karl Simrock der spätere Shakespeare-Forscher Nikolaus Delius, der
Philosophiestudent Thomas Arens, der Mediziner Gustav Hartlaub, der
Jurist Wilhelm von Gröning und Kinkel angehörten.[64] Noch im selben Jahr

---

61 Ebd. S. 128f.
62 Ebd. S. 116.
63 Nach Simrock (wie Anm. 1). S. 39.
64 Nach Simrock (wie Anm. 1). S. 37.

schlossen sich Simrock und Kinkel mit einigen anderen späteren ,Maikäfern'
zu einem neuen Kreis mit dem Namen ,Chamöcia' zusammen[65]. Und wenn
zwei poetisch veranlagte Naturen aufeinandertrafen wie Karl Simrock und
Harry Heine, dann las man sich seine Dichtungen gegenseitig vor und übte
wechselseitige Kritik.[66]

Stammbücher

„Unter Studenten erfreute sich das Stammbuch Anfang des neunzehnten
Jahrhunderts großer Beliebtheit. Zum Zeichen der Freundschaft widmete
man den Kommilitonen beim Universitätswechsel ein Stammbuchblatt."[67]
Hatten diese Bücher bis zum Ende des 18. Jahrhunderts noch als fest gebundene Bände kursiert, so war seither das Einzelblatt Mode geworden, das
gemeinsam mit anderen in einer eigenen Kassette verwahrt und transportiert
werden konnte. Zuerst in Göttingen begann man mit der Herstellung und
dem Verkauf klein- und meist querformatiger Kupferstiche, die ausschließlich
als Stammbuchblätter bestimmt waren: Zeigte der Kupferstich nach 1800
meist ein Motiv aus dem studentischen Leben oder ein Landschaftsbild aus
der Umgebung der jeweiligen Universitätsstadt, so konnte die Rückseite mit
Gedichten, guten Wünschen oder Erinnerungen versehen werden. In Bonn
lieferte der mit Harry Heine befreundete Medizinstudent Joseph Neunzig,
der aus Düsseldorf stammte und vor seinem Studium die dortige Kunstakademie besucht hatte, die Vorlagen für eine Serie von Stammbuchblättern,
die wohl Anfang 1821 herausgegeben wurde. Die dazugehörige Kassette gab
es in verschiedenen Ausführungen. Das von Neunzig signierte Titelblatt
der Sammlung, „Den Bonner Burschen", zeigt Lyra, Schild, Schwert und
Degen gegen einen Gedenkstein vor einem in freier Landschaft stehenden
Baum gelehnt. Ein Stammbuchblatt zeigt eine Kneipszene, eine andere drei
Studenten im Karzer, die übrigen Landschaftsmotive (Bonn, Poppelsdorf,
Godesberg, Königswinter, den Drachenfels, Nonnenwerth, Siegburg, Heis-
terbach). Der Verzicht auf politische Aussagen spiegelt die Verhältnisse nach
den Karlsbader Beschlüssen, die Landschaftsmotive die Rheinromantik des
neuen Jahrhunderts.

---

65 Ebd.
66 Bodsch, Das Haus Simrock (wie Anm. 1). S. 180.
67 Bodsch, Harry Heine (wie Anm. 1). S. 97.

Wichtiger als die Bildmotive sind die Texte, die man einander zueignet. Typisch sind neben nostalgischen Erinnerungen und Landschaftsschilderungen Lebensweisheiten und Ratschläge wie die, die der stud.iur. Heinrich Falkenberg aus Bochum seinem Freunde Isaac Coppenhagen, dem Sohn einer begüterten jüdischen Kaufmannsfamilie aus Bonn, Ende August 1821 ins Stammbuch schreibt:

Ungestöhrte Wonne blüht
Nicht im Erdenthale,
Daß wir uns nicht Götter wähnen,
Träufelt Gott den Kelch v[on] Thränen
In d[ie] Nektarschale.

Nur d[er] Thor will Rosen hier
Ohne Dornen ziehen
Wünscht – und hofft – und bebt zurücke,
Während goldne Augenblicke
Ungenossen fliehen.[68]

Die goldene Zeit der Stundentenstammbücher endete in den 1840er Jahren.

Bilder soll man anschauen; sie lassen keine Zusammenfassung zu. Darum zum Schluss nur eine kurze Anekdote, die etwas vom Geist der Bonner Studentenschaft im Jahre 1837 aufscheinen lässt. Ab diesem Jahr studierten die Brüder Ernst und Albert von Sachsen-Coburg und Gotha in Bonn. Sie erhielten in der Regel Privatvorlesungen, besuchten aber auch das öffentliche Kolleg des Staatsrechtlers Ferdinand Walter. Dessen „wohlüberlegte feierliche Begrüßung der Prinzen beim Beginn seiner ersten Vorlesung mit der Anrede: ‚Durchlauchstigste Prinzen' (und dann erst das gewöhnliche ‚Hochzuverehrende Herren') rief eine fürchterliche Mißfallensbezeugung der zahlreichen Zuhörerschaft durch Fußgetrampel hervor"[69]. Dabei hätten die Brüder, die den Aufruhr gelassen hinnahmen, gern auch „an den Freuden des Studentenlebens theilgenommen"[70] ...

---

68 Ebd. S. 102.
69 Schorn. Lebenserinnerungen (wie Anm. 1). S. 75.
70 Ebd.

Kerstin Kraft (Paderborn)

Mit Kleidung lügen

Über Vestimentäres und Modisches im Vormärz

Wie allen anderen historischen Wissenschaften eignet auch der Mode- und Kleidungsgeschichte das ‚Problem' der Periodisierungen und ihrer Bezeichnungen. Verschärft wird dies durch Bemühungen, transnationale und globale Phänomene von Mode, Kleidung und Textil darzustellen. Entsprechende Überblickswerke unterteilen in neuerer Zeit möglichst neutral, beispielsweise durch ein Zusammenfassen in Jahrhunderten oder sehr weiten Epochenbegriffen wie ‚Antike', ‚Mittelalter', ‚Renaissance' etc.[1] Im Rahmen differenzierter Darstellungen, die sich auf kürzere Zeitabschnitte und/oder politisch-geographisch begrenzte Analysen von Mode, Kleidung, Textil beziehen, gilt es, die Implikationen gängiger Bezeichnungen zu reflektieren. Der für das Vormärz-Handbuch definierte Zeitraum von 1815 bis 1848[2] umfasst modehistorisch mehrere Epochen: das Empire, die napoleonische Zeit, die Restaurationszeit, die Romantik und das Biedermeier. Im Folgenden wird es aber weniger um die Darstellung dieser Modeepochen gehen als vielmehr um die historische Einordnung der Begriffe, um Grundlegendes zur Erforschung vestimentärer und modischer Gegenstände, um Zusammenhänge wirtschaftlicher und technischer Aspekte und deren Auswirkungen auf Kleidung und Kleidungsverhalten von Männern und Frauen im Vormärz. Geleitet werden die Betrachtungen von der Frage nach der Funktion von Kleidung und Mode und ihrer Fähigkeit, zu lügen. Es wird sich zeigen, dass die besonderen historischen Umstände des radikalen Umbruchs durch die Französische Revolution die Möglichkeiten vestimentärer Lügen stark erweiterten.

„Die Mode, die größte Tyrannin der Welt, äußert sich vielleicht nirgends despotischer als in der Art und Weise sich zu kleiden [...]."[3] Dieses Zitat aus

---

1 Susan Vincent (Hg.). *A Cultural History of Dress and Fashion.* London/Oxford/New York: Bloomsbury, 2017.
2 Vgl. Norbert Otto Eke (Hg.). *Vormärz-Handbuch*, Bielefeld: Aisthesis, 2020. S. 14-15.
3 Carl Herloßsohn (Hg.). *Damen-Conversations-Lexikon.* Neu vorgestellt von Peter Kaeding aus der Originalausgabe von 1834-1836, Berlin: Union, 1987. S. 30.

einem Damen-Conversations-Lexikon aus den 1830er Jahren fasst sehr kurz zusammen, was heute einer Erklärung bedarf: Mode bezeichnet einen Zeit- geschmack und ist demzufolge ein soziales, immaterielles Phänomen – letzt- lich kann jeder Gegenstand vorübergehend zur Mode werden: von der Auto- farbe bis zur Vorgartengestaltung. Die Kleidermode ist nur in einem engeren Sinne und als *eine* Form der Materialisierung von Mode zu sehen. Sich zu kleiden – ob modisch oder nicht – ist ein menschliches Grundbedürfnis und begleitet uns alle, jeden Tag. Kleidung ist demzufolge materiell und besteht vorwiegend aus Textilien.

Neben konkreten Hinweisen der Modepresse und Ratgeberliteratur wur- den auch schon vor mehr als zweihundert Jahren allgemeine Beobachtungen zur Mode notiert, die bis heute Bestand haben, aber unter diesem Aspekt der Kontinuität kaum wahrgenommen werden. Ihre Erwähnung an dieser Stelle dient dem Verständnis vestimentärer und modischer Entwicklungen im Vor- märz. Mode war sowohl Gegenstand philosophischer und gesellschaftlicher Betrachtungen als auch der Ökonomie. Das Hauptcharakteristikum der Mode – ihr konstanter Wandel – bildet die Grundlage des später sogenann- ten Konsumverhaltens, sie dient als Motor der Wirtschaft. Und das Material der Mode, der Stoff, aus dem die Kleider sind, also die Textilien bzw. textilen Rohstoffe, sind ein wichtiges Handelsgut und seit jeher Gegenstand von Im- und Exportverboten bzw. nationalen Schutzzöllen und Verträgen.

Der Philosoph Christian Garve machte sich schon im ausgehenden 18. Jahrhundert Gedanken darüber, welches der Grund ist für die besondere Rolle, die die Kleidung unter den Modeerscheinungen einnimmt.

Unter den *Sachen*, welche die Mode reguliert (sofern sie den *Handlungen* entgegengesetzt sind), stehn keine so unmittelbar und so allgemein unter ihrer Herrschaft als die Kleider. Gemeiniglich denkt man nur an Form und Farbe von diesen, wenn man von den Moden reden hört. In der Tat sind im Putze der Menschen die Abwechselungen weit schneller, und die Über- einstimmung zu jedem Zeitpunkte größer: zwei Sachen, die zu dem Begriffe des Wortes Mode zu gehören scheinen. Die Ursache, warum die Kleidung unter den modischen Sachen eine so vorzügliche Stelle einnimmt, liegt ohne Zweifel darin, daß sie öfter erneuert und daß sie mehr gesehen wird. Auch die Neuerungssucht des Menschen muß zuerst durch Notwendigkeit rege gemacht werden. Die Sachen, welche wir oft erneuern müssen aus *Bedürfnis*, weil sie sich schnell abnutzen, werden von uns auch in ihrer Form am öftersten bloß unseres *Geschmacks* wegen und aus Neigung verändert, es sei um erhöhtes Vergnügen an ihnen zu haben oder um mehr damit zu gefallen. [...] Was aber

den Kreislauf der Kleider-Moden noch mehr beschleunigt, was diesem Wir-
bel die so weite Ausdehnung gibt, daß er alle Stände der Gesellschaft, nur den
allerärmsten ausgenommen, mit sich fortreißt, ist, daß Kleider ein *beständiger*
Gegenstand der Beobachtung und der Beobachtung *aller* sind. Was am meisten *gesehn* wird, das sucht der *Eitle* am meisten auszuzieren, und das kann der
Liebhaber des Neuen am leichtesten kopieren.[4]

In diesem kurzen Abschnitt ist letztlich schon vieles enthalten, was immer
wieder über die Mode gesagt werden wird. Als Grund für die ,vorzügli-
che Stellung' der Kleidung bezieht Garve sich auf die Vergänglichkeit des
Materials und auf die unmittelbare Verbundenheit mit dem Körper. Ein
Möbelstück ist im Vergleich zu einem Kleidungsstück viel dauerhafter, und
ich kann meinen gehobenen Geschmack daran nur dem demonstrieren, der
mein Haus betritt. Garve hat hier angelegt, was der Soziologe Georg Simmel
über ein Jahrhundert später als Distinktion und Nachahmung bezeichnen
wird,[5] und systemtheoretisch, mehr als zweihundert Jahre später, klingt
das so: „Das Phänomen der Mode entspricht also – mindestens – der Beobachtung zweiter Ordnung."[6] Bei der Luhmann'schen Beobachtung zweiter
Ordnung werden die Beobachter beobachtet und das ist genau das, was Mode
charakterisiert: Getragene Kleidung wird erst durch die Wahrnehmung, die
Kommentare und die Nachahmung anderer zur Mode.
    Die Medien dieser Beobachtungen und Kommentare, deren Zirkulation
Voraussetzung für die Verbreitung von Moden sind, reichen von Berichten in
Privatkorrespondenzen, über Flugblätter, Modepuppen, literarischen Darstellungen bis hin zu den um 1800 entstehenden Journalen, die als Vorläufer
der Modezeitschriften bezeichnet werden. Heute dienen uns diese Medien,
die ursprünglich der Gesellschaft Orientierung bieten sollten, als Quellen
vestimentärer Epochenrekonstruktionen. Neben überlieferten Äußerungen
von Zeitgenossen fungieren vor allem visuelle Repräsentationen – oder wie
Caroline de la Motte Fouqué es nennt, der „Bilderkram ehemaliger Kleidun-
gen und Moden" – als Quellen. Sie selbst verfasst 1829 eine ,Geschichte der
Moden' und greift dafür auf ihre eigenen Erinnerungen und Bilder zurück:

---

4 Christian Garve. *Über die Moden* [1792]. Hg. Thomas Pittrof, Frankfurt a. M.:
    Insel, 1987. S. 57-59. [Kursivierungen im Original.]
5 Vgl. Georg Simmel. „Die Mode". *Philosophische Kultur. Gesammelte Essays.* Leip-
    zig: Alfred Kröner, 1911. S. 25-57.
6 Elena Esposito. *Die Verbindlichkeit des Vorübergehenden: Paradoxien der Mode.*
    Frankfurt a. M.: Suhrkamp, 2004. S. 31.

„Ohne allzuweit ausholen zu wollen, gehe ich die Bilderreihe eigner Erfahrungen durch, wie sie mir ein frisches Gedächtniß aus den zwey lezten Jahrzehnten des vorigen Jahrhunderts zurückruft."[7] Plaudernd und offen wertend liefert sie uns heute weniger einen minutiösen Modebericht als vielmehr eine persönliche Einschätzung dieser Epoche: „Paris streuete nach wie vor Hüte und Bänder, Modebilder und Modepuppen über Europa aus. Man kleidete sich vergnügt darnach [...]. Wir finden die meisten Porträts aus dieser Zeit in dem beschriebenen Kostüme [...]."[8]

Eine weitere Quellengattung bilden erhaltene Originale, die als real getragene Kleidungsstücke einen materiellen Eindruck vermitteln. Aussagen über die Verbreitung von Moden lassen sich jedoch anhand der seltenen Stücke nicht treffen und auch die Überlieferungsbedingungen – i. d. R. wurden nur besondere Kleidungsstücke gezielt aufbewahrt, bei allen anderen spielen eher Zufälle eine Rolle – stellen eine Einschränkung der Reichweite dieser Quelle dar. Bilden Archivquellen wie beispielsweise Inventare oder Testamente ab, welchen Wert Kleidung hatte und wie lange ihre Tragedauer war – noch bis in die zweite Hälfte des 20. Jahrhunderts wurden Kleidungsstücke vererbt, aufgetragen und umgeändert –, können Originalkleidungsstücke dies materiell nachweisen: Säume, die aus modischen Gründen gekürzt wurden; Abnäher, die aufgetrennt wurden, um das Kleid auch in der Schwangerschaft tragen zu können; breite Nahtzugaben, um das Kleid ‚mitwachsen' zu lassen; Flecken, deren Materialität (Blut, Fett, Wachs etc.) Hinweise auf Lebensumstände gibt; Risse und Löcher, die auf Ungeschicke oder der Kleidung unangemessene Bewegungen verweisen. Und natürlich lassen die Originale es zu, sie mit den Darstellungen der Modejournale oder den idealisierend gemalten Porträts zu vergleichen, und sie erlauben es, Tragegewohnheiten unmittelbar abzulesen.

Weitere Hinweise liefert ein Blick auf technische Innovationen: Der Jacquard-Webstuhl und die Nähmaschine sind Erfindungen der ersten Hälfte des 19. Jahrhunderts, deren Bedeutung in Bezug auf die Entwicklung des Computers bzw. der Massenmode allgemein bekannt sind. Deswegen soll hier auf eine eher unscheinbare Erfindung aufmerksam gemacht werden, deren Innovationskraft darüber hinaus erst erklärt werden muss: die des Maßbandes. Den Ausführungen des Dresdner Damenschneiders Johann

---

7 Caroline de la Motte Fouqué. *Geschichte der Moden 1785-1829*. Nach dem Original von 1829-30, hrsg. von Dorothea Böck. Berlin: Union, 1988. S. 8f.
8 Fouqué. Geschichte der Moden (wie Anm. 7). S. 18, 21.

Bernhardt können wir entnehmen, welche Schwierigkeiten die Beschaffung von modischer Kleidung bergen konnte:

> Oftmals wünscht eine Dame, welche entfernt von großen Städten lebt, ein Kleid nach der Mode, und übersendet entweder ein Kleid nach ihrem Körper, oder ein an ihrem Orte von einem fachkundigen Manne genommenes Maaß. [...] Das Maaß selbst, dessen man sich gewöhnlich bedienet, besteht aus einem zusammengebrochenen Streifen Papier, ¾ Zoll breit und 2 ½ Elle lang.[9]

Diese Maße seien häufig falsch, und „[k]eine Wissenschaft, Kunst oder Handwerk hat so viel Schwankendes, Unsicheres und von einander Abweichenderes, als die Kunst, den Körper des Menschen nach seinen verschiedenen Abweichungen richtig zu bekleiden [...]."[10] Fulerand-Antoine Barde, ein französischer Schneidermeister, erfindet 1815 das Maßband. Er nennt es ‚ruban métrique‘ und erweist sich damit in doppelter Hinsicht als innovativ: ‚le ruban‘ ist ein flexibles Band, mit dessen Einführung er die von Bernhardt beschriebenen und zur allgemeinen Praxis zählenden eingekerbten Papierstreifen ablöste. Die gebräuchliche Elle, mit der u. a. die Stoffbreiten angegeben wurden, deren Länge aber jeweils in Stadt- und Marktgebieten differierte, war ein starres Maß, meist aus Holz, und damit ungeeignet für die Vermessung des menschlichen Körpers. Indem Barde die Maßzahlen direkt auf das Band schrieb, fasste er zwei Arbeitsgänge zusammen: das Vermessen der Einkerbungen des Papierstreifens und die schriftliche Fixierung des (Ellen-)Maßes auf Papier. Zudem verwendete er das neue metrische System, das mit der Hinterlegung des Urmeters in Paris zu Zeiten der Französischen Revolution Vergleichbarkeit und Einheitlichkeit bot.[11] Die Er- und Übermittlung genauerer Maße war nun möglich, und dank der Modezeitschriften erreichten die Neuheiten auch abgelegenere Orte. So veränderte das Maßband, als eigentlich simple Erfindung, den Umgang mit dem menschlichen Körper und brachte u. a. neue ‚Schnittsysteme‘ hervor. Man beschäftigte sich mit Maßverhältnissen und Proportionen und entwickelte Ansprüche an die Passform eines Kleidungsstückes. In der Folge erarbeiteten sich die

---

9 Johann S. Bernhardt. *Anleitung den menschlichen Körper, besonders aber den weiblichen, nach seinen verschiedenen Abweichungen nach Grundsätzen zu kleiden und zu verschönern.* Dresden: Meinhold, 1810. S. 61f.

10 Bernhardt. Anleitung (wie Anm. 9). S. 10.

11 Fulerand-Antoine Barde. *Traité encyclopédique de l'art du Tailleur.* Paris: Tilliard, 1834. S. 73f.

Schneider einen Ruf durch besonders gutsitzende, den Körper verschö-
nernde Kleidung.[12] Dieses Merkmal löste den materiellen Prunk des Ancien
Régime ab, hier zählte die Kostbarkeit der Stoffe und der Verzierungen,
nicht der Schnitt der Kleidung, der ohnehin durch Schnürmieder und Reif-
rock vorgegeben war.

Der durch die Französische Revolution radikal herbeigeführte Umbruch
macht die erste Hälfte des 19. Jahrhunderts mode- und kleidungshistorisch
sehr interessant, da die politischen Veränderungen unmittelbare Auswirkungen auf das Kleidungsverhalten hatten. Das Aufheben der ständischen
Kleiderordnung führte u. a. zu einer vestimentären Verunsicherung, die in
gewisser Weise bis heute anhält. Das Fehlen von Luxusgesetzen führte weder
zu Nacktheit noch zu anarchischem Kleidungsverhalten, sondern es bildeten sich ungeschriebene Regeln heraus bzw. wurden diese dann in den neu
entstandenen Journalen und Ratgebern schriftlich gefasst und verbreitet.
Die ‚Neuerfindung‘ der Gesellschaft sollte sich auch äußerlich zeigen und
die Rollenfindung betraf neben der – nicht mehr ständischen – Gruppen-
zugehörigkeit sowohl die Nationalstaaten als auch das Geschlecht, das Alter
und die Lebensweisen. Diese sich verändernden vestimentären Differenzie-
rungen sollen im Folgenden näher und unter dem Vorzeichen der ‚lügenden
Kleidung‘ betrachtet werden.

Die Zeichenhaftigkeit von Kleidung macht diese auch immer wieder zum
Gegenstand bzw. zum Medium politischer Gesinnung. Gerade die Französische Revolution brachte eindeutige Kleidungszeichen wie die Pantalons
der Sansculotten (eigentlich die Abwesenheit eines Kleidungsstücks: ‚sans
culotte‘ bedeutet ohne Kniebundhose), die Kokarde oder die phrygische
Mütze hervor bzw. eignete sie sich an. Im Vormärz-Handbuch heißt es, der
deutsche Nationalismus sei im Vormärz politisch machtlos gewesen, habe
aber im Bürgertum und bei den Jüngeren kulturelle Codes hervorgebracht.[13]
Der Historiker Jörg Echternkamp ordnet die Kleidung den „nonverbalen
Artikulationsformen“[14] zu und verweist auf deren bewusst eingesetzten

---

12 Kerstin Kraft. „kleider.schnitte“. *zeit.schnitte*. Hg. Gabriele Mentges/Heide
Nixdorff. Bamberg: edition Ebersbach, 2001. S. 19-140. Hier: S. 67ff.

13 Eke. Vormärz-Handbuch (wie Anm. 2). S. 201.

14 Jörg Echternkamp. *Der Aufstieg des deutschen Nationalismus (1770-1840)*.
Frankfurt a. M.: Campus, 1998. S. 421. Aus textilwissenschaftlicher Perspektive
ist darauf hinzuweisen, dass die Materialität und die Eigenschaften des Textilen

Nationalisierungseffekt, der vor allem bei der Jugend, dem „Jünglingsalter", verfangen sollte.[15] Die sog. altdeutsche Tracht, die jedoch keine nachweisbaren vestimentären Vorläufer hat, entstand in diesem Zusammenhang.

Da der Begriff der ‚Tracht' umgangssprachlich und wissenschaftlich sowie im Zeitverlauf sehr unterschiedlich verwendet wird, sei folgende Erläuterung eingefügt. In seiner ursprünglichen Wortbedeutung ‚alles, was getragen wird', wurde ‚Tracht' synonym zum Kleidungsbegriff gebraucht. Die sogenannte Kostümgeschichte[16] des 19. Jahrhunderts beschäftigte sich mit Kleidung und Mode, sprach aber von ‚Tracht', ohne damit die Kleidung der ländlichen Bevölkerung zu meinen. Die letztgenannte gängige Zuschreibung einer „regional geprägte[n], im Gegensatz zu wechselnden Zeitmoden als beständig und traditionsgebunden bewertete[n] ländliche[n] Kleidung", halte laut Zander-Seidel keiner historisch kritischen Betrachtung stand.[17] Sie schlägt deshalb eine spezifische Definition vor – der ich mich anschließe –, die Tracht als „Sonderkleidung der Trachtenfeste und Trachtensammlungen", die „im 19. Jahrhundert aus der historisierenden Interpretation und Erneuerung ehemals ländlicher Kleidungsarten" hervorgegangen sei.[18]

Die Tracht sollte national und damit standesübergreifend sowie überkonfessionell sein und eine Befreiung vom französischen bzw. generell vom Modegeschmack demonstrieren. Entsprechend versuchten Zeitgenossen, diese Gesinnungskleidung zu legitimieren. „Mit ihrer Haupteigenschaft, der Veränderlichkeit, stellt sie [die Mode, Anm. der Verf.] sich zwei wohlbegründeten Gewalten, dem Kunstgeschmack und dem Nationellen entgegen, und stört deren Rechte [...]. Wenn einmal eingesehen worden, daß der Mensch

---

es prädestinieren, nonverbal zu kommunizieren und das nicht nur in Form von Kleidung mit ihren Schärpen und Kokarden, die durch den menschlichen Körper durch die Stadt getragen wird, sondern auch durch viele andere textile Elemente von Festzügen und Volksfesten wie Zelte und Baldachine als ephemermobile Architekturformen und Fahnen, Banner, Wimpel u. v. a. m.

15 Echternkamp. Deutscher Nationalismus (wie Anm. 14). S. 600.

16 Auch der Begriff der Kostümkunde oder -geschichte ist veraltet und kann heute nur noch wissenschaftshistorisch für diese Art der Kleidungsforschung und der zugehörigen Literatur des 19. Jahrhunderts verwendet werden.

17 Jutta Zander-Seidel. *Kleiderwechsel*. Nürnberg: Germanisches Nationalmuseum, 2002. S. 12.

18 Zander-Seidel. Kleiderwechsel (wie Anm. 17). S. 12. Im Kapitel „Mode und Tracht" (S. 75-79) beschreibt sie ausführlich, wie es zu dem Bedeutungswandel kam, der u. a. das konstruiert Oppositionelle des Begriffspaars betrifft.

so und so gekleidet am vortheilhaftesten erscheint, so kann von keiner Aenderung Verbesserung gehofft werden [...]."[19] Der Autor identifiziert die Mode als Grundproblem und Symptom zerstörerischer Kräfte, entwirft das Nationale als Gesundes und Naturgegebenes und führt weiter aus:

Die Mode aber spricht dem Gesetz der Schönheit als allgemeine Vorschrift gradezu Hohn, indem sie das, was sie heute wählt, in wenig Tagen wieder verwirft und oft die größten Extreme, Großes und Kleines, Hohes und Niedres, Einfaches und Buntes auf einander folgen läßt. – Eben so widerstrebt sie auch dem zweiten Grundgesetze der äußern Gestaltung, dem Nationellen, das man gewissermaßen ein Naturgesetz nennen könnte, weil Form und Kleidung bei einem Volke nicht nach Willkür beliebt, sondern gleich ursprünglich dem Klima, der Beschäftigung und dem angeborenen Character angepaßt wird. [...] Ändert sich die Nationaltracht, so wanken auch gewöhnlich die Sitten und Gebräuche, wie wir an unsern Zeiten sehen. Die characterlose Mode hat beide großentheils zerstört und nicht nur vielen Nationen die herkömmliche Tracht, sondern manchen Freuden auch die Form, und somit oft, weil eins durch das andere besteht, die Freude selbst genommen.[20]

Entsprechend kann die Ausgestaltung einer deutschen Nationaltracht vor allem als Gegenentwurf zur französischen Mode verstanden werden: einfache Stoffe ohne Verzierungen in gedeckten Farben, ein schlichter Schnitt, Hals und Kopf befreit von hohem Hemdkragen und Tuch/Krawatte, festes Schuhwerk.[21] Caroline de la Motte Fouqué beschreibt dies als Zeitgenossin interessanterweise aber auch als Modeerscheinung:

19　Anonym. „Über die Mode". *Journal für Literatur, Kunst, Luxus und Mode* (1825): S. 49-52, hier: S. 49.

20　Über die Mode (wie Anm. 19). S. 50.

21　Die detailliertesten, überlieferten Vorstellungen hierzu hatte Ernst Moritz Arndt entwickelt und beschrieben. Vgl. Landesmuseum für Kunst und Kulturgeschichte Oldenburg (Hg.). *Kleider machen Politik*. Oldenburg: Isensee, 2002. S.47. Bemerkenswerterweise lässt Arndt das weibliche Pendant eher unbestimmt. Die Schriftstellerin Caroline Pichler befürwortet die Einführung einer „allgemeine[n] Tracht [...], bey welcher, was die Hauptsache ist, die Form für immer bestimmt bleibt, Stoff und Farbe aber der Willkühr überlassen werden, nur mit der Ausnahme, daß bey feyerlicher Gelegenheit Alles schwarz erscheint." Caroline Pichler. *Über eine Nationalkleidung für deutsche Frauen*. Freyburg und Constanz: Herdersche, 1815, S. 1. Vgl. auch Eva Maria Schneider. *Herkunft und*

Während der ganzen Zeit, da die romantische Poesie ihre wärmsten, lebendigsten Strömungen durch uns hinleitete, war es den guten deutschen Jünglingen nicht eingefallen, diese anders als in dem Bereiche der Kunst und Wissenschaft äußerlich zu produciren. Jezt mit einem Male sahen wir die Kravate verbannt, den Hals nackt zwischen dem Hemdkragen heraus ragen, das Haar unverschnitten, lang über die Schultern flattern, statt des Hutes ein breites Baret auf die eine Seite des Kopfs und der Stirn gedrückt, den ärgerlich verschnitzen, hinten spitz zulaufenden Frack durch den langen, vorn zusammenschlagenden altdeutschen Rock verdrängt, und Bärte, wer dergleichen aufzuweisen hatte, um Kinn, Lippe und Wange herumlaufen. Nun, es nahm sich wahrhaftig so übel nicht aus. Und auch ältere Männer, hätten sie anders den Hals verdeckt und das Haar sorgfältiger geordnet, kleidete es meist gut. Doch nahmen diese billig Anstand, sich allzuschnell einer Schuljugend anzuschließen, die ja von jeher auf den Universitäten das Vorrecht der Besonderheit geltend machen durfte.[22]

Motte Fouqué nimmt diese Kleidung, die in ihrem weitesten Sinne auch Körpermodifizierungen wie Frisuren und Kosmetik beinhaltet, als Teil einer Strömung wahr, die insbesondere die Jugend betrifft, also in doppelter Hinsicht vergänglich ist und gerade nicht der Idee einer dauerhaften Nationaltracht entspricht.[23]

Überliefert sind nur wenige Zeichnungen und Kleidungsstücke, was auf eine geringe Verbreitung, und diese vor allem unter Burschenschaftlern, Studenten und Künstlern, hinweist.[24] Vestimentäre Überreste der Zeit finden sich in der Kleidung der studentischen Verbindungen mit festgelegten Farbstellungen der Couleurbänder und Schärpen sowie der Hemdform mit flachem, offenem Kragen und Puffärmeln, die das Freigeistige und Künstlerische evoziert.

Verbreitung der ‚Deutschen Nationaltracht der Befreiungskriege‘ als Ausdruck politischer Gesinnung. Diss. Bonn 2002. S. 204.

22 Fouqué. Geschichte der Moden (wie Anm. 7). S. 90.

23 Dies ist auch insofern bemerkenswert, weil die ‚Jugend‘ mit ihren impulsgebenden vestimentären Äußerungen im 20. Jahrhundert ‚neu‘ erfunden bzw. instrumentalisiert wird. Die Gefahr, sich in der Nachahmung der Jugend, lächerlich zu machen, scheint hier auch schon auf.

24 Schneider. Deutsche Nationaltracht (wie Anm. 21). S. 205. Eine Aufarbeitung der zeitgenössischen Diskussion über die Einführung einer Nationaltracht findet sich bei: Enrico Wagner. *Die Nationaltrachtdebatte im 18. und 19. Jahrhundert.* Münster: Lit, 2018.

Die Möglichkeit, Trachten als Ausdruck einer ständisch und regional verfassten Gesellschaft und zur Stärkung der heimischen Wirtschaft zu nutzen, wurde jedoch erkannt. So förderte beispielsweise der bayerische König Maximilian II. ein Trachtenprojekt, um „zur Hebung des bayerischen Nationalgefühls" beizutragen und damit die Selbständigkeit des Königreichs zu visualisieren und zu legitimieren.[25] Eine Bestandsaufnahme hatte gezeigt, dass es praktisch keine typischen Trachten gab – ein Umstand, dem später auch die Nationalsozialisten mit Gründungen wie der ‚Mittelstelle Deutsche Tracht' begegneten.[26]

Die Versuche, eine deutsche Tracht einzuführen, scheiterten ebenso wie der, andere ständische Kleidungszeichen zu erhalten. Gesetzlich geschützt sind bis heute lediglich Amtskleidungen der Staatsdiener und Uniformen. Die Präzision der vestimentären Zeichensprache von Uniformen mag ein Grund für deren große Beliebtheit im 19. Jahrhundert gewesen sein. Für alle anderen Kleidungsformen gab es kein schriftliches Regelwerk, sondern ungeschriebene Gesetze, die permanent neu ausgehandelt wurden. Der Sozialwissenschaftler Richard Sennett beschreibt die Auswirkungen veränderter Lebensumstände im 19. Jahrhundert auch in Bezug auf die Kleidung: „Die Hinweise, die der Eingeweihte zu lesen vermag, sind Resultat eines Miniaturisierungsprozesses. Feinheiten der ‚Machart' zeigen jetzt, wie ‚vornehm' ein Mann oder eine Frau ist."[27] Neben der Feinheit der Machart, der Qualität eines Tuches und der Passform waren die Angemessenheit an die Situation und an die herrschende Mode von entscheidender Bedeutung. Mit zunehmender Komplexität und Unübersichtlichkeit nahmen die Hinweise in den Zeitschriften zu, bzw. entstand immer mehr Ratgeber- und Anstandsliteratur, die jedoch keine konkreten Hinweise lieferten. Der Pädagoge und Philosoph Gottfried Immanuel Wenzel (1754-1809) schrieb: „Zum Geschmacke

---

25 Zander-Seidel. Kleiderwechsel (wie Anm. 17). S. 187.
26 Hier ist anzumerken, dass die Nationalsozialisten keine deutsche Nationaltracht einführen wollten. Es ging vielmehr um eine Stärkung und Anerkennung der ländlichen Bevölkerung und gleichzeitig um den Ausschluss der jüdischen Bevölkerung, die keine Tracht tragen durfte. Vgl. LVR-Industriemuseum, Textilfabrik Cromford (Hg.). Glanz und Grauen. Kulturhistorische Untersuchungen zur Mode und Bekleidung in der Zeit des Nationalsozialismus. Ratingen 2018. 123ff.
27 Richard Sennett. *Verfall und Ende des öffentlichen Lebens*. Frankfurt a. M.: Fischer, 1995. S. 214.

im Anzuge gehöret nun nicht, daß man jede Mode mitmache, sondern daß man sich jedesmal so kleide, wie sich Personen von Verstand und Geschmack zu kleiden pflegen, also weder zu alt noch zu neu, immer so, daß unser Körper dabey an Schönheit gewinne, und die Bequemlichkeit nichts verliere."[28] Die Mode wird zwar als Tyrannin bezeichnet und als Lügnerin entlarvt, jedoch als Gradmesser anerkannt.

> Die Mode ist ein Saturn, der seine eigenen Kinder verzehrt; sie lebt nur in der Gegenwart, sucht ihr aber mit rasender Eile zu entfliehen und greift mit verlangenden Armen in die Zukunft. Tausendmal schwört sie auf ihre Glaubensartikel und widerruft sie ebensoft; was heute als unfehlbar galt, ist morgen trügerisch was heute als Götze auf dem Altare verehrt wurde, wird morgen vom Gestelle gestürzt! Sie ist nichts als eine große Lüge; ein ewiges Thermometer, dessen Säule Laune und Bizarrerie, Geschmack und Phantastik nach Willkür, Mutwillen und Übermut bald sinken, bald steigen lassen.[29]

Folgendes Zitat verweist darauf, dass man sich diese Lügen aber durchaus auch zunutze machen kann:

> Den Mann verschönern die Kleider nicht um so viel, als das Weib, und sie sollen es auch nicht. Die Kleider des Mannes sollen seiner Gestalt ihr wahres Recht anthun, die des Weibes dürfen ein wenig lügen. [...] Bei ihr verschönert das Kleid, es bedeckt Mängel, es hebt Formen mehr hervor, welche die Natur nicht zulänglich geschaffen. [...] Der Mann erscheint weibisch durch Absichtlichkeit in Kleidersachen; er soll, wie in Wort und That, so auch im Anzuge, bloß wahr seyn, während das Weib durch Raffinement als ein schöner Schein auftreten mag.[30]

Und hiermit deutet sich an, was sich in der Epoche des Vormärz immer stärker herausbilden wird, nämlich eine Segregation, die die ständischen Unterschiede ablöst und sich u. a. vestimentär äußert. Getrennt werden Altersgruppen (so entsteht erstmals eine eigene Kinderkleidung), Geschlechter (die Kleider der Frau „dürfen ein wenig lügen") sowie die öffentliche von der

28 Gottfried Immanuel Wenzel. *Der Mann von Welt oder Grundsätze und Regeln des Anstandes, der Grazie, der feinen Lebensart, und der wahren Höflichkeit.* Wien: Anton Doll, 1801. S. 108.

29 Herloßsohn. Damen-Conversations-Lexikon (wie Anm. 3). S. 117.

30 Friedrich Ludwig Bührlen. „Kleider, Farben und Mode". *Journal für Literatur, Kunst, Luxus und Mode* 38, 42 (1823): S. 358-360, hier: S. 359.

privaten Sphäre (es ist eine Hochphase typischer Hauskleidung, wie Haus-
und Morgenmäntel, Negligéhauben und Hauskappen). Die vestimentäre
Trennung der Geschlechter wurde zunächst als Ideal beschrieben und dabei
auf die Überlegenheit des Mannes rekurriert.

> Obgleich die herrschende Mode oft ein buntes Gewühl von Farben zusam-
> men reiht, die ganz gegen das ehrwürdige in der Natur der Sache gegründete
> Gesetz seyn, so wird der Mann von solidem Charakter doch nie der Mode, bis
> in diesen elenden Geschmack unterthänig seyn.[31]

Entsprechend erhielt der Mann mit ‚solidem Charakter', der sich idealer-
weise der Mode nicht unterwirft, auch weniger Anleitung als die Frau, was
sich u. a. in der geringen Anzahl von Modekupfern mit Männerkleidung
zeigt.[32] Letztere präsentierten in der ersten Hälfte des 19. Jahrhunderts aber
durchaus noch Kleidung, die farbenfroh und sehr körperbetont ist. Erhaltene Männerkleidungsstücke verweisen darauf, dass es zwischen Adel und
Bürgertum vor allem eine materielle Trennung gab – die zwischen Seide und
Wolle –, die in der Damenkleidung nicht vollzogen wurde.

Abbildung 1 zeigt einen jungen Mann in einer wadenlangen grünen Hose
mit farblich passenden Seidenstrümpfen. Er trägt unter seinem braunen
Frack eine rosa-weiß gestreifte Weste, ein weißes Hemd und eine weiße Kra-
watte mit Rüschenverzierung. Dieses ‚costume négligé' wird durch braune
Lederhandschuhe, einen zierlichen Stock, einen grauen Zylinder und schmal
geschnittene schwarze Stoffschuhe vervollständigt.

Dreißig Jahre später, in der Blüte des sog. Biedermeier, ist die Farbe in der
Männerkleidung vergleichsweise zurückgenommen, die Silhouette – als ein
Hauptmerkmal der Mode – erscheint der weiblichen jedoch sehr ähnlich:
Die Taille wurde auch bei den Männern geschnürt (es wurde also ‚gelogen'),
der in der Frauenkleidung aus dem Ancien Régime übernommene Reif-
rock wurde bei der Redingote des Mannes formal durch die ausgestellten

---

31 Regeln der Höflichkeit und einer feinen Lebensart für diejenigen so nach Kenntnis der Welt und der Menschen fragen, sich beliebt zu machen suchen, und gerne
glücklich wären. Hg. von C...l K...r. Wien 1804. S. 41. Zit. nach: Ulrike Döcker.
Die Ordnung der bürgerlichen Welt. Frankfurt a. M./New York: Campus, 1994.
S. 137.

32 Eine quantitative Analyse von zehn Jahrgängen des *Journal des dames et des modes*
zeigt, dass von den insgesamt abgedruckten 615 Modekupfern 473 Frauen und
nur 59 Männer abbilden.

Abb. 1 (links): *Journal des dames et des modes*, an 11 (1803, Nr. 494)
Abb. 2: *Journal des dames et des modes*, Costumes Parisiens (1837, Nr. 3501)

Rockschöße wiederholt, das Ideal der unnatürlich stark abfallenden Schulterlinie wurde in der Männerkleidung optisch vor allem durch mehrfache Kragen und hohe Krawatten erzielt, sowohl Mann als auch Frau tragen zierliche Schuhe, und auch die Frisuren mit ihren seitlichen Locken stimmen überein. Die Differenzen sind jedoch bereits sichtbar, nicht nur in der Materialität und Farbigkeit, sondern auch durch Accessoires wie den Spazierstock oder den Zylinder (Abb. 2). Zusammen mit den für Männer häufig abgebildeten Mänteln – für die es kein weibliches Pendant gab – sind dies Kleidungsstücke, die außerhalb des Hauses getragen werden. Die vestimentäre Trennung zeichnet somit auch die Sphären der Öffentlichkeit und des Privaten nach. Die Kopfbedeckung des Mannes erhöht dessen Gestalt optisch, die Hauben und breitkrempigen Schutenhüte der Frau hingegen beschränken

ihren Horizont und weisen ihr eine häusliche Rolle zu. In dieser Rolle sollte
sie Anstand und Wohlstand ihres Mannes sowie die eigene Tugendhaftigkeit
demonstrieren. Sie stellte Textilien zum Vergnügen her, zur Beschäftigung
der Hände und als Ausweis ihres Fleißes, die Kleidung fertigte der Schneider
an. Die Hausfrau nähte also nicht, sondern stickte und klöppelte sinn- und
funktionslose Verzierungen: „Handarbeiten, (weibliche) können füglich in
zwei Klassen: notwendige und überflüssige, eingeteilt werden."[33]
  Generell stellte die Tugendhaftigkeit einen wichtigen Aspekt bürgerlicher Lebensart dar, sie sah u. a. vor, dass sich Inneres und Äußeres entsprachen – also nicht gelogen werden sollte. So schreibt der bereits zitierte Zeit-
genosse Gottfried Wenzel: „Die wesentlichsten Erfordernisse eines Anzuges,
der uns in Werthschätzung bey der Welt erhalten soll, sind Reinlichkeit,
Ordnung, Geschmack, Einfachheit, Nettigkeit und Eleganz."[34] Diese bürgerlichen Tugenden wurden auch in der Kleidung sichtbar gemacht. Manuel
Frey beschreibt, welche Auswirkungen das „bürgerliche Kulturmuster ‚Reinlichkeit'" auf die Kleidung, insbesondere die Farbe, hatte.[35] Die weiße Kleidung beider Geschlechter diente als Anzeiger der Wohlhabenheit und der
sozialen Vereinheitlichung, sie verschmutzte leicht und zeugte somit von
Reinlichkeit und den ökonomischen Mitteln, sie zu wechseln und waschen
zu lassen.[36] Um die Reinheit auch kontrollieren zu können, bildeten sich
spezifische Schnittformen und Trageweisen heraus, die teilweise bis heute
Gültigkeit haben. Die Herrenjacke (ob als Sakko, Frack, Cut etc.) gibt den
Blick frei auf die Hemdbrust, den Kragen und die Manschetten, die makellos
zu sein haben. Zum Ausputz, dem ‚Weißzeug', der Frauenkleidung gehörten
Tücher, Hauben, Kragen, Manschetten, Vorärmel und Einsätze aus zarten
weißen Stoffen wie Batist, Musseline oder Gaze. So diente die Kleidung
dazu, die verinnerlichten Werte nach außen sichtbar und kontrollierbar
zu machen. Die Sichtbarkeit ermöglichte eine fremdbestimmte Körper-
kontrolle und die Überprüfung der normativen Grundmuster.
  Aber auch die Kleidung selbst sollte diesen Ansprüchen der Entsprechung von Innen und Außen standhalten. Vergleicht man die Verarbeitung

---

33 Herloßsohn. Damen-Conversations-Lexikon (wie Anm. 3). S. 110.
34 Wenzel. Der Mann von Welt (wie Anm. 28) S. 106f.
35 Manuel Frey. *Der reinliche Bürger. Entstehung und Verbreitung bürgerlicher
    Tugenden in Deutschland, 1760-1860.* Göttingen: Vandenhoeck & Ruprecht,
    1997, S. 327.
36 Frey. Der reinliche Bürger (wie Anm. 35). S. 216.

von Kleidung aus dem 18. Jahrhundert mit der aus dem 19. Jahrhundert, wird dieser grundsätzliche Wandel von einer höfisch-ständischen zu einer bürgerlich-tugendhaften Gesellschaft eklatant: Nach außen glänzt die Seide der Rokoko-Roben, auf der Innenseite sieht man zusammengestückelte Leinenstoffreste mit groben Nähten und farblich nicht abgestimmten Garnen. Die ‚Kunst‘ der Schneiderei und damit der Distinktionsgewinn dehnte sich im Vormärz nicht mehr nur auf das immer genauere Vermessen und ‚Berechnen‘ des Körpers sowie die Passform aus, sondern auch die Innenseiten mussten akkurat sein und Nahtzugaben sowie stützende Einlagestoffe unter Futterstoff verborgen werden. Der vermeintlich substanzlose, unehrliche, schöne Schein wird abgelehnt, nicht selten aber die Mittel, ihn zu erzeugen, verborgen.

Aufgrund der Quellenlage ist es kaum möglich, die Kleidung der unteren Schichten und die Alltagskleidung der ersten Hälfte des 19. Jahrhunderts hinreichend zu analysieren. Aufgetragen, verschlissen, als Lumpen u. U. in der Papiermühle geendet, existieren diese Kleidungsstücke nicht mehr, und die wenigen, die überdauert haben, lassen kaum Aussagen zum Kleidungsverhalten zu. Zudem interessiert sich die Geschichtsschreibung erst seit relativ kurzer Zeit für alltagskulturelle und materielle Phänomene. Für die Gesellschaftsschichten, die sich einen gewissen Kleiderluxus leisten konnten, die sich über Moden informierten und zu ihrer Verbreitung beitrugen, gibt es mehr Informationen. Hatte die Französische Revolution teilweise eindeutige Kleidungszeichen hervorgebracht (‚sansculotte‘ vielleicht auch als Begriff am sinnfälligsten), hinterließ sie eine große Verunsicherung in Bezug auf Kleidungsfragen und eröffnete gleichzeitig Spielräume. Mit der sich anschließenden Neuordnung der Kleidung bestätigte sich das überzeitliche Moment von Kleidung, nämlich die gesellschaftliche Position anzuzeigen – wenn auch jetzt mit subtileren Zeichen und neuen Medien der Zirkulation. Die Differenzierung dehnte sich gleichermaßen verstärkt auf die Nationalität, die Räume und Anlässe, das Alter und das Geschlecht aus. Und als Folge dieser Segregation und der ‚feinen Unterschiede‘ sowie zahlloser Aushandlungsprozesse entstanden neue Medien bzw. erfuhren diese mehr Bedeutung.

Und damit veränderten sich auch die Funktionen von Kleidung bzw. differenzierten sich aus. Kleidung ist Bestandteil des kultivierten Lebens, Ausdruck von Geschmack und Schönheitssinn. Im Vormärz ist sie Zeichen der sich etablierenden bürgerlichen Tugenden und wird für ihre Kontrolle und Erhaltung eingesetzt.

Sie dient der Abgrenzung, der Selbstvergewisserung, der Selbstdarstellung und damit der Lüge. Berühmte Lügner – reale und fiktive – sind der Schuhmachergeselle Friedrich Wilhelm Voigt (1849-1922) alias ‚Der Hauptmann von Köpenick' und der Schneidergeselle Wenzel Strapinski aus Gottfried Kellers Novelle *Kleider machen Leute*. Beide, der echte und der vermeintliche Hochstapler, kennen sich von Berufs wegen mit Kleidung aus. Ihre Geschichten zeugen von dem Bedarf nach lesbaren vestimentären Zeichen.

Abb. 1 + 2 aus dem *Journal des dames et des modes*. Abdruck mit freundlicher Genehmigung der Bibliothèque Nationale de France.

Jakob Norberg (Durham/USA)

On the Sofa

Bettina von Arnim's Everyday Romanticism

Embodying Romanticism

The phrase "everyday Romanticism" might be something of a contradiction in terms. Romanticism stands for the poetic, wondrous, exotic, and exceptional, whereas the everyday signifies the mundane, habitual, ordinary, and predictable. Philistines, Novalis stated, "leben nur ein Alltagsleben."[1] Partly in opposition to philistinism, Novalis called for a "romanticization [Romantisieren]" of the world, by which the familiar would once again become secretive, and the known become the unknown.[2] The Romantic project of re-enchanting all of society would, one can assume, put an end to the quiet monotony of people's daily lives and infuse every hour with fresh excitement and amazement. Or it would collapse the dichotomies that usually structure modern existence – work vs. play, fact vs. fiction, dreaming vs. wakefulness, poetry vs. prose – and inaugurate a condition in which the mystical would become common without losing its allure and attraction.

Some critics understand Bettina von Arnim as a late Romantic who continued the simultaneously grandiose and playful early Romantic enterprise of romanticizing or poeticizing the world. In taking up this project, she became something of a living reminder of the Romantic spirit in the early decades of the nineteenth century, after its initial appearance in the 1790s. In portraits of Bettina, commentators often suggested that she personified Romanticism. More than most – perhaps more than anyone – she had absorbed the spirit of Romanticism into her own person, and in doing so suspended the division between life and poetry. Bettina, the commentators say, lived beyond the ordinary; she, they would even claim, had *become art*, and enlivened everyday life with the charisma of spontaneity and unpredictability.

---

1 Novalis, *Schriften*, edited by Richard Samuel and Paul Kluckhohn, vol. 2 (Leipzig: Bibliographisches Institut, 1928), 29.
2 Novalis, *Schriften*, vol 2, 335.

There is a whole history of critics claiming that Bettina von Arnim represented Romanticism. In the early 1840s, the journalist Eduard Meyen presented Bettina as a more fitting herald of Romanticism than the members of the early Romantic school, because she had made herself the material of her poetry: "den sie selbst hat sich zum Stoff des Dichtens gemacht."[3] While this can still be understood as a comment on the choice of subject matter – Bettina used her own life as material in her literary work – other critics claimed that she had poeticized herself and must be approached as a work of art. Relying on stereotypical gender conceptions, the theologian Christian Herrmann Weisse claimed that Bettina could not quite make poetry, "weil sie durch und durch Poesie *ist*."[4] In Bettina, Weisse suggested, we see a woman who is all poetry "vom Haupthaar bis zum Fußzehe" and who has thus annihilated the common, "das Gemeine," in herself.[5] In Bettina, poetry had become *embodied*. In his extensive commemorative essay from 1887, the philosopher and art historian Moritz Carrière echoed this judgment and claimed, in the first lines of his article, that Bettina von Arnin had realized the project of which earlier Romantics had dreamed: in her, one encountered a "Poesiewerden des Lebens oder Lebendigwerden der Poesie."[6] By the end of the nineteenth and beginning of the twentieth century, this picture of Bettina had become established. A British Goethe biography from 1920 introduced her as an incarnation of Romanticism almost as if this was a matter of fact: "In Bettina Brentano Romanticism was embodied in feminine form."[7]

But what do the critics mean by all these statements on Bettina von Arnim *embodying* the spirit of an epoch? By turning the correspondences of her youth – the letters to Goethe, Karoline von Günderrode, and her brother Clemens Brentano – into works of literature, Bettina had in some way transformed life into literature. Instead of writing conventional novels, dramas, or collections of poetry, her most famous books consist of edited and stylized exchanges of letters with people she knew and adored. But when people

---

3 Eduard Meyen, "Die neueste belletristische Literatur," *Athenäum. Zeitschrift für das gebildete Deutschland* vol. 1, no. 2, 9.1.1841, 24-29; 29.

4 Christian Hermann Weiße, *Kleine Schriften zur Aesthetik und ästhetischen Kritik*, edited by Rudolf Seydel. (Leipzig: Breitkopf und Härtel, 1867), 192.

5 Christian Hermann Weiße, *Kleine Schriften*, 192.

6 Moritz Carrière, "Bettina von Arnim," *Nord und Süd. Eine deutsche Monatsschrift*, vol. 40 (1887), 65-103; 65.

7 P. Hume Brown, *Life of Goethe*, vol. 2 (New York: Henry Holt, 1920), 541.

wrote about Bettina's head-to-toe embodiment of Romanticism, they often meant it in a more concrete sense: she, *her body*, manifested the Romantic spirit. Life and art commingled *in her movements*, somehow closing the distance between the poetic and the mundane in one person.

The claims of Bettina embodying Romanticism can in other words be read literally, as comments on her physical behavior. Contemporary letters that portray Bettina are full of amused, astounded, or annoyed comments on her eccentric activities. Wilhelm von Humboldt, about 18 years older than Bettina, wrote that he was astonished by the young Bettine Brentano: "Solche Lebhaftigkeit, solche Gedanken- und Körpersprünge (den sie sitzt bald auf der Erde, bald auf dem Ofen), so viel Geist und so viel Narrheit ist unerhört."[8] Caroline Schelling, over two decades older than Bettina, had a more negative reaction, but one that still emphasized her near-feline movements, her "körperlicher Schmieg- und Biegsamkeit," and her bizarre habits: "Unter dem Tisch ist sie öfter zu finden wie drauf, auf einem Stuhl niemals."[9] The Englishman Henry Crabb Robinson, a lawyer and well-connected man of letters who traveled extensively in Germany, portrayed her as whimsical and defiant in his notes from early encounters in the first decade of the nineteenth century. He added that she liked to climb trees: "Ich erinnere mich, daß sie [Bettina von Arnim] auf Aepfelbäumen herumkletterte und eine gewaltige Schwätzerin war."[10]

What others noted as Bettina's unconventional physical behavior shows up in her own books. In her letters to Karoline von Günderrode, originally written in the first decade of the nineteenth century but revised in the late 1830s and published in 1840, Bettina herself describes – and justifies – her own physicality, staged in deliberate defiance of social conventions of modesty and respect. She portrays a friend of her brother Clemens Brentano, a "Herr [Hans] von Bostel," as chastising her for not being more subdued. Bostel takes offense at Bettina climbing around like a cat on "Tisch und

---

8   Wilhelm von Humboldt cited in Wolfgang Bunzel, "Bettine Brentano / von Arnim (1785-1859): Selbstinszenierung als Wirkungsstrategie," *Die Brentanos: Eine romantische Familie?* Ed. Bernd Heidenreich et al (Frankfurt a. M.: Henrich Druck + Medien, 2016), 171-190; 174.

9   Cited in Gerhard Wolf, ed., Bettine von Arnim, *Die Sehnsucht hat allemal Recht* (Frankfurt a. M.: Insel, 2007), 302.

10 Karl Eitner, ed., *Ein Engländer über deutsches Geistesleben im ersten Drittel dieses Jahrhunderts: Aufzeichnungen Henry Crabb Robinson's nebst Biographie und Einleitung* (Weimar: Hermann Böhlau, 1871), 288.

Schränken" while someone is trying to address her.[11] Günderrode also gently tells her not to stay up all night and not climb all over the roofs and trees.[12] But Bettina declares free movement, "Klettern und Springen," to be a school of vigorous independence, the utility of which exceeds the results of anxious socialization.[13] This argument for daring movement then found its way into the 1875 entry on Bettina von Arnim in the *Allgemeine Deutsche Biographie*, in which Gustav von Loeper rather dutifully wrote that "das verwegene Klettern und Springen" functioned as a quasi-spiritual exercise of not leaning on anything or anyone, on moving around without crutches.[14]

In her middle age and later years, Bettina may have ceased to climb around on roofs or in trees but found other ways to play with people's expectations. She could still sit in unusual ways. Writing to his mother in 1837, the poet Emanuel Geibel, about three decades younger than Bettina, noted that she sat on a chair in an odd way: "Bettina [...] kauerte sich wie ein Kind auf ihrem Stuhl zusammen."[15] In an article about how Bettina von Arnim once met Karl Marx during his honeymoon in Bad Kreuznach in 1843, Betty Lucas, a friend of Marx's wife Jenny von Westphalen, describes how Bettina spoke to Marx sitting strangely on a sofa. Walking into the room where Marx sat, she saw "eine Kleine Gestalt auf dem Sopha kauern, die Füße heraufgezogen, die Knie von den Händen umschlossen, eher einem Bündel als einer menschlichen Gestalt ähnlich."[16] This was Bettina von Arnim. Even when Bettina was in her early sixties, she still used chairs and sofas in peculiar ways. In 1847, Eduard Wiß, a physician and political activist, watched Bettina move around in her apartment as if in a frenzy but also perch on rather than sit in an armchair: "Wir waren gewöhnlich gegen Abend bei ihr [Bettina von Arnim]; sie war beim Sprechen [...] stets in Bewegung, bald stehend, bald umhergehend, bald hier, bald dort sitzend. Wenn aber die Dämmerung

---

11 Bettina von Arnim, *Werke und Briefe*, vol 1, ed. Walter Schmitz (Frankfurt a. M.: Deutscher Klassiker Verlag, 1986), 305.

12 Bettina von Arnim, *Werke und Briefe*, vol 1, 413.

13 Bettina von Arnim, *Werke und Briefe*, vol 1, 615.

14 Gustav von Loeper, "Arnim, Bettina von," *Allgemeine Deutsche Biographie* 2 (1875), URL: https://www.deutsche-biographie.de/pnd118504185.html#adbcontent.

15 Geibel cited in Bunzel, "Bettine Brentano / von Arnim," 189.

16 Betty Lucas cited in Heinz Härtl, "Bettina-Chronik: Daten und Zitate zu Leben und Werk," *Bettina von Arnim Handbuch*, ed. Barbara Becker-Cantarino (Berlin: De Gruyter, 2019), 1-79; 56.

hereinbrach und sie traulich und traumhaft von alten Erinnerungen erzählte, saß sie oft auf einem Fauteuil zusammengekauert, aber nicht auf der Sitze, sondern auf der Lehne mit den Füßen auf dem Sitze."[17] The eccentric squatting seems to have been a lifelong habit. A fellow student of music, Alois Bihler, noted that the young Bettina liked to crouch in strange places: "Gewöhnlich saß Bettina während des Musicierens auf einem Schreibtische und sang von oben herab wie ein Cherub aus den Wolken [...] Fast immer traf sie der Eintretende auf niedrigen Fenstertritten oder Fußbänken sitzend."[18]

Reading the accounts of her contemporaries over the decades, one can see how Bettina's unconventionality, her supposed embodiment of Romanticism, involves some degree of play with gender norms. Humboldt, von Bostel, Robinson, and other men experienced how Bettina impishly moved around instead of waiting on them reverentially in keeping with the expectations of feminine behavior. What they saw was not just youthful energy; she provoked astonishment or disapproval because she was a woman who jumped, climbed, sat on floors and tables, spoke too much, too fast, and too loudly. She may have calmed down in her mature age, and yet still did not conform to expectations. Her collaborator Heinrich Grunholzer, a Swiss student whom Bettina met in Berlin in 1842 and who delivered the report on urban poverty that she incorporated in her book *Dies Buch gehört dem König* (1843), describes her way of speaking as "derb, klar, männlich fest."[19] When he came to her salon, she would sit not on the floor or on a table but on a sofa, yet luxuriate in it with ostentatious confidence – "Auf dem Sopha macht sie sich's ganz bequem."[20] Coupled with her masculine firmness of speech, her mere sitting came across as a manifestation of assertiveness. Bettina used her body to communicate, likely well-aware of the social connotations of her own movements, the bold jumps as well as the self-assured pose of demonstrative relaxation.

---

17 Cited in Fritz Böttger, Bettina von Arnim: Zwischen Romantik und Revolution (Munich: Wilhelm Heyne, 1994), 309.

18 Bihler cited in Bunzel, "Bettine Brentano / von Arnim," 174.

19 Traugott Koller, *Heinrich Grunholzer: Lebensbild eines Republikaners*, vol. 1, (Zürich: Verlag von Schiller & Co., 1876), 266.

20 Koller, *Heinrich Grunholzer*, 266.

The Age of Comfort: The History of the Sofa

To understand the cultural meaning of Bettina's unconventional behavior, we need to make a brief excursion into the history of the sofa. What is a sofa? A sofa, a dictionary of decorative arts tells us, is a long upholstered seat with backs and arms.[21] Its length distinguishes it from chairs and armchairs, but it is designed to sit on, not lay in, which makes it different from beds. The sofa is in fact derived not from beds or benches, but from chairs with back rests. It emerged in the seventeenth century as two upholstered back chairs were joined together to form one piece of furniture.[22] The sofa, in effect a double chair with generous padding that cushions every part of the body that touches it, is thus a relatively recent invention.[23] Historically, many societies have had daybeds. Greeks and Romans had couches for reclining, a form of furniture that can be traced back to ancient Egypt. But these pieces of furniture did not have backrests or lavish upholstering. Even so, the word "sofa," which was in use in France by 1688 and appeared in a dictionary in 1691, invoked the allure of the Orient.[24] For people of the late seventeenth and early eighteenth century, the word may have had exotic connotations. In the entry on sofa, Grimms's *Wörterbuch* states that the "morgenländisches wort" designates a piece of furniture that is described as "orientalisch".[25] The padded bench with a sturdy back is, however, a modern phenomenon; Grimm's dictionary adds a closing line: "die eigentlichen sophas der Morgenländer sind blosze bänke einer halben elle hoch von der erde, die mit tapeten und groszen kissen beleget werden."[26]

---

21 "Sofa," *The Grove Encyclopedia of the Decorative Arts*, edited by Gordon Campbell (Oxford: Oxford University Press, 2006). https://www.oxfordreference.com/display/10.1093/acref/9780195189483.001.0001/acref-9780195189483-e-3100?rskey=JLRUYR&result=3098.

22 "Sofa," *The Grove Encyclopedia*.

23 Joan Dejean, *The Age of Comfort: When Paris Discovered Casual – and the Modern Home Began* (New York: Bloomsbury, 2009), 10.

24 Dejean, *The Age of Comfort*, 114 and 124.

25 "Sofa," *Deutsches Wörterbuch von Jacob Grimm und Wilhelm Grimm*, Wörterbuchnetz Trier Center for Digital Humanities. Version 1.23. https://woerterbuchnetz.de/?sigle=DWB&lemid=S30268.

26 "Sofa," *Deutsches Wörterbuch*.

The "new contrivance"[27] named the sofa allowed for relief and relaxation; it was above all "bequem." Between the 1670s and the 1740s, people went from living with only a few stiff chairs with little or no padding to being surrounded by an array of well-stuffed seats.[28] The emergence of the sofa even inaugurated an "age of comfort."[29] By the early nineteenth century, "Polstermöbel" had become an indispensable feature of the bourgeois living room – everywhere one could find "Sessel und Sofas, Chaiselongues und Kanapees," many of which were decorated with tassels and made more comfortable still with cushions and blankets.[30] Thanks to technical developments in the domain of upholstery, the Biedermeier era (1815-1848) – the adult Bettina von Arnim's epoch – was an age associated with an "Erhöhung des Sitzkomforts."[31] Indeed, the sofa was the gravitational center of the early nineteenth-century "Gesellschaftszimmer," around which other pieces of furniture, such as chairs and tables, could be arranged for social occasions.[32] The sofa occupied the most prominent place in the drawing room, which in turn was the "Hauptrepräsentationsraum" of the house.[33]

The new forms of furniture geared toward "Bequemlichkeit" affected social behavior[34] by facilitating the adoption of a casual posture as a norm in finer circles. The sofa especially encouraged a laid-back physical pose rather than one that projects dignity and command. Sitting in a sofa, you can lean back slightly, drape your arm over the back, and stretch out your legs.[35] The prolific letter writer Elisabeth Charlotte, Prinzessin von der Pfalz (1652-1722), who was the

27 Bill Bryson, *At Home: A Short History of Private Life* (New York: Doubleday, 2010), 157.

28 Dejean, *The Age of Comfort*, 102.

29 Dejean, *The Age of Comfort*, 103.

30 Bruno Preisendörfer, *Als Deutschland noch nicht Deutschland war: Reise in die Goethezeit* (Cologne: Kiepenheuer & Wisch, 2017), 225.

31 Christian Witt-Döring, "Sitzmöbel," *Biedermeier: Die Erfindung der Einfachheit*, ed. Hans Ottomeyer, Klaus Albrecht Schröder, Laurie Winters (Berlin: Hatje Cantz Verlag, 2006), 150-179; 150.

32 Achim Stiegel, *Berliner Möbelkunst vom Ende des 18. Jahrhunderts bis zur Mitte des 19. Jahrhunderts.* (Munich: Deutscher Kunstverlag, 2003), 260.

33 Stiegel, *Berliner Möbelkunst*, 260.

34 Stiegel, *Berliner Möbelkunst*, 256.

35 Joan Dejean, "Couched in History," *New York Times*, September 26, 2010. https://archive.nytimes.com/opinionator.blogs.nytimes.com/2010/09/26/why-is-a-sofa-like-a-writing-desk/. Retrieved September 20, 2024.

wife of Philippe I, Duke of Orléans, and the sister-in-law of king Louis XIV, wrote to her cousins in Germany that the royal household no longer resembled a proper court because all the men were reclining in full-length sofas.[36] To the regret of the princess, new pieces of furniture softened etiquette. Generally speaking, specific designs invite specific behaviors, and objects such as household furniture are not simply "owned," the art historian Mimi Hellman has claimed, but must be *"performed.*[37]" The lavish and decorated sofa, the key piece of furniture in the age of comfort, displayed wealth and good taste but also required of the cultivated body an aura of "leisured, sociable ease."[38] A study of the Biedermeier house claims that the sofa invited repose, perhaps even passivity: "Es [the sofa] erlaubte beschauliches Nichtstun in entspannterer Lage, Lesen, Rauchen, Musikhören und Kaffeetrinken."[39] For this reason, the sofa was often placed close to the piano in the bourgeois drawing rooms of Berlin and Vienna; it was perfect for the still body entirely at rest and enjoying the music.

Bettina on the Sofa

Bettina von Arnim sat in sofas, but only very restlessly. In 1840, the journalist and novelist Karl Gutzkow published a reportage from his visit to Bettina von Arnim's house on Unter den Linden in Berlin on a cold and rainy late fall day. The article does its best to augment the legend of Bettina. As a member of the young generation who had read Bettina's first and most successful book, *Goethe's Briefwechsel mit einem Kinde* (1835), Gutzkow obligingly calls her a "Kind" and later adds "gaukelnde Sylphide," a creature of the air.[40] For

---

36 Dejean, *The Age of Comfort*, 12.

37 Mimi Hellman, "Furniture, Sociability, and the Work of Leisure in Eighteenth-Century France," *Eighteenth-Century Studies*, vol. 32, no. 4 (Summer 1999): 415-445; 417.

38 Hellman, "Furniture, Sociability, and the Work of Leisure," 417.

39 Konstanze Mittendorfer, *Biedermeier oder: Das Glück im Haus: Bauen und Wohnen in Wien und Berlin 1800-1850* (Vienna: Verlag für Gesellschaftskritik, 1991), 196.

40 J [Karl] G[utzkow]: "Ein Besuch bei Bettina," *Telegraph für Deutschland*, No. 12, [20.] January 1840, 45-46; 46. https://gutzkow.de/content/digitale-gesamtausgabe/schriften-zur-literatur-und-zum-theater/literaturkritik/schriften-zur-literatur/ein-besuch-bei-bettina.html Gutzkow was not the only one calling Bettina

him, like for many others, her personality and her art represented an intimate unity. In many thinkers and poets, he explains in his article, there is a great gulf between "deren äußerem Auftreten und ihren geistigen Gebilden;"[41] they do not *embody* their thought. This divide, Gutzkow continues, does not exist in Bettina, whose appearance has a hint of the demonic and whose animated being seems close to untamed nature. Gutzkow then substantiates his claims by means of a description of how Bettina runs around in her apartment in a constant state of feverish excitement:

> Mit unruhiger Behendigkeit lief Bettina in dem fast meublelosen Zimmer von einer kleinen Reliquie zur andern; da war Goethe im Kreise seiner Ältern gemalt, da hingen Gypsabgüsse von Schinkel'schen und ihren eigenen Basreliefs, da lagen Mappen mit Cartons und Zeichnungen, ein Flügel stand in der Nähe und wenn Bettina nicht von Einem zum Andern hüpfte, um mir etwas zu erklären, so saß sie unruhig auf dem Sopha.[42]

Surrounded by the paraphernalia of an artistic life (sketches, bas-reliefs, a piano), but not the full complement of bourgeois comfort ("fast meublelosen Zimmer"), she jumps from one thing to the next and cannot for the life of her sit still on a sofa, the one piece of furniture she clearly does possess but does not quite use as intended because of her irrepressible vitality. When sitting on the sofa, Gutzkow continues, Bettina does not rest, but instead breaks wafers into smaller pieces without interruption for two hours long. She is, Gutzkow indicates, a person – or a creature – who cannot relax. Or she can relax and sit still, but then in awkward places, such as in windowsills and on footstools, where observers find her "bequem zusammen gekauert" (according to Bihler),[43] or even on a sofa, but then only when perorating with a manly voice and attitude (according to Grunholzer).

Gutzkow is a talented portraitist, but the image of Bettina being unable to sit still on a sofa was introduced by Bettina herself. In a letter to Goethe's mother included in the Goethe book, Bettina tells the story of her first

---

von Arnim a "Sylphe." The actress Caroline Bauer described her in the following way: "Der ganze Eindruck war fremdartig, halb Puck, halb Sylphe." Cited in Erika und Ernst von Borries, *Deutsche Literaturgeschichte*, vol. 5 (Munich: DTV, 1997), 285.

41 Gutzkow, "Ein Besuch bei Bettina," 45.

42 Gutzkow, "Ein Besuch bei Bettina," 46.

43 Bihler cited in Bunzel, "Bettine Brentano / von Arnim," 174.

face-to-face encounter with the object of all her admiration and longing, the great Goethe. The meeting takes place in Goethe's house in Weimar in 1807 and involves a sofa:

> er führte mich in sein Zimmer und setzte mich auf den Sopha gegen sich über. Da waren wir beide stumm, endlich unterbrach er das Schweigen: Sie haben wohl in der Zeitung gelesen daß wir einen großen Verlust vor wenig Tagen erlitten haben durch den Tod der Herzogin Amalie. Ach! sagt' ich, ich lese die Zeitung nicht. – So! – ich habe geglaubt, alles interessiere Sie, was in Weimar vorgehe. – Nein, nichts interessiert mich als nur Sie, und da bin ich viel zu ungeduldig, in der Zeitung zu blättern. – Sie sind ein freundliches Kind. – Lange Pause – ich auf das fatale Sopha gebannt, so ängstlich. Sie weiß daß es mir unmöglich ist, so wohlerzogen da zu sitzen. – Ach Mutter! Kann man sich selbst so überspringen? – Ich sagte plötzlich: hier auf dem Sopha kann ich nicht bleiben, und sprang auf. – Nun! sagte er, machen Sie sich's bequem; nun flog ich ihm an den Hals, er zog mich auf's Knie und schloß mich an's Herz.[44]

Exploding with anticipation, nervousness, and joy, the young Bettina does not want to be banished on a sofa. Addressing Frau Rath, Goethe's mother, Bettina notes that her passion for Goethe makes composure completely impossible when she is finally in his presence. She cannot sit on a sofa in a "well-mannered" way; her boundless energy forbids it.

Bettina's brother, Clemens Brentano, was less than pleased by this scene and told her so in a letter. Was it truly necessary, he asked, that "alle Menschen in Europa wissen, daß Du [Bettina] nicht wohl erzogen auf dem Sopha sitzen kannst und Dich übel erzogen auf eines Mannes Schoos setzest [...]?"[45] He was obviously taken aback by the forthright depiction of her aggressive initiative and physical intimacy with the great poet. But the detail about the sofa survives in his reproach: all over Europe, his sister Bettina would become known for her unwillingness to sit quietly on a sofa.

Bettina, many have said, enacted Romanticism, and brought an almost demonic effervescence into people's drawing rooms and gardens. But when

---

44 Bettine von Arnim, *Werke und Briefe*, vol. 2, ed. Walter Schmitz and Sibylle von Steinsdorff (Frankfurt a. M.: Deutscher Klassiker Verlag, 1992), 25.

45 Ulrike Landfester, "Clemens Brentano (1778-1842): Familientexte und Textfamilien," *Die Brentanos: Eine romantische Familie?* Ed. Bernd Heidenreich et al (Frankfurt a. M.: Henrich Druck + Medien, 2016), 139-169; 168.

she closed the gap between art and life, between poetry and the everyday, she did so by jumping off sofas.

Observing Bettina: Malla Silfverstolpe in Berlin (1825-1826)

Few observed Bettina von Arnim's lived Romanticism, her infusion of eccentricity into social existence, more closely than the Swedish salonnière Malla Silfverstolpe. In 1825, Malla traveled from the university town Uppsala to Germany with a small group of people including the poet, historian, university rector, and parliamentary delegate Erik Gustaf Geijer. She spent about 10 months in Berlin and kept a diary throughout, which later provided materials for her memoirs. The memoirs were eventually published in four volumes between 1908 and 1911, long after Malla's death.[46] During her stay in Berlin, Malla's entrance into the Prussian capital's cultured circles was eased by connections. The members of the small Swedish contingent were friends with Amalie von Helvig, a German author, niece to Charlotte von Stein, and acquaintance of Goethe and Schiller. They – Amalie, Malla, and Geijer – had all met in Sweden. After her marriage to a Swedish officer, Carl Gottfried von Helvig, Amalie had lived in Uppsala for a few years in the 1810s and would later become the translator of the most prominent Swedish Romantic-era authors, such as Esaias Tegnér and Geijer himself. It was in Amalie's Berlin salon that Malla met Bettina von Arnim and came to interact with her – and observe her – from her very first days in Berlin to her very last. Malla's first comments on Bettina appear on September 13, 1825, and her final words on June 24, 1826; the two seems to have met at least once or twice a month for almost a year.

Malla's memoir account of her time in Germany has the structure of a diary. It consists of short descriptive sentences, quick characterizations, personal judgments, and summaries of the events of the day. As the critic Paul Fröberg points out, Malla does not provide an in-depth portrait of a place and its geographic or architectural profile and includes no extensive analysis of economic and political conditions.[47] Instead, she gives an account of

---

46 This paper cites the fourth and last volume: Malla Montgomery-Silfverstolpe, *Memoarer*, vol. 4, ed. Malla Grandison (Stockholm: Albert Bonniers förlag, 1911).

47 Paul Fröberg, "Malla Silfverstolpes Memoarer: Konturskiss till en litterär värdering," *Samlaren*, vol. 91 (1970): 38-103; 65.

her social and cultural life and writes about theater performances, concerts, church services, and above all about the people she meets. The principal reason that parts of this work was translated into German almost immediately after its publication in Sweden lies precisely in its portraits of contemporary German luminaries such as Ernst Moritz Arndt, Schelling, and Tieck.[48] Once Malla settles in Berlin in the fall of 1825, however, one radiant figure eclipses all others – Bettina von Arnim.

For Malla, everything about Bettina is wondrously strange. She describes her looks as curious. Bettina is a short woman with small hands and feet and dark black hair around a pale, lean face, but she nonetheless reminds Malla and her companions of male German students, possibly because of her intellectual quality ("sharp eyes") and her androgynous air.[49] In social interactions, Bettina is incredibly nimble and above all endlessly entertaining. Malla consistently describes her as a quick and brilliantly witty interlocutor, a consummate conversationalist who dislikes the pedantry of the "die Gelehrten."[50] But above all, Bettina is restless, constantly talking, shouting, and laughing, seemingly unable to enjoy the pleasures of tranquility. She speaks nonsense, and always speaks an incredible amount, without interruption. Her inexhaustible stream of words, and especially her more philosophical-sounding disquisitions on the significance of love, Malla quite simply finds exhausting. Bettina is not shielded from the criticism Malla levels at all the educated Germans she meets; they are, unlike Swedes, overly cerebral, over-educated, and prone to abstract speculation.

Whatever Bettina does, she does with great energy and at a frenetic pace. In the spring of 1826, Malla notes that Bettina works tirelessly to collect funds for the Greek independence struggle, something of a preview of Bettina's later activities as a tireless advocate for the deprived or persecuted groups and unjustly treated scholars and intellectuals. Malla also describes Bettina as profoundly artistically talented. She is a genius who can sing, draw,

---

48 The German translation, which appeared in 1912, in fact only covers the 1825-1826 trip through German lands and her stay in Berlin. Malla Montgomery-Silfverstolpe, *Das romantische Deutschland: Reisejournal einer Schwedin (1825-1826) mit einer Einleitung von Ellen Key*, transl. Marie Franzos (Leipzig: Albert Bonnier, 1912).

49 Montgomery-Silfverstolpe, *Memoarer*, vol. 4, 4. My translation.

50 Montgomery-Silfverstolpe, *Memoarer*, vol. 4, 4. Malla here uses the German word since she is quoting Bettina von Arnim.

and articulate metaphysical thought, but she is also unfocused and disorganized in the management of her many gifts and even seems to waste them. Malla frequently finds Bettina's presence discomforting. Her loquaciousness sometimes makes Malla go quiet in shyness, and her initial campaign of near-excessive friendliness and flattery almost frightens Malla. Toward the end of her stay, in March 1826, Malla concludes that Bettina is frantically occupied with wanting to interest people.

Always both impressed by and skeptical of Bettina, she discerns what must be half-concealed for Bettina's salon performance to flourish, namely the entire sphere of household chores, childcare, and even essential daily routines such as sitting down for meals. On one occasion in November 1825, Malla notes how the children are absent from her Berlin apartment when Bettina entertains guests, and Bettina tells her simply that her children are not "suited for socializing [passa ej i sällskap]."[51] On another, the daughters do make a surprise appearance in her apartment, but they look cold and even starving to Malla, in keeping with the rumor that Bettina does not organize regular family meals. Bettina herself also does not seem eat properly; she tells Malla that she just eats an uncooked egg on the fly when she feels hungry. Bettina, Malla concludes, finds family life insufficiently engaging, and devotes herself to passionate friendships with artists and intellectuals formed in the space of the salon while her husband Achim von Arnim lives on an estate far outside of Berlin.

Yet even though Malla keeps her eyes on the family life in the margins of Bettina's performance of her supremely unconventional personality, she is not straightforwardly disapproving of the apparent negligence. In one and the same passage about an evening performance of a play in the house of the Savigny family, Malla notes Bettina's distracted lack of interest in her numerous beautiful children but praises Bettina's recital of a self-authored prologue in an elaborate lotus-shaped dress; "She was splendid, magical [Hon var förträfflig, magisk]."[52] Bettina seems to turn herself into a work of art, but domestic duties cannot encroach upon the salon as the space of performance; much of everyday life must be cleared away for the poetic presentation of the self to succeed.

---

51 Montgomery-Silfverstolpe, *Memoarer*, vol. 4, 28. My translation.
52 Montgomery-Silfverstolpe, *Memoarer*, vol. 4, 45. My translation.

Conclusion: Bettina on Malla's Sofa

The early Romantics called for a re-enchantment or poeticization of the world. Malla's portrait of the Bettina shows how this could take place, on the modest scale of one person. In Malla's memoirs, Bettina appears as again and again as an exceptional, wondrous, magical person, an altogether "*indescribable* being [*obeskriflig* varelse]."[53] Bettina's vivacity, intensity, brilliance, and capriciousness makes her a transfixing figure – she pushes aside the cumbersome cares of the everyday to live more poetically, a life project that Malla approaches with much fascination and some suspicion.

Unsurprisingly, Malla also observes how Bettina sits, or does not sit, in a sofa. Like so many other documents from contemporaries, Malla's memoirs capture how Bettina stages her spirited unconventionality by restlessly crouching, perching, and climbing around on the most comfortable of furniture pieces. Commentators are perhaps right to say that Bettina poeticized herself or came to embody Romanticism, but she often did so through the means of putting everyday objects around her to idiosyncratic use. Put briefly, Bettina's Romanticism took place on the sofa. On March 2, 1826, Malla writes:

> Bettina sjöng för oss, ackompanjerad af m:lle Betty Pistor, Reichardts dotterdotter och fru Stephens systerdotter. Det var vackert och jag hade mycket nöje af denna musik. Aftonen var rolig nog. Bettina, vig som en katt, spaserade på kanten af soffdynorna och satte sig på kolonn-kakelugnen i hörnet »för att öfverse sällskapet«, sade hon. [...] Dagen därpå kom Bettina och var hos mig hela förmiddagen, sittande – som hon brukar – med fötterna uppe i soffan, ryggen utåt och ansiktet mot väggen.[54]

> Bettina sang uns vor, akkompagniert von Demoiselle Betty Pistor, Reichardts Enkelin und Frau Stephens' Nichte. Es war schön, und ich hatte viel Freude an dieser Musik. Der Abend war überhaupt recht munter. Bettina, geschmeidig wie eine Katze, spazierte auf dem Rande der Sofakissen herum und setzte sich auf den Kolonnen-Kachelofen in der Ecke, »um die Gesellschaft zu überblicken«, wie sie sagte. [...] Am nächsten Tage kam Bettina und saß den ganzen Vormittag bei mir – wie es ihre Gewohnheit ist – die Füße oben auf dem Sofa, den Rücken nach außen, das Gesicht gegen die Wand.[55]

---

53 Montgomery-Silfverstolpe, *Memoarer*, vol. 4, 27. My translation.
54 Montgomery-Silfverstolpe, *Memoarer*, vol. 4, 56.
55 Montgomery-Silfverstolpe, *Reisejournal*, 210-211.

Frieder Reininghaus (Much)

„Aus dem Glase in die Kehle …"

Das Trinklied als Quelle der Alltagskultur in der ersten Hälfte
des 19. Jahrhunderts

„Nicht zu schnell": Mit dieser Tempoangabe versah Ludwig Erk ein heiteres
Liedchen von August Langbein (1757-1835), das er in der zweiten Hälfte
des 19. Jahrhunderts in seinen auf langjähriger Sammlertätigkeit basieren-
den *Deutschen Liederschatz* aufnahm: „Ich und mein Fläschchen". Es findet
sich in der letzten Abteilung von Erks „Auswahl der beliebtesten Volks-,
Vaterlands-, Soldaten-, Jäger- und Studenten-Lieder".[1] Seit der Zeit der
Napoleonischen Kriege dürfte dieser Gesang in geselligen Runden zwischen
Ost- bzw. Nordsee und Donau, Oder und Rhein zu den beliebtesten Stücken
seiner Spezies gehört haben. Wobei die tatsächlichen Reichweiten der regionalen Verbreitung sich heute ebenso wenig mehr genau bestimmen lassen
wie die Häufigkeit, mit welcher der Cantus angestimmt wurde.[2]

> Ich und mein Fläschchen sind immer beisammen.
> Niemand versteht sich so herrlich als wir!
> Steh' auch der Erdball in feurigen Flammen
> Spricht's doch die zärtlichste Sprache mit mir.
>   Gluck gluck gluck gluck gluck gluck gluck gluck gluck gluck
>   Gluck gluck gluck gluck gluck gluck gluck gluck.
> Liebliche, schöne, zaub'rische Töne!
> Und sie verstehet der Mohr und Kalmuck, muck, muck,
> Und sie verstehet der Mohr und Kalmuck!

Dass es sich bei der Melodie dieses Trinklieds, wie von Erk angegeben,
einfach um eine „Volksweise" handelt, mag heute nur zum Teil evident

---

1 *Erk's Deutscher Liederschatz* für eine Singstimme mit Pianoforte-Begleitung. Die
  Texte und Melodien revidiert und auf deren Quellen zurückgeführt von Ludwig
  Erk. Bd. 1, C. F. Peters Leipzig [vor 1879], Nr. 187, S. 202.
2 Statistiken wurden nicht geführt; lediglich die gelegentliche Erwähnung in zeitgenössischen Dokumenten lässt womöglich gewisse Rückschlüsse zu, jedenfalls aber
  die Zahl der Drucke in verschiedensten Liederkollektionen.

Abb. 1

erscheinen. Durchaus für die im 6/8-Takt gehaltenen und in Es-Dur notier-
ten ersten acht Takte; auch für die letzten vier (Tempo I). Weniger plausibel
erscheint unmittelbar volkstümlicher Ursprung bei vier nach dem Gluck-
gluck-Gegackere eingeschobenen Takten – „Langsamer“, im ¾-Takt und in
der Dominant-Tonart B-Dur. Da wurde mit dem Ausruf „Liebliche, schöne,
zaub'rische Töne!“ der Anfang der Orpheus-Arie „Ach ich habe sie verloren“
von Christoph Willibald Gluck parodiert. Diese Klage des legendären Sän-
gers war damals, wiewohl bereits ein halbes Jahrhundert alt, insbesondere
in Berlin fortdauernd ein immer wieder zitierter „Hit“ und zumindest dem
Opernpublikum geläufig.[3] Man geht vielleicht nicht ganz in die Irre, wenn
man annimmt, dass für diese Montage ein hochkunstkenntnisreicher Kopf
mit geschickten Händen am Werk gewesen sein könnte – vielleicht nach
dem dritten Becher. Aber wie auch immer in die Welt gekommen: Langbeins Verse mit ihrem internationalen Aspekt, der eine Person of Colour und
einen Mongolen weitherzig mit einschlossen, eroberte sich den Status eines
„Volksliedes“.

Zwar bildeten Wein, Weib und Gesang im Jahr 1810, als Langbein das
Fläschchen-Lied zu Papier brachte, längst schon die legendäre klassische
Dreieinigkeit. Doch hier ließ der mit der Lohgerbermeistertochter Johanna
Eleonore Reichel aus Tharandt verheiratete Schriftsteller unter Hinweis auf
möglichen Beziehungsstress und unterm Kostengesichtspunkt das Hohe
Lied auf Frau und Minne aus:

Mancher vertändelt mit Weibern sein Leben,
Höfelt und schmachtet und grämet sich krank;
Denn auch den rosigsten Lippen entschweben
Leider oft Grillen und Hader und Zank.
    Gluck gluck gluck gluck gluck gluck gluck gluck gluck gluck,
    Gluck gluck gluck gluck gluck gluck gluck gluck,
    Spricht nur die Schöne, welcher ich frö[h]ne;

---

3 Christoph Willibald Gluck, *Orfeo ed Euridice*: Die *Azione teatrale per musica*
wurde 1762 im Wiener Burgtheater uraufgeführt und weithin in Europa, dann
auch in der überarbeiteten französischen Version von 1774, vielerlei Bearbeitun-
gen und Mischfassungen gespielt, besonders lang anhaltend in Paris und nachhal-
tig noch im 19. Jahrhundert in Berlin. E. Th. A. Hoffmanns Fantasiestück „Ritter Gluck. Eine Erinnerung aus dem Jahre 1809“ legt vom anhaltenden Interesse
an Gluck in der preußischen Hauptstadt Zeugnis ab (*Fantasie- und Nachtstücke*,
Darmstadt 1985 Bd. 1, S. 14-24).

Und sie begehret nicht Kleider noch Schmuck, Schmuck, Schmuck,
Und sie begehret nicht Kleider noch Schmuck.

August Langbein, der in seinen besten Jahren mit humoristischen Romanen reüssierte, bekleidete ab 1820 zeitweise das Amt eines Zensors für schönwissenschaftliche Schriften in Berlin, wo er, als der jugendliche Über- und Heldenmut verflogen war, in ärmlichen Verhältnissen starb.

Wenn sich das Schicksal, mit Wettern gerüstet,
Wider mich frohen Gesellen erbost
Und mir den Garten der Freude verwüstet
Dann ist das Fläschchen mein einziger Trost:
    Gluck gluck ...
Flüstert die Treue, und wie ein Leue
Trotz' ich dem Schicksal und sage nicht Muck!

Ich und mein Fläschchen, wir scheiden uns nimmer,
Bis mir der Lustbach des Lebens verrinnt
Und in des Schreiners verhasstem Gezimmer
Schreckbar ein ewiges Dürsten beginnt.
    Gluck gluck ...
Dich muss ich missen, dorthin gerissen
Unter des Grabsteins umnachtenden Druck! [...]

Der Griff zum Sternenzelt und Ergo bibamus

Zeitgleich zu Langbeins Fläschchen-Lied brachte der Rudolstädter Kapellmeister und Komponist Traugott Maximilian Eberwein (1775-1831) seine Vertonung eines der „Tischlieder" von Johann Wolfgang von Goethe (1749-1832) in Umlauf. Der Text „zum 22.2.1802"[4] schien das neue Jahrhundert mit einem eher behaglichen Griff zu den Sternen zu begrüßen:

Mich ergreift, ich weiß nicht wie,
Himmlisches Behagen.
Will michs etwa gar hinauf
Zu den Sternen tragen?
Doch ich bleibe lieber hier,

---

4 Johann Wolfgang Goethe, dtv-Gesamtausgabe, München 1961, Bd. 1, S. 75f.

Kann ich redlich sagen,
Beim Gesang und Glase Wein
Auf den Tisch zu schlagen.

Die Melodie hebt aus dem gebrochenen A-Dur-Dreiklang an und schwingt
sich beim „gar hinauf" zum dominantischen „e" empor, um dann harmonisch wohlgeordnet zur Anfangszeile zurückzupendeln, die der Chor wiederholt – um zu unterstreichen, dass der gute Trinker gelegentlich auch mal
auf den Tisch schlägt. Dieses „Tischlied" lässt der Reihe nach den König
hoch leben, die „einzig Eine" (die allerdings für jeden gefälligst eine andere
Herzensfrau zu sein habe), dann die Freunde im näheren Umkreis sowie
weitergehend überhaupt „redliche Gesellen". Es mündet in die Feier des
Gemeinschaftserlebnisses: „Wie wir nun beisammen, / Sind zusammen viele,
[...] Und das Wohl der ganzen Welt / Ist's, worauf ich ziele."
      Solche Beschwörung der Gemeinschaftlichkeit fiel insbesondere in den
Jahren nach den politischen Polarisierungen und den militärischen Zuspit-
zungen durch das napoleonische Frankreich auf fruchtbare Böden in einem
von Kriegsfolgen gezeichneten Deutschland der Duodezfürstentümer, der
beginnenden Industrialisierung und der Karlsbader Beschlüsse von 1819.
Viele Seelen waren wundgescheuert und genossen den kollektiven Zuspruch
in einer sich stabilisierenden Friedenszeit. Geselligkeit stand, wenn die
Dokumente des Gesangs zutreffend gedeutet werden, quer durch die sozialen Schichten hoch im Kurs. Man wollte wieder ungeschmälert genießen
und Freude haben.
      Als sich Ludwig van Beethoven dazu entschloss, das Finale seiner Neun-
ten Symphonie zu einer ausladenden Kantate auszuweiten, griff er auf einen
Text zurück, der ihn wohl seit seinen Bonner Jugendtagen beschäftigte.[5]
Dem Briefwechsel zwischen Friedrich Schillers Frau Charlotte und dem
Bonner Professor Bartholomäus Fischenich ist zu entnehmen, dass der junge

---

5 Auch das musikalische Hauptthema des ziemlich monströsen Final-Satzes von
   Beethovens IX. Symphonie, heute Europa-Hymne, deutet sich bereits im 4. Klavierkonzert G-Dur op. 58 an und ist in der *Chorfantasie* op. 90 auffällig präsent;
   der so einfache wie charakteristische Anfang der dann lang ausgesponnenen Melodie ist erstmals in einer 1794/95 entstandenen Vertonung des Gedichts *Gegen-
   liebe* von Gottfried August Bürger (WoO 118) anzutreffen: „Liebe nähret Gegen-
   liebe, / Und entflammt zu Feuersbrunst, / Was ein Aschenfünkchen bliebe". Vgl.
   hierzu Frieder Reininghaus u. a. (Hg.), *Musik und Gesellschaft*, Würzburg 2020,
   Bd. 1, S. 621f.

Beethoven bereits um 1792 an einer Vertonung der „Ode an die Freude" saß. Allerdings wurde diese Arbeit entweder fürs Erste nicht fertig oder sie ging verloren. Gleich, ob sich der „gelungene Einfall" bereits so früh einstellte oder bei der Arbeit am 4. Klavierkonzert G-Dur op. 58 und der „Chorfantasie" op. 90 herausbildete, er wurde mit einer erheblichen Zeitverzögerung wirkungsmächtig: mit der Uraufführung der Neunten in einer Akademie Beethovens im Theater nächst dem Kärtnerthor am 7. Mai 1824, bei der auch die Ouverture „Die Weihe des Hauses" und drei Sätze aus der „Missa solemnis" aufgeboten wurden. Spätestens beim Symphonie-Finale, als vier Gesangssolisten und der Chor sich mit den hymnischen Worten Schillers über dem Orchester erhoben, wurde wohl manchem Hörer bewusst, dass er einem epochalen Ereignis beiwohnte, das eine neue Etappe des bürgerlichen Musiklebens einläutete.

Von Wien aus trat Beethovens letzte fertig gestellte Symphonie und mit ihr die zum Signet gewordene Melodie sowie die von französisch-revolutionären Gedanken genährte, an die gesamte Menschheit adressierte Botschaft ihren „Siegeszug" an: „Alle Menschen werden Brüder". Aber eben auch: „Untergang der Lügenbrut! [...] Schwört es bei dem Sternenrichter!" Was in der Rezeptionsgeschichte freilich nur eine marginale Rolle spielte, ist die Tatsache, dass es sich bei Schillers Ode von der ersten Strophe, die das Stichwort „feuertrunken" exponiert, bis zur vorletzten um ein Trinklied handelt: „Brüder, fliegt von euren Sitzen, / Wenn der volle Römer kreist, / Lasst den Schaum zum Himmel spritzen: / Dieses Glas dem guten Geist!" (zum Wohle der Dichtung kürzte Beethoven bei der auf „Allgemeingültigkeit" zielenden Komposition den Text, in dem das erhobene Glas eine zentrale Funktion einnimmt). Gerade bereits in den Jahren des Vormärz, die für den von Weingeist inspirierten Gesang so empfänglich waren, dürfte die Wirkung des Werks von der Fundierung auf die Freuden und die Gemeinschaftsbildung des Weintrinkens profitiert haben: „Freude sprudelt in Pokalen, / In der Traube goldnem Blut / Trinken Sanftmut Kannibalen, / Die Verzweiflung Heldenmut".[6]

---

6 Zur IX. Symphonie: ebenda S. 662-665.

Gesellige Lieder und die Vergleichgültigung durch Alkoholismus

Wenigstens gelegentliche Freude beim (gemeinschaftlichen) Singen, die – nach Schillers liebesglühender Ode Sanftmut bewirken und doch zugleich auch der „Verzweiflung Heldenmut" verleiht – stand schon zu Beginn des zunächst so gewalttätig eskalierenden 19. Jahrhunderts oben auf der Agenda. Goethe hat dem in seinen „Geselligen Liedern" (1806) gebührend Rechnung getragen. Der zum Olympier aufgestiegene Dichter-Politiker und Großschriftsteller hat selbst dem (damals freilich noch nicht so alkoholhaltigen) Wein reichlich, sein Ouevre dem Genre des Trinklieds ziemlich häufig zugesprochen. Das floss beispielsweise auch in verschiedene Fassungen seines „Faust" ein – und dies hinterließ dann, zuvorderst mit Giacomo Meyerbeers „Chanson de Maître Floh", bei Hector Berlioz und Charles Gounod, eine lange Spur musikalischer Rezeption (die freilich aus der thematischen Beschränkung dieses Textes weit hinausführt).

Der mittelalte Meister Goethe stiftete nicht nur das auch vom einen oder anderen „Glas des echten Weins" inspirierte „Bundeslied" („In allen guten Stunden, / Erhöht von Lieb und Wein, / Soll dieses Lied verbunden / Von uns gesungen sein").[7] Auch legte er „Rechenschaft" ab in seinen „Geselligen Liedern" („Frisch! Der Wein soll reichlich fließen").[8] Er stimulierte immer wieder mit einem munteren „Ergo bibamus" („Die Gläser sie klingen, Gespräche sie ruhn, / Beherziget Ergo bibamus.")[9] und beklagte ausgelassene Gelegenheiten: „Ja, wir haben", schrieb er in einer „Generalbeichte",

> Wachend oft geträumt,
> Nicht geleert das frische Glas,
> Wenn der Wein geschäumet;
> Manche rasche Schäferstunde,
> Flüchtgen Kuß vom lieben Munde
> Haben wir versäumet.[10]

Im Wunsch, mindestens ebenso ‚volkstümlich' zu werden wie der 1805 verstorbene Freund Schiller, experimentierte Goethe. In der Sammlung

---

7 Goethe, dtv-Gesamtausgabe, S. 72f.
8 Ebenda S. 85.
9 Ebenda S. 88f.
10 Ebenda S. 78.

„Gesellige Lieder" findet sich, zurückgreifend auf ältere literarische Modelle auch das Trinklied „Vanitas! Vanitatum vanitas!", in dem sich der ausgebuffte Dichter naivisch verstellt und mit Trinkgenossen gemein macht:

> Ich hab' mein Sach' auf Nichts gestellt,
> Juchhe, juchhe, juchhe!
> Drum ist's so wohl mir in der Welt.
> Juchhe, juchhe, juchhe!
> Und wer will mein Kamerade sein,
> Der stoße mit an, der stimme mit ein,
> Bei dieser Neige Wein!

Die folgenden Strophen verwerfen verschiedene Lebensentwürfe. Zuerst das Streben nach materiellem Reichtum: „Ich stellt' mein Sach' auf Geld und Gut. / Juchhe, juchhe, juchhe! / Darüber verlor ich Freud' und Mut. / O weh!" Dann wird der Idee, Don Juan nachzueifern, eine Absage erteilt: „Auf Weiber stellt' ich nun mein' Sach. [...] Daher mir kam viel Ungemach; / O weh, o weh, o weh! / Die Falsche sucht' sich ein ander Theil, / Die Treue macht' mir Langeweil; / Die Beste war nicht feil." Auch das Reisen als zentralen Lebensinhalt erweist sich nicht als zielführend: „[...] mir behagt' es nirgends recht; / Die Kost war fremd, das Bett war schlecht, / Niemand verstand mich recht." Die Sucht nach „Ruhm und Ehr'" verschafft gleichfalls nicht die erhoffte Befriedigung: „Und sieh! gleich hatt' ein And'rer mehr" – und im Getümmel von „Kampf und Krieg" ist dem Sänger auch kein Glück beschieden: „[...] ich verlor ein Bein". Da bleibt, so das ironische Fazit des geübten Trinkers, nur der Fatalismus des lieben Augustin:

> Nun hab' ich mein Sach auf Nichts gestellt.
> Juchhe, juchhe, juchhe!
> Und mein gehört die ganze Welt;
> Juchhe, juchhe, juchhe!
> Zu Ende geht nun Sang und Schmaus.
> Nur trinkt mir alle Neigen aus;
> Die letzte muss heraus!

Nach Goethes Zerwürfnis mit dem genialischen, aber als Sympathisant der Französischen Revolution in Ungnade fallenden und sich dann als „Herbergsvater" der jungen deutschen Romantiker profilierende Johann Friedrich

Reichardt (1752-1814) wurde lange Jahre der Berliner Singemeister Carl Friedrich Zelter (1758-1832) der vom Dichter bevorzugte Komponist und Vertrauter in musikalischen Fragen: Zelter setzte 1806 eine heitere Melodie in G zu „Vanitas!". Sie mutet den Sängern keine technischen Schwierigkeiten zu und auch den Klavierbegleiter*Innen nicht.[11] In Zelters Version fand dieses Trinklied weite Verbreitung.

Sosehr sich schon im ausgehenden 18. Jahrhundert die Gedichte Goethes im deutschen Sprachraum verbreiteten und die Zahl der Vertonungen zunahm: Ein bemerkenswerter Schub der Rezeption stellte sich offensichtlich, bedingt auch durch die Entwicklung des Verlagswesens, gegen Lebensende des Olympiers ein und ab 1832 nach dessen Tod. Dies bildete sich nicht zuletzt in der Menge und den Qualitäten der Vertonungen ab. Für die Quantitäten aufschlussreich ist „Ernst Challier's Grosser Lieder-Katalog": ein alphabetisch geordnetes Verzeichnis sämtlicher einstimmiger Lieder mit Begleitung des Pianoforte und eines oder mehrerer anderer Instrumente, das 1881 erschein. Es versammelte alle Werke, von denen der Verleger und Buchhändler Ernst Challier in jahrelanger Sammlertätigkeit Kenntnis erlangte. Für die 1830er Jahre deutet sich freilich neben dem fortdauernden Boom von Goethe-Vertonungen an, dass ihnen eine Reihe als ‚romantisch' klassifizierter Dichter zunehmend Konkurrenz machte, die Ende des 18. Jahrhunderts oder kurz danach geborenen wurden: Joseph von Eichendorff (1788-1857), Adalbert von Chamisso (1781-1838), Justinus Kerner (1786-1862), Ludwig Uhland (1787-1862), Friederike Robert (1795-1832), August Heinrich Hoffmann („von Fallersleben"; 1798-1874), Nikolaus Lenau (1802-1850), Eduard Mörike (1804-1875). Insbesondere Heinrich Heine (1797-1856) konnte als Shooting Star rasch wachsende Marktanteile verbuchen (wer die Liedersammlungen Felix Mendelssohn Bartholdys oder die in der Mitte des 19. Jahrhunderts sich avanciert profilierenden Robert Schumanns durchblättert, wird den Geschmacksrichtungswechsel bestätigt finden). Freilich blieb Goethe z. B. im Segment der Klavier-Balladen als Textdichter weiterhin durchaus präsent – neben Freund Schiller.

---

11 Erk Bd. I, Nr. 187, S. 200.

Bier, weit mehr noch Wein – und der Dämon

Die Sanges- wie die Trinkfreude der Deutschen wird gerade in der ersten Hälfte des 19. Jahrhunderts von diesen selbst gerne gerühmt. Vielen Liedern der unterschiedlichsten Couleur und Stilhöhe mangelt es nicht an Alkoholgehalt. In „Serig's Auswahl", einer Liedersammlung aus den 1820er Jahren, findet sich ein Stück des Wiener Theaterkapellmeisters und Komponisten Wenzel Müller (1767-1835) aus dem Jahr 1794, dem ein anonymer Autor (oder eine Autorengemeinschaft, deren Mitglieder ungenannt blieben) einen neuen Text aufbrummte:

Ich hab' den ganzen Vormittag
In einem fort studiert;
Drum sei nun auch der Nachmittag
Dem Bierstoff dediziert!
Ich geh' nicht ehr vom Platze heim,
Als bis die Wächter zwölfe schrein!
Vivallera, lalera, lalleralla!
Vivallera, lalleralla![12]

Die weiteren Strophen werfen die Frage auf, was des Lebens höchste Lust sei. Die Antwort folgt, in Anerkennung der über Jahrhunderte hinweg besungenen Trinität, postwendend: „Die Liebe und der Wein! / Ruht's Liebchen sanft an meiner Brust, / Dünk' ich mich Fürst zu sein, / Und bei dem edlen Gerstensaft / Träum' ich von Kron' und Kaiserschaft." Es schließt sich eine Lobpreisung des Schöpfers an, der es dem Kamel so bequem gemacht habe: „Es trägt sein Fass im Leib daher: / Wenn's nur voll Merseburger wär'." Am Ende aber bleibt fraglich, ob der Inhaber des Gastronomiebetriebs sich mit einer verschwitzten Studentenmütze, einem Cerevis, als Pfand abspeisen lässt und unzuverlässigen Kunden nächstens wieder Bier ausschenkt.

Herr Wirth, nehm' er das Glas zur Hand
Und schenk' er wieder ein!
Schreib' er's nur dort an jene Wand,
Gepumpt muss eben sein!

---

12 Auswahl deutscher Lieder, Serig, Leipzig 1825 [³1830]; in: Erk, Bd. I, Nr. 186, S. 199.

Sei er fidel! ich lass' ihm ja
Mein Cerevis zum Pfande da.
Vivallera ...

Ein Studentenlied wie dieses steht in einer seit dem Mittelalter ununterbro-
chenen Tradition. Mit ihr u. a. befasste sich die Tagung „Ersungener Rausch.
Trinklieder von der Antike bis zur Gegenwart" an der Folkwang-Universität
Essen im Mai 2024. Der Mentor Wolfgang Fuhrmann verwies einleitend
darauf, dass zum schier unerschöpflichen Thema „eigentlich eine Enzyklopädie geplant" sei (doch die Vortragsfolge ließ das besonders weinselige
19. Jahrhundert in Gänze aus). Gründlich bedacht wurde unterm Stichwort
„(Maskuline) Gemeinschaftsbildung" die frühe Neuzeit. Claudius Hille
räumte in seinem Referat „Vom Zechen, Lieben und Raufen" zwar ein, dass
es keine Notendokumente zu dem in Universitätsstädten üblichen Repertoire aus der frühen Neuzeit gäbe. Gleichwohl informierte er aufschlussreich
über das „Gassatum gehen" der Herren Studierenden und dass sie, ganz nach
dem geselligen Brauch der Zeit, mehrstimmigen Gesang (auch mit impro
visatorischen Momenten) und gruppenspezifische Rituale gepflegt hätten
(Stichwort: „die Hörner abstoßen"). Zumindest teilweise dürften sie auch
portable Instrumente wie Geigen und Lauten auf ihre Umzüge mitgenom-
men haben. Und gerne folgte man auch den Ausführungen von Sylvia Bier,
die darauf verwies, dass in den französischen „Aires à boire" des XVIᵉ siècle
„Amor und Bacchus teils als Kontrahenten, teils als Kollaborateure" fungierten. Da entwickelte historische Musikwissenschaft Züge einer lebensprakti-
schen Ratgeberin.
    Carl Loewe (1796-1869), zu Lebzeiten als „pommerscher Balladenkönig
gefeiert" und wegen seines penetranten Einverständnisses mit der Obrigkeit als „preußischer Bratenbarde" bewitzelt, diente 46 Jahre lang treu in
Stettin an der Orgel, im städtischen Musikleben und als Kulturkorrespon-
dent. An der Oder war der Wein freilich rar, aber Bier floss ggf. in Strömen.
Und der Branntwein gab einen drauf. Das schlug sich auch im Werk nieder.
1835 publizierte Loewe drei Balladen nach Gedichten von Johann Wolfgang von Goethe, darunter „Der getreue Eckart" (op. 44 Nr. 2). Der Text
referiert, wie sich auf dem Nachhauseweg befindliche Kinder sorgen, dass
ein Heer „unholdiger Schwestern" über sie herfalle und ihnen das „müh-
sam geholte Bier" wegtrinke. Und tatsächlich: Die schrecklichen Geister fallen ein und trinken aus – aber der kinderfreundliche Eckart hilft in
der Not und sorgt für ein Wunder. Das aber versiegt, als sich die Kinder

verplappern: „... verplaudern ist schädlich, verschweigen ist gut; dann füllt sich das Bier in den Krügen". Ein Jahrzehnt zuvor wird von Loewe in dem Goethe gewidmeten „Serbischen Liederkreis" op. 15 „Beim Tanze" („Schelmisch vorgetragen"), trallalala, Hochprozentiges serviert: „Ein Becherlein mit Branntewein / ihm zum Geschenke, / daß satt sich tränke, / der Liebste mein".[13]

Im Jahr 1842 dichtete August Hoffmann („von Fallersleben") auf die Melodie von Joseph Haydns österreichischer Kaiserhymne („Gott erhalte...") das bis zur Gegenwart stark in Gebrauch genommene „Lied der Deutschen", in dem Vaterlandsliebe in den Grenzen von 1937, Männertreu und Trinkgewohnheiten harmonisch zusammenfanden.

Deutsche Frauen, deutsche Treue,
Deutscher Wein und deutscher Sang
Sollen in der Welt behalten
Ihren alten schönen Klang,
Uns zu edler Tat begeistern
Unser ganzes Leben lang –
Deutsche Frauen, deutsche Treue,
Deutscher Wein und deutscher Sang!

Im selben Jahr 1842 schrieb der nicht minder entschieden deutsch national gesonnene Karl Wilhelm, der Komponist der „Wacht am Rhein", Melodie und Satz zu einem Gedicht von Ernst Minneburg (Ernst Heinrich Meier, 1813-1866, Professor für orientalische Sprachen zu Tübingen): „Dies und Das". Das Poem und das „mit gutem Humor" in H-Dur gesetzte Lied gaben dem Wein gegenüber dem Bier den Vorzug – und dem Liebesspiel gegenüber dem Volltanken. „Wenn hier ein volles Weinglas steht, / und da ein Faß mit Bier / so sag ich: mit dem Fasse geht und lasst das Gläschen mir!" Es fehlte nicht an einem gutgemeinten Ratschlag: „Und wenn ich Eines wählen muß, / ein Küsschen oder Wein, / so wähl' ich lieber doch den Kuß / und lass das Trinken sein".[14] (Na bitte, es geht doch!)

---

13 Carl Loewe, *Balladen und Lieder für eine Singstimme mit Klavierbegleitung*, ausgewählt und durchgesehen von Hans Joachim Moser, Bd. 2, Leipzig 1940, S. 85 und 103.

14 Karl Wilhelm, *Kriegslieder und andere Gesänge* für eine Singstimme mit Klavier, hg. v. Georg Stolzenberg, Berlin 1914, S. 26.

In den aus den Jahren des Vormärz dokumentierten Liedern kommen auch Bier und Branntwein vor – mit Abstand auf dem ersten Platz jedoch rangiert der Wein (accompagniert von dem aus ihm gewonnenen Champagner). Wie kein anderes Getränk hat er sich seit wenigstens zweitausend Jahren ins Bewusstsein der Bevölkerungen Europas eingegraben, alle Sphären der Kultur erfasst und den vielfältigsten künstlerischen Niederschlag gefunden. Schon ein prominenter orientalischer Religionsgründer trank beim Last Supper bekanntlich keinen Traubensaft, Coca Cola, Kamillentee oder alkoholfreies Bier.

Es kann hier kein – auch noch so kurzer – Rückblick auf die Entwicklung des Weinbaus, der Veredelung der Reben und der Ausbautechniken, des schon früh internationalisierten Weinhandels sowie der Trinkkultur in Europa geboten werden. Freilich erscheint die vielhundertjährige Zivilisationsleistung von Millionen fleißiger Hände und kluger Köpfe Grundlage für die tiefstgreifende, ja: mythische Verankerung dieses Getränks und dessen psychophysischen wie sozialen Funktionsweisen die Voraussetzung dafür, dass sich die dominante Stellung des Weins im 19. Jahrhundert verstehen lässt. Auch das poetische Ringen um das „richtige Trinken" und die Kampagnen gegen „unordentliches Trinken". Das reiche, teilweise uralte Arsenal der Verordnungen, Maßnahmen und warnenden Schriften weltlicher Obrigkeiten[15] und kirchlicher Autoritäten, von selbsternannten Wohltätern der Menschheit und sendungsbewussten Mediziner*Innen, die dazu dienen sollten, den Konsum teilweise ganz zu unterdrücken oder zumindest den „übermäßigen" Genuss einzudämmen sowie die oft unerfreulichen Folgen des „Zellgifts" zu sanktionieren – das ist eine eigene Geschichte. Eine ziemlich unmusikalische. Der Kampf gegen den Alkohol brachte bislang nur wenig Tonkunstwerke oder schon gar keine volkstümlichen Gesänge hervor.

Vom Fass zu Boden und zu neuem Leben

Trinken macht die Augen klar. „Mich plagt ein Dämon, Durst genannt", dichtete Carl Müchler (1763-1857) zum Auftakt des 19. Jahrhunderts, „und um ihn zu verscheuchen, nehm' ich ein Deckelglas zur Hand und lass mir Rheinwein reichen." Ahne niemand Böses! „Die ganze Welt erscheint

---

15 Auf der Ebene des Heiligen Römischen Reichs deutscher Nation bereits 1495 durch den Reichsabschied von Worms.

mir nun in rosenrother Schminke", fährt „Der Rheinweinzecher" fort, dessen Verfasser, ein preußischer Verwaltungsbeamter, ab 1814 als Polizeidirektor beim Generalgouvernement Dresden diente – in den Tagen E. Th. A. Hoffmanns. Dieser war Regierungsrat, Kapellmeister, Theaterkomponist und -Maschinist, Schriftsteller, Zeichner, endlich auch Kammergerichtsrat. Und gleichfalls ein passionierter Trinker, bevorzugt in den Stuben von Lutter & Wegner. Seine Tätigkeit als Mitglied der auf der Grundlage der Karlsbader Beschlüsse gebildeten „Immediatkommission zur Ermittlung hochverräterischer Verbindungen und anderer gefährlicher Umtriebe" schlug sich 1821 im letzten großen Text Hoffmanns nieder: „Meister Floh – Ein Märchen in sieben Abenteuern zweier Freunde". Die preußische Regierung ließ das Manuskript beschlagnahmen und leitete wegen der Knarrpanti-Episode ein Disziplinarverfahren gegen den inzwischen am Oberappellationssenat tätigen Juristen ein (zu spät: er segnete 1822 weinselig das Zeitliche).

Giacomo Meyerbeer, der seine Jugend in Berlin als Jakob Liebmann Meyer Beer verbracht hatte, setzte mit dem „Chanson de Maître Floh" wohl auch einen Stich gegen jene preußische Obrigkeit, die ihm – wie die Mentalität der Berliner – den Weg in die Fremde nahegelegt hatten. Dem Helden jenes Chansons aber ergeht es just wie dem dichtenden Polizeidirektor: Er „ward voll wie ein Ministrant". In Carl Müchlers Worten: „Ich könnte keinem Leides thun, denn kurz – ich trink', ich trinke." Und lässt ein weiteres Fläschchen kommen.

Der erste nicht, die letzte nicht! Niemand könnte sagen, wo der Dämon herstammt und wo dessen Treiben seine Anfänge nahm. Dass die alten Griechen, voll des süßen Weins, einen kräftigen Cantus intonierten, ist gewiss. Anakreon, der ionische Dichter in der Zeit der ersten Perserkriege, fragte verschmitzt, wer seinen Hang zu berauschenden Getränken für Unrecht erachten wolle, da doch die Erde gleichfalls so gierig trinke und sogar der Mond die Glut der Sonne. Vor den klassischen Griechen griff schon König Salomo zugleich zum Pokal, zur schönen Brust und zum Griffel. Wie schon sein harfenschlagender, gleichfalls Psalmen dichtender ehebrecherischer Vater David.

Wein hat die Kultur geprägt. Der griechenaffine Friedrich Hölderlin, in den Jahren des Vormärz und bis zu seinem Tod 1843 im Turm des Tübinger Schreiners Ernst Zimmer und dessen Frau Lotte untergebracht, notierte lakonisch „die Geselligkeit betreffend": „Zum Weintrinker bin ich gemacht". Das kam dem der Sache der Arbeiterklasse verschriebenen Hanns Eisler

(1898-1961) auf seine alkoholgetränkten alten Tage in der DDR sehr zupass und zeitigte eine lakonische musikalische Miniatur.

Um auf Polizeidirektor Müchlers Bericht vom Selbstversuch mit dem Rauschmittel zurückzukommen: Ludwig Fischer, unter Königin Luise Erster Bassist bei der Königlichen Oper zu Berlin, setzte alsbald eine weit ausladende Melodie dazu, denn dergleichen drängte zum Gesang. Er reicht bis in die höchsten Regionen, die einem schweren Bass erreichbar sind – und hinab bis in den tiefsten Keller. In die Abgründe der Erfüllung des preußischen Beamten: „Doch tröst' ich mich, wenn ich zuletzt vom Faß zu Boden sinke; ich habe keine Pflicht verletzt, denn ich – ich trink', ich trinke." Eine wohldosierte Höllenfahrt. Ganz nach der Devise des alten Studentenliedes „Vive la Compagneia": „Ich nehm' mein Gläschen in die Hand und fahr' damit ins Unterland."[16] Die Majestät wird anerkannt!

Indem Mephistopheles dem Dr. Johann Heinrich Faust den Mantel zum neuen Lebenslauf ausbreitet, geht Goethes theatraler Höhenflug gleichfalls erst einmal hinunter – zur „Zeche lustiger Gesellen": „Wenn das Gewölbe widerschallt, / fühlt man erst recht des Basses Grundgewalt". Auerbachs Keller wie Margaretes Sehnen und Bangen bereicherte die Vormärz-Musikwelt um köstliche Trinklieder. Zwei von wenigstens zwei Dutzend älteren Vertonungen des „Königs in Thule" haben Eingang in ein Programm gefunden, das der Bariton Ulf Bästlein und sein Begleiter Stefan Laux um den Saft der Reben rankten und 1998 mustergültig auf CD pressen ließen.[17] Die Collection bezog ihren Titel von Goethe: „Trunken müssen wir alle sein".

Feiner und gröber, lustvoll und leidgeprüft, himmelhoch jauchzend oder katzenjämmerlich gebeutelt haben sich Poeten und Musiker von unterschiedlichstem Talent dem uferlosen Thema genähert (auch eine Enzyklopädie wird es kaum bändigen können). Da die Wahrheit nun einmal im veredelten Saft der Reben liegt, erinnert sich der Mensch nur zu oft beim fortschreitenden Genuss auch der Endlichkeit seiner Existenz. Zumal beim schweren Roten. Beim leichten Weißen aber erfasste den Geisterseher Justinus Kerner die Trauer über den Verlust eines Freundes: „Leer steht das Glas!" Robert Schumann, den Braut Clara wegen seiner Alkoholexzesse schon in der Leipziger Studentenzeit zur Ordnung rief, und den Meyerbeer als „Biersanguiniker" verspottete, war einer der Brüder Kerners im Geiste und beim Geisterbeschwören: Er verlieh den wehmütigen

---

16 Erk Bd. I, Nr. 188, S. 201.
17 Ars musici AM 1237-2.

Betrachtungen des Weinsberger Poeten harmonischen Tiefgang („Auf das Trinkglas eines verstorbenen Freundes"). Wein kann, Achtung (!), auch schwere Köpfe machen.

Carl Maria von Weber, der aus gründlicher Erfahrung ein Liedchen von Wein und Weib zu singen wusste, hat dem bittersüßen Text eine jener ausgelassenen und leicht trivialen Melodien zugeschrieben, um deretwillen er seit dem Befreiungskrieg gegen Napoleon in deutschen Landen so geschätzt wurde. In seiner Oper „Freischütz" ist ihm mit Kaspars h-moll-Stückchen eines der prägnantesten Trinklieder gelungen: „Hier im irdischen Jammertal wär / doch nichts als Plack und Qual, / trüg der Stock nicht Trauben."

Von da an durfte für eine längere Zeitspanne in den meisten romantischen Opern in Mitteleuropa ein möglichst wirksam platziertes Trinklied nicht fehlen. Auch in der nach einem Libretto von Wilhelm August Wohlbrück komponierten Großen romantischen Oper „Der Vampir" von Heinrich Marschner (1795-1861) nicht. Beim Hochzeitsfest auf Schloss Marsden im zweiten Akt erscheint es im Zuge einer derben Sauf- und Rüpel-Szene. Den Themenkopf des Chorlieds „Im Herbst, da muss man trinken" lehnte Kapellmeister Marschner an ein charakteristisches Motiv aus dem 3. Satz von Ludwig van Beethovens XIII. Symphonie an, das Trompeten und Hörner zu viert im Unisono einsprengen (Takt 36-38). Wobei er die Tonart F-Dur beließ, aber Takt und Rhythmus änderte. Er konnte 1828 ziemlich sicher sein, dass ein guter Teil des musikalisch informierten Leipziger Publikums im Sächsischen Hoftheater die Pointe verstand.

Auch Albert Lortzing, ein Nachfolger Marschners in Leipzig und stets auch sein eigener Librettist, knüpfte mit den Trinkliedern seiner Komischen Opern an Webers Erfolgsrezept an. Noch in seinem letzten Hauptstück, der Schreckens- und Rettungs-Oper „Regina" von 1848, erweist sich Kilians mit Einwürfen des zunehmend betrunkenen Chors der „Freibeuter" gewürztes Trinklied als Kabinettstück von hohem Rang – als Kompendium der radikal-linken Forderungen des Revolutionsjahres: „Hinaus, hinaus in schnellster Frist / dum dri di dum / Was nicht dem Land von Nutzen ist / drididum dri di dum. / Hinaus mit Stock und Reisesack / Das ganze Jesuitenpack" etc.

In glücklicheren Tagen warf Lortzing, auch kein Kind von Traurigkeit, mit philosophischem Anflug ein „Weinlied" aufs Papier, das dem Jahreskreislauf folgt: „Aus den Trauben in die Tonne, aus der Tonne in das Fass, / Aus dem Fasse d'rauf, o Wonne, / in die Flasche und in's Glas. / Aus dem Glase in die Kehle, / In den Magen durch den Schlund, / Aus dem Blute in die Seele / und als Wort dann in den Mund."

Abb. 2

Zuvor schon, während seiner Zeit als multifunktionaler Musiker und Theaterschaffender in Westfalen, belieferte Lortzing die St. Joh.-Loge zum goldnen Rade in Osnabrück mit musikliterarischen Beiträgen zu den einschlägigen Themen der Zeit: Trinkfreudigkeit, Männerfreundschaft, Geselligkeit, Frauenlob, Vaterlandsliebe und Freiheitsbegehren. Die Freimaurerloge schrieb das Jahr 5829.

Zu Beginn des von politisch-militärischen Ereignissen heftig geprägten 19. Jahrhunderts wie in der anschließenden Restaurationsepoche kam das oft rare Glück bevorzugt aus den Flaschen- und Sängerhälsen. Am anderen Ende der Gefühlsskala: Wer nie den Wein mit Tränen trank, der muss auf wundersame Weise von Schmerz und Leid verschont geblieben sein. Unter unfreien Verhältnissen erfüllten die Begleitgesänge des geselligen Trinkens Ventil- und Kompensations-Funktionen – vom Volksfest und Wirtshaus bis zur Liedertafel, zum Konzertsaal, zum Theater und zur Oper. Insbesondere auch die politische „Aufladung" eskalierte in den Jahren des Vormärz: Angereichert wurde das feuchtfröhliche Lied bevorzugt mit patriotischen Stichworten. Die Parolen schwollen. Deutscher Freiheitsdurst stillte sich bevorzugt mit Liedgut. „Der Knecht singt gern ein Freiheitslied / Des Abends in der Schenke", resümierte Heinrich Heine in seiner Elegie an einen politischen Dichter: „Das fördert die Verdauungskraft, / Und würzet die Getränke".[18] Auch das bis heute als Hymne dienende „Lied der Deutschen", nicht anders als die dem Finale der IX. Symphonie von Beethoven auferlegte „Ode an die Freude" Schillers, ist nicht zuletzt den verdauungsfördernden Gesängen zuzurechnen.

„Im Katzenjammer ruft man keine Götter", lehrt der Abgesang. Doch vor dem steht der Rausch, auch jener der Freiheit: „Leer ist meine Westentasche und der Wirt liebt bares Geld", rief Wilhelm Müller, der Dichter der „Schönen Müllerin" und der „Winterreise", seinen verzagten Zeitgenossen zu: „Schafft mir eine neue Flasche – oder eine neue Welt."

---

18 Heinrich Heine, *Werke und Briefe*, hg. von Hans Kaufmann, Berlin und Weimar 1972, Bd. 2, S. 349.

Margaret A. Rose (Cambridge, GB)

„Die kleine Hausfrau" im Vor- und Nachmärz

Eine Miszelle

Obwohl manche Mädchen des Vor- und Nachmärz eine Bürgerschule und auch eine höhere Töchterschule besuchen und dort Fächer wie Geschichte und Französisch sowie Musik lernen konnten, gab es auch Ratschläge für „die kleine Hausfrau" und Kochbücher für „die Puppenküche", die sie in ihrer Freizeit gelesen haben. In den Bilderbüchern für die kleine Hausfrau, die in der ersten Hälfte des 19. Jahrhunderts veröffentlicht wurden, wie Gustav Holtings von Theodor Hosemann illustriertes Büchlein *Die kleine Hausfrau* von 1845, liest man von Alltagsaktivitäten wie das Spiel, aber auch das Auskehren, Einkaufen, Kochen und Einrichten der Speisekammer, sowie die Wäsche und Bleiche, das Plätten, die Nähschule („Stricken, Nähen, Kleider machen"), die Gesellschaft, und ganz am Ende „die Erholung" (das Klavierspielen mit Gesang).

Die kleine Hausfrau, Berlin 1845; Titelseite und letzte Seite „Die Erholung".
Die 12 Bilder wurden von dem Berliner Genremaler und Karikaturisten
Theodor Hosemann (1807-1875) gezeichnet.

Die jungen Mädchen des Vormärz, die später die Hausfrauen, aber ebenso die Schriftstellerinnen, Sängerinnen, Schauspielerinnen und Malerinnen des Nachmärz geworden sind, konnten auch Konzerte, Liederfeste, Opern, Schauspiele und Gemäldeausstellungen besuchen.

In Adolf Glassbrenners *Herr Buffey in der Berliner Kunstausstellung. Ein Lebensbild* von 1838 interessieren sich Herr Buffey und sein Sohn Wilhelm mehr für das Essen als für die Kunst. Nach Gesprächen über Landschaften, Porträts und religiöse sowie weltliche Historiengemälde wie Adolph Schroedters „Falstaff sammelt seine Rekruten" meint Buffey: „Die Kunst is recht jut, aber wenn der Kälberbraten anbrennt denn is et ooch nischt", und redet ganz am Ende Wilhelm an: „Der arme Junge hat scheene hungern müssen um die Kunstausstellung".[1]

Im Vergleich zu Wilhelm und Herrn Buffey wird Buffeys Tochter Hulda von ihrem Vater als ein in der Pension erzogenes „studirtes" Mädchen und Kennerin der Künste gelobt.[2] Zudem wird sie aber am Ende der Geschichte auch als Teilnehmerin an einer Kunst- und Brautschau dargestellt,[3] so dass sie sich vermutlich bald wieder in einer Küche befinden wird. (Theodor Hosemann, der Holtings *Die kleine Hausfrau* illustriert hat, und in *Herr Buffey in der Berliner Kunstausstellung* neben anderen Genremalern gelobt wird,[4] schuf auch das Titelbild zu Glassbrenners *Buffey's schönster Tag, oder, Hulda's Hochzeit* von 1840.)

Obgleich viele Mädchen Bücher über die „kleine Hausfrau" gerne gelesen und angeschaut haben sollen (*Die kleine Hausfrau* wurde auch farbig gedruckt), hat der Düsseldorfer Künstler Theodor Mintrop (1814-1870) ihre Illustrationen in einem privaten Album von Skizzen um 1855 persifliert, indem er in einem komischen Bildermärchen für die jüngste Schwester der Verlobten seines Malerfreunds Eduard Geselschap (1814-1878), die sechzehnjährige Anna Rose aus Bielefeld, sie als eine kleine Hausfrau dargestellt hat, der von Heinzelmännchen geholfen wird.

Um 1866 wurde dieses Album neu bearbeitet und 1875 als erster Teil von Mintrops *König Heinzelmann's Liebe* ohne Hinweis auf seinen Ursprung

---

1 S. Adolf Glassbrenner, *Herr Buffey in der Berliner Kunstausstellung. Ein Lebensbild*, Heft 1. Berlin 1838, S. 45f.
2 *Op. cit.*, S. 21.
3 *Op. cit.*, S. 45f.
4 *Op. cit.*, S. 31f.

oder seinen parodistischen Charakter mit „poetischen Texten" von Betty Lucas (1824-1903) posthum veröffentlicht.[5]

Links: Holting und Hosemann, *Die kleine Hausfrau*, Berlin 1845, „Das Einkaufen". Die Worte unter dem Bild lauten: „Mariechen könnt ihr oftmals sehen, / Mit ihrem Korb zu Markte gehen, / Da kauft sie Butter, Fleisch und Eier, / Und lernt was billig sei und theuer." Rechts: Theodor Mintrop, *Mammelitzken und die Heinzelmanken*, 1855, Skizze Nr. 9 (die junge Hausfrau kauft mit der Hilfe von „Heinzelmanken" ein). Graphische Kunst Sammlung, Kunstpalast, Düsseldorf, Inv. Nr. K 1951-78, Feder über Bleistift, laviert, auf weißem Papier. 9,5 x 12,4 cm.[6]

Theodor Mintrop ist im Revolutionsjahr 1848 mit dem Historien- und Genremaler Eduard Geselschap und anderen Düsseldorfer Künstlern Gründungsmitglied des Künstlervereins „Malkasten" geworden und hat im Nachmärz sowohl Illustrationen aus Büchern wie *Die kleine Hausfrau* als auch andere Bilder mit Humor neu bearbeitet.[7]

Weitere von Mintrop in seinem „komischen Märchen" dargestellten Aktivitäten sind – wie in *Die kleine Hausfrau* – das Auskehren, das Kochen, die Gesellschaft, die Wäsche, die Bleiche, das Bügeln (bzw. das Plätten). Hinzugekommen sind das Buchlesen (in Skizze 18 liest Anna ein kleines Buch, das

5 S. Margaret A. Rose, *Theodor Mintrops komische Märchen*. Bielefeld 2016. Dort wird auch Holtings und Hosemanns *Die kleine Hausfrau* abgebildet (S. 181-183).

6 S. Rose 2016, S. 30.

7 S. Kapitel 3.2 in Margaret A. Rose, *Art, Music, and Humour in Theodor Mintrop's Album for Minna*. Bielefeld 2023.

auch *Die kleine Hausfrau* sein kann), das Vogelfüttern, die Gartenarbeit und das Briefschreiben.

Und das Stricken? In den Skizzen von 1855 und 1866 hält König Heinzelmann das Garn für Anna.[8] Um Januar 1857 skizzierte Mintrop aber auch Eduard Geselschap mit seiner Frau (Annas Schwester Lotte) in einer ironischen Karikatur, welche die kleine Hausfrau als ein mit Wolle beschäftigtes, lächelndes Lamm gegenüber ihrem mit Garn gebändigten, löwenähnlichen Mann darstellt.[9]

Theodor Mintrop, *Löwe und Lamm*, Skizze 68 in Mintrops
Minna-Album von 1856-1857, in D 72 Piderit, Theodor / Nachlass
Theodor Piderit, Nr. 18, Landesarchiv Nordrhein-Westfalen
Abteilung Ostwestfalen-Lippe, Detmold. Feder über Bleistift auf dünnem,
hellweißem Papier, die rote Schleife aquarelliert. 13,5 x 21,5/21,6 cm.

Mintrops andere Skizzen für Annas und Lottes Schwester Minna enthalten viele Szenen aus dem Alltagsleben der 1850er Jahre in Bielefeld und Düsseldorf, die im Besonderen Minnas Liebe zur Musik darstellen und lebende Bilder sowie Musikabende mit Klavier und „Singekränzchen" als Teil ihrer

---

8 S. Rose 2016, S. 37 und 118.
9 S. *op. cit.*, S. 190/191 und Margaret A. Rose, *Theodor Mintrop. Das Album für Minna*. Bielefeld 2003 und 2020, S. 154.

„Alltagskultur" zeigen. (Mintrop und seine Bekannten waren auch mit Robert und Clara Schumann befreundet.)

Dort sind die „kleinen Hausfrauen" des Vormärz älter und selbst ironischer geworden. (Lotte Geselschap soll auch „feinironisch" gewesen sein.[10]) Vielleicht ironisiert auch Minnas „Ritt zum Blocksberg" auf ihrem Flügel mit einem in der Luft hoch gehaltenen Besen in Skizze 31 desselben Albums nicht nur Felix Mendelssohn-Bartholdys Walpurgisnacht-Musik[11], sondern auch die „Erholung" am Klavier in Holtings und Hosemanns Werk?

Theodor Mintrop, *Musikalische Walpurgisnacht*, Skizze 31 in Mintrops *Minna*-Album von 1856-1857, in D 72 Piderit, Theodor / Nachlass Theodor Piderit, Nr. 18, Landesarchiv Nordrhein-Westfalen Abteilung Ostwestfalen-Lippe, Detmold. Feder über Bleistift auf glattem, beigem Papier (14,1 x 21,4/21,5 cm.), laviert und umrandet. 12,6 x 20 cm.

Vormärz ist Nachmärz geworden und manche Mädchen des Vormärz werden jetzt ihre eigene Alltagskultur schaffen, und oft mit Humor in Briefen beschreiben.[12]

---

10 *Ibid.*
11 S. Rose 2003 und 2020, S. 120 und Rose 2023, S. 117.
12 Der zweite Teil von Theodor Mintrops *Mammelitzken und die Heinzelmanken* basiert auf einem Brief von Anna Rose an Mintrop, in dem sie verschiedenartige

Auch wenn spätere Generationen von Mädchen im Nachmärz und in der Gründerzeit *Die kleine Hausfrau* noch lesen werden (eine neue Ausgabe erschien 1876), zeigen Mintrops Skizzen, dass es schon im Nachmärz humoristische Parodien darauf gegeben hat, die auf eine Befreiung von der Hausarbeit als die beliebteste Alltagsaktivität der kleinen und nicht so kleinen Hausfrau hinweisen.

Weitere Informationen zu Theodor Mintrops Leben und Werk finden sich in Richard Klapheck, *Theodor Mintrop. Das Wunderkind der Romantik*, Dortmund 1923, und Gabriele Zangs, *Theodor Mintrop. Monographie und Werkverzeichnis*, Oberhausen 2013.

---

abenteuerliche Ereignisse vor und nach ihrer Verlobung zur Zeit des großen Norddeutschen Liederfests vom Juli 1860 beschreibt.

Gabriele Schneider (Mettmann)

Stürmische Zeiten

Fanny Lewald und Adolf Stahr in ihren Briefen
zwischen 1846 und 1852

Der Briefwechsel zwischen dem Schriftstellerpaar Fanny Lewald und Adolf
Stahr ist nicht nur historisch eine wichtige Quelle der Revolutionszeit von
1848/49 sowie deren unmittelbarer Vor- und Nachphase, er gibt auch Ein-
blick in fast alle Bereiche des Alltags dieser Zeit. Das Leben der beiden in
diesen sechseinhalb Jahren ist bestens dokumentiert, denn ihr Leben spielt
sich zumeist auf dem Papier ab[1]; erst ab 1852 entwickelt sich aus einer
zufälligen Reisebekanntschaft eine feste Lebensgemeinschaft. Vor allem
Fanny Lewald berichtet Stahr über alles, Bedeutendes und Unbedeutendes.
Sicherung des Lebensunterhalts, Honorarfragen, Wohnungssuche, Einrichtung, Kleidung, Geselligkeit, Diners, Kuraufenthalte, Reisen, Erkrankungen
und Arztbesuche, und natürlich das Spießrutenlaufen eines nicht verhei-
rateten Paares in Familie und Gesellschaft mit allen dazugehörigen gesellschaftlichen Konventionen und Tabus – all das ergibt ein plastisches Bild
des Alltags in der Mitte des 19. Jahrhunderts. Die Briefschreiber werden zu
Chronisten des Alltäglichen von „A" wie „Alltagskommunikation" bis „Z"
wie „Zahnschmerzen".

A – Alltagskommunikation durch Briefe
    Schon allein die Briefe sind Ausdruck der Alltagskommunikation. Mit
897 Briefen bildet die Korrespondenz des Schriftstellerpaares das Kernstück des Nachlasses Lewald-Stahr in Berlin.[2] Aus den allerersten kurzen
Billetts aus der Zeit in Rom – „Fanny Lewald möchte gern wissen, wie es

---

1 Der fast komplette Briefwechsel – *Ein Leben auf dem Papier. Fanny Lewald und
   Adolf Stahr. Der Briefwechsel 1846 bis 1852* – wurde von Gabriele Schneider und
   Renate Sternagel zwischen 2014 und 2017 in drei Bänden bei Aisthesis herausgegeben. Im Folgenden wird die Abkürzung *ELP 1, 2* oder *3* verwendet.
2 Staatsbibliothek zu Berlin, Stiftung Preußischer Kulturbesitz, Handschriftenab-
   teilung.

dem kranken Freunde geht und sendet ihm mit den eigenen besten, herzlichsten Wünschen, einen Gruß von ihrem Weihnachtsmann"[3] – entwickeln sich bald mehrseitige Briefe, an denen über Tage hinweg geschrieben wird und die zuweilen als Rundbriefe für mehrere Leser sowie als Grundlage für Reisebeschreibungen und Memoiren geplant sind. „Ich sende den Brief, der ein Buch ist, auf Kosten der Bremer Redaktion, versuchsweise. Geht es, so tue ich es immer, u Du frankierst dann deine Briefe nicht, lieber Adolf!"[4] Gerade während der Revolutionszeit in Paris kommt Fanny Lewald mit dem Schreiben gar nicht mehr nach vor lauter Erleben[5], die Briefe werden lang und länger. So nutzt sie die Möglichkeit, Kosten zu sparen, indem sie sie an die Redaktion der *Bremer Zeitung* schickt, bei der Stahr als Korrespondent tätig ist. Auch ein befreundeter Buchhändler dient als Adressat, nicht zuletzt, um Stahrs Ehefrau Marie mit der Menge der Briefe nicht zu verärgern. Um Porto zu sparen, werden die Briefe auf hauchdünnem Papier mit kleinster Schrift engstens geschrieben, auch die Ränder werden nicht ausgespart.

> Aber ich muss enden, wenn der Brief fort soll. Indes tagebuche ich regelmäßig fort.
> Dich, guter Adolf! der ihn zuerst erhält, bitte ich, ihn *höchstens* zwei Tage zu behalten u dann dem Otto zu senden. Einst wenn ich alles beschrieben habe, sollst Du die Briefe behalten [...]. Jetzt müssen sie schnell fort, da die Meinen sonst in Sorge um mich sind. [...] Du [...] Mariechen bist Großsiegelbewahrer u sammelst die Briefe.[6]

Eingefügt in die Epistel an die Geschwister sind zuweilen Extrablätter an Stahr: *Für Dich allein*[7], in denen sie ihm Privates mitteilt.

Die Briefe reihen sich nahtlos aneinander. „Eben ist der Brief zur Post gesendet für Dich, u schon beginne ich den neuen."[8] Auch die Antwortschreiben gehen an meist fest aufeinanderfolgenden Tagen ein. Auf ein Ausbleiben von Stahrs Briefen Ende Dezember 1849/Anfang Januar 1850 reagiert Lewald zunächst erstaunt – *„Den 31. Dez. früh.* Kein Brief von Dir,

---

3 *ELP 1*, S. 25.
4 *ELP 2*, S. 83.
5 *ELP 2*, vgl. S. 41.
6 *ELP 2*, S. 86. Die Briefe, die Lewald an ihre Geschwister weitersendet, bilden das Ausgangsmaterial für Lewalds *Erinnerungen aus dem Jahre 1848*.
7 *ELP 2*, S. 62.
8 *ELP 3*, S. 16.

mein Adolf! – also morgen u – ‚heute nicht!' [...] Dein Brief kommt ja wohl
morgen."[9] Doch als zwei Wochen später immer noch kein Lebenszeichen
gekommen ist, ist Lewalds Sorge groß. Erst am nächsten Tag erreicht sie der
erlösende Brief:

> Gott sei Dank! Dein Brief ist da. *Jetzt* erst habe ich die Vorstellung, was es für
> mich heißen würde, ohne Dich zu leben. Ich weiß nicht, war es, dass ich noch
> nie eine Woche über den gewohnten Termin ohne Nachricht von Dir gewesen
> bin – [...] aber bis zum Wahnsinn fast hatte sich in mir der Gedanke ausgebil-
> det, ich hätte [Dich verloren] oder würde Dich verlieren.[10]

Der regelmäßige Briefaustauch ist für lange Jahre die einzige Konstante im
Leben des Paares.

B – Brunnenkur, Badeleben und Reisen

Für Adolf Stahr gehören Badereisen seiner angegriffenen Gesundheit
wegen zum Alltag. Bereits die Italienreise 1845/46 diente der Erholung
Stahrs infolge seiner chronischen Kehlkopferkrankung, die nach seiner
Rückkehr zum Ausstieg aus dem Schuldienst führt.

Im Sommer 1847 macht er eine Wasserkur in Marienberg am Rhein:

> Morgens um 4 ½ Uhr weckt mich ein Diener, um mich in ein nasses Leintuch,
> darüber Wolldecken, Betten etc zu hüllen, darin liege ich eine Stunde zuwei-
> len im Halbschlaf [...] darauf werde ich hinuntergefahren u stürze mich in das
> ‚Vollbad', in ein 14 Fuß langes und 10 – 12 breites Becken, in das ewig frisches
> Quellwasser einströmt, darin tauche ich 2 – 3 Minuten unter, dann geht's wie-
> der hinauf zum Ankleiden, hinab auf die Terrasse, wo ich drei große Becher
> Wasser trinke und darauf einen Spaziergang auf die Berge von anderthalb bis
> zwei Stunden mache. Um 7 ½ oder 8 Uhr Frühstück. Süße u saure Milch u
> Butterbrot, Ruhe, Spaziergang auf der Terrasse, die herrlich über Boppard u
> den Rhein hinabschaut. Um 11 Uhr ein neues Bad, [...] wieder Spaziergang,
> um 1 Uhr Mittagstafel sehr reichlich u gut. [...] Um vier Uhr eine Eisabrei-
> bung, darauf ein neues Vollbad wie morgens, Spaziergang, Ruhe, Abendessen,
> Todesmüdigkeit, Schlaf.[11]

---

9 *ELP 3*, S. 19.
10 *ELP 3*, S. 41.
11 *ELP 1*, S. 485.

Fanny Lewalds Gesundheit ist ebenfalls nicht störungsfrei, sie leidet unter der Aussichtslosigkeit ihrer Beziehung zu Stahr, hat häufig Migräne, Blutanwallungen, Congestionen, die sie mit Brunnenkuren kuriert, entweder in Berlin, oder im Sommer 1849 in Bad Pyrmont:

> [...] von Sommerempfindung hat man keine Spur. Pyrmont ist in Bezug auf die Kolonnaden, das Badehaus u die Luxusetablissements – Lesekabinette, Konditoreien, Boutiquen – weder mit Baden-Baden oder Karlsbad noch sonst mit den eleganten Luxusbädern zu vergleichen – aber die Gegend ist sehr anmutig u die Alleen, welche Fernsichten auf die Hügel bieten, würden prächtig sein, gingen nicht so viele Männer hier umher. Pyrmont scheint vorzugsweise gegen Rückenmarksleiden gebraucht zu werden, u der Anblick all dieser beinschlotternden, starräugigen, oft schon geistesgelähmt aussehenden Männer macht mich krank.[12]
>
> Meine Brunnenkur brauche ich nun den zehnten Tag. Ich werde bis zum 14. Juli täglich 6 Becher trinken, und dann den 16./17. aufhören. Sie wird mir sehr sauer, wirkt sehr stark, macht mich oft todmüde, da ich doch täglich 4 Stunden mindestens laufe u tut denn hoffentlich ihre Schuldigkeit, indem sie mir wieder ein congestionsfreies, gesundes Jahr verschaffen wird. Aber ein unsinniges Regime bleibt es, sich sechs Gläser kaltes Wasser einzufüllen.[13]

Badereisen wie diese oder ein Aufenthalt in Helgoland 1848 zusammen mit Stahr machen einen Großteil der Reisetätigkeit von Fanny Lewald aus. Daneben gibt es Besuche Fanny Lewalds bei ihrer Freundin, der Schriftstellerin Therese von Bacheracht, in Hamburg oder auf deren mecklenburgischen Landgut in Brütz. Den Februar 1848 verbringt Fanny Lewald in Paris und wird dort Zeugin der Revolution, im Frühsommer nimmt sie auf der Zuschauertribüne am Frankfurter Paulskirchenparlament teil; die Eindrücke bilden die Grundlage für ihre *Erinnerungen aus dem Jahre 1848*. Das Reisetagebuch *England und Schottland* ist das Ergebnis einer mehrmonatigen Reise auf die britischen Inseln im Sommer 1850. Adolf Stahr ist als politischer Korrespondent der *Bremer Zeitung* häufig in der Hauptstadt. Und immer wieder gibt es kurze, private Treffen des Liebespaars Lewald-Stahr, fernab der gesellschaftlichen Verpflichtungen.

---

12 *ELP 2*, S. 546.
13 *ELP 2*, S. 572f.

D – Dienstboten

1848 hat Fanny Lewald zum ersten Mal eine Hausangestellte: „Sie heißt Sophie u ist eine sehr angenehme Brünette von 27 Jahren, die in den Farben sehr gut zu mir passt."[14]

Außer einem monatlichen Lohn – „für 5 Monate 50 Taler"[15] – hat ein Dienstmädchen Anrecht auf ein angemessenes Weihnachtsgeschenk: „Ich war aus, den Weihnachten für mein Mädchen kaufen. [...] Der Wert von 5 Talern ist das Minimum für ein ordentliches Mädchen."[16]

Es ist Fanny Lewald ein Anliegen, ihr „Mädchen" gut zu versorgen und ihr die Möglichkeit zu geben, sich Ersparnisse aufzubauen:

> Ich habe es doch dahin gebracht, dass sie neulich 17 Taler in die Sparkasse gebracht hat u hoffe, dass sie auch wieder ihr vierteljähr[lich]es Lohn[geld] zu Weihnachten hintragen kann. Sie hat so viele Trinkgelder bei mir, dass sie sich davon alles Nötige anschaffen kann.[17]
>
> Erster Feiertag. Gestern um vier Uhr bescherte ich Sophie: meinen türkischen Mantel, ein paar gewebte Strümpfe [...], ein Krawattentuch, ein Nähkästchen [...], ein kleines Petschaft mit S., einen halben Taler zu kleinen Ausgaben u eine Schüssel mit Esswaren im Werte eines halben Talers. Sie war sehr zufrieden, bis ihre Schwester kam, die 10 ½ Taler, ein Barègekleid u statt der Schüssel einen Taler bekommen hatte.[18]

E – Erbe

Nach dem Tod des Vaters im Mai 1846 wird das Haus der Familie Lewald in Königsberg verkauft und der Erlös unter acht Geschwistern aufgeteilt:

> Otto hat mir gesagt, dass ich 92 Taler Zinsen und noch 50 Taler aus dem väterlichen Erbe bekäme, da noch 400 Taler dieses Jahr eingegangen sind. Das macht 142 Taler, dafür werde ich für 85 Taler einen niederschlesischen Eisenbahnschein für 100 Taler kaufen, u das soll das erste Geld sein, das ich zu den 4200 Talern zulege, die ich vom väterlichen Erbe besitze. Es waren für jeden 4500 Taler – ich habe davon, als ich aus Italien kam u gehofft hatte, ein halbes Jahr bei meinem Vater zu leben, was nun leider fortfiel, 300 Taler nehmen

---

14 *ELP 2*, S. 315.
15 *ELP 3*, S. 17.
16 *ELP 2*, S. 387.
17 *ELP 2*, S. 679f.
18 *ELP 2*, S. 772.

müssen, um den Winter zu leben, bis ich das Bilderbuch[19] verkauft hatte – u habe die Summe noch nicht ersetzen können, weil ich die ganze Einrichtung zu machen hatte, die alles in allem doch 600 Taler gekostet haben wird an Wäsche, Betten, Silber, Geschirr – denn was ich von Hause habe, ist mir natürlich von der Erbschaft nach gerichtlich veranstalteter Taxe abgerechnet. Nun will ich, da ich in Ordnung bin, sehen, dass ich etwas zurücklegen kann u mit diesen 100 Talern beginnen.[20]

F – Feste

Glanzvolle Feste gehören zu den Ritualen der bürgerlichen Gesellschaft Berlins, wie das nachfolgend beschriebene Weihnachtsfest im Hause des Kaufmanns und liberalen rheinischen Politikers David Hansemann:

Ich habe Dir aber noch von gestern nachzuholen in meinem Bericht u Dir vor allem von einem reizenden Fest bei Hansemanns zu erzählen [...]. Der Eintritt in den Saal hatte etwas ganz Bezauberndes. Oben an der Gartentür nach dem Balkon war ein Zelt von Musselin u roten Zeugen errichtet, unter dem für die Eltern aufgebaut war. Prachtvolle Blumentische mit den seltensten Blumen u einem Springbrunnen mit Goldfischen in der Mitte für die Mutter – dann Tischlerwerkzeuge, Nähapparate mit Knäulchen (mehrere Dutzend), für den Vater ein Pelz, ein Lesepult, eine Morgenkappe, usw. Nun denkt Euch, dass eine Krone mit 36 Lichtern brannte; dass 12 Weihnachtsbäume auf Tischen u auf der Erde standen, alle mit unzähligen starken Wachslichtern u schwarzrotgoldenen Fahnen geschmückt – dass im Kamin Feuer war u zwei Moosaltäre mit großen Spiritusflammen brannten, so könnt Ihr Euch denken, welch ein Meer von Licht dies gab – und welch furchtbare Hitze nach wenig[en] Minuten. Um sich abzukühlen, ging man in das mit blauen Lampen erleuchtete Treibhaus [...]. Rechnet nun die Hansemannsche ungeheure Familienheiterkeit u Natürlichkeit hinzu, die tausend Neckereien, Gedichte, Spottlieder, untereinander hervorgerufen, [...] so werdet Ihr denken, wie gute Laune über alle kam. Nachher war ein großes Souper u dann wollten sie tanzen [...]. Wir waren gestern noch alle erwärmt von dem Eindruck.[21]

---

19 Ihr Reisebericht *Italienisches Bilderbuch* (1847).
20 *ELP 3*, S. 18f.
21 *ELP 2*, S. 399f.

G – Gesellschaft
Nachdem Fanny Lewald sich nach der Rückkehr von ihrer Italienreise in Berlin etabliert hat, ist sie fester Bestandteil der Berliner Gesellschaft: „Ich war einmal, zum ersten Mal seit der Rückkehr, in Gesellschaft angeregt, auf gut römisch umringt; Du hättest Dich amüsiert, denn ich sah auch gut aus und Du hättest Dich gefreut, dass das Irrlicht für Dich eine ganz sanfte süße Flamme ist."[22]

Ich komme aus einer Gesellschaft von der Solmar, wo sehr viele Menschen waren, Varnhagen, Sternberg, der junge Grimm, Grenier von der französischen Gesandtschaft, eine irländische, hier nationalisierte Familie, u viele Frauen u andere Männer, auch Gurlitts. Fragst Du mich, wie mir ist? Sehr satt u sehr heiß, ich habe Kuchen gegessen u Punsch getrunken. – Und im Übrigen schläfrig.[23]

Einerseits schätzt Lewald die gesellschaftliche Anerkennung, andererseits empfindet sie Einladungen und Besucher als Belastung und störende Ablenkung von ihrer Arbeit:

Wie ich mich gegen die Gesellschaft stemmen muss, ahnst Du nicht. Heute hatte sich die Tarnow angemeldet. [...] Ich nahm es an, und lud die beiden Damen Cornelius zum Kaffee ein. Dazu kam um 6 Uhr Sternberg, der bald wieder ging. Um 7, als ich die Damen herabbrachte, kommt ein jüdischer Prediger, D. Schwarz, der mir die Weserzeitung besorgt. [...] Der langweilte mich bis 8 Uhr. [...] Nun habe ich Abendbrot gegessen und bin endlich frei.[24]

I – Interieur
Ein regelmäßiger Besucher Fanny Lewalds ist ihr Königsberger Freund, der Politiker Johann Jacoby. Im November 1848 besucht er sie in ihrer neuen Wohnung auf der Oberwallstraße 5:

Von meiner Wohnung sagte er, als er in die erste Stube kam, die hellgrün ist, u worin alle alten Möbel stehen u alle Porträts hängen, die in der Kronenstraße im ersten Zimmer waren: ,Es ist mir so bekannt, als wäre es die alte Wohnung.'

---

22 *ELP 1*, S. 202.
23 *ELP 2*, S. 373.
24 *ELP 1*, S. 203.

Vom zweiten Zimmer: ‚Dazu sind Sie zu jung, die dunkle Farbe gibt etwas
großmütterlich Behagliches.' Dir aber wird es gefallen, weil die dunkle Farbe
vorteilhaft für die Bilder ist u sehr beruhigend für die Nerven selbst bei grells-
tem Sonnenlicht.[25]

Ein weiterer Besucher fühlt sich in dem behaglichen Ambiente sehr wohl,
Lewalds vierjähriger Neffe Memmo Gurlitt, zu dem sie lebenslang ein enges
Verhältnis hat: „Als ich mittags zu schreiben aufhörte, kam Memmo, den ich
zum Essen eingeladen hatte, da er es so sehr wünschte, einmal in der braunen
Stube bei Tante Fanny zu essen."[26]

J – Juden

Seit den Judenverfolgungen ihrer Kindheit, den Hep-Hep-Unruhen 1819,
hat Fanny Lewald, ursprünglich Marcus, ein zwiespältiges Verhältnis zum
Judentum; die Schwierigkeit der gesellschaftlichen Akzeptanz, trotz christ-
licher Taufe und Annahme eines deutschen Namens, kennt sie aus eigener
Erfahrung und schildert sie in ihrem zweiten Roman *Jenny* (1843), in dem
sie sich für die Emanzipation der Juden einsetzt. Dennoch finden sich bei
ihr kritische und klischeehafte Äußerungen: „Gestern habe ich die Schwester der Herwegh bei Prössels kennenlernen, Mad. Piaget, von der ich oft u
viel gehört hatte. Sie sei geistreich, liebenswürdig, ausgezeichnet. – Denke
Dir! – für mich nicht zu ertragen."[27] Lewald beschreibt sie als

[...] Karikatur jenes Judentums, das in den Ghettos entartet, um seine schöne,
orientalische Menschlichkeit betrogen ist – die Physiognomie eines Wiesels,
kugelrunde, kohlschwarze Augen, struppliges Haar, unnatürlich schwächliche Händchen – ein Gnom! Und nun jene sei es gemachte, sei es durch die
den Juden aufgebürdete Bedrückung entstandene, Demut, dies sich Unsicht-
barmachen, das sich ganz negieren möchte, – zum Fortlaufen vor Unlust für
mich![28]

---

25 *ELP 2*, S. 323.
26 *ELP 2*, S. 480.
27 *ELP 1*, S. 507.
28 *ELP 1*, S. 508.

K – Krankheiten und Medizin

Im November 1847 plant Fanny Lewald eine Reise über Hamburg nach Oldenburg, um zusammen mit Stahr und seiner Frau Marie das Experiment einer Ménage à trois zu wagen, das erwartungsgemäß scheitern wird und das Lewald schon im Vorfeld nervöse Beschwerden bereitet:

> Du bildest dir wohl ein, die Niny[29] packt jetzt, aber die ist gepackt von einem gastrisch katarrhalischen Zustande u hat 10 Egel an ihren Kopf bekommt u kalte Umschläge u liegt nun im Bette fieberfrei u munter aber mit zwei span. Fliegen[30] hinter den Ohren u nimmt saure Tropfen ein u freut sich unaussprechlich dass sie wohl ist u nur trostlos bei dem Gedanken, dass sie dem Adolf sterben könnte.[31]

Adolf Stahrs angegriffene Gesundheit, der Torfgeruch in Oldenburg, der für Erkältungen verantwortlich gemacht wird, die Heizungsluft, sind Lewald stets Grund zur Sorge:

> Aber das ist ja recht schlimm, dass Du krank bist, mein guter Adolf. Neulich ist mir der Gedanke gekommen, dass Euch allen vielleicht die Luft in den Zimmern schadet, die von den eisernen Öfen so furchtbar trocken wird, dass sie die Lungen angreifen muss. Diese ewigen Husten und Katarrhe sind ja unnatürlich. [...] Ihr solltet, das ist ja so einfach, in jedem Zimmer beständig eine Schale mit Wasser auf die Öfen setzen, um durch deren Ausdünstung dem Übel zu begegnen. Deine allwinterlichen Anfälle, die Kind[32] immer nur gleich mit Gewaltmitteln wie Abführungen u dem unglücklichen Morphium bombardiert, ruinieren Deine ohnehin zarte Organisation u wären sicher durch diätetische Maßnahmen ganz zu vermeiden.[33]

Die beiden Briefstellen geben das Spektrum der damaligen medizinischen Behandlung wieder, das auch bei Zahnschmerzen angewendet wird:

> Gestern Abend kam Martin, sehen was ich mache. Er fand mich doch matt, wollte aber vom Zahnziehen nichts wissen, es sei kein *Mittel*, sondern eine

---

29 Stahrs Kosename für Lewald.
30 Cantharidenpflaster, die gegen Entzündungen im Kopf- und Halsbereich verordnet wurden.
31 *ELP 1*, S. 579.
32 Stahrs Hausarzt.
33 *ELP 2*, S. 383f.

Brutalität wie das Abnehmen eines Armes. Der Zahn selbst tue nie weh, sondern die Knochenhaut, in der die Wurzel steckt u gegen die der Zahn drücke, wenn sie entzündet sei. Statt den Zahn zu ziehen müsse man die Entzündung durch Transpirieren, Abführen, Blasenpflaster u Egel beseitigen. Ich schreibe Dir das, weil es zu Deiner Ansicht passt.[34]

L – Lektüre

Längere Aufenthalte auf dem Land oder zur Kur nutzt Lewald stets mit Lektüre und Recherchen für ihre Arbeiten. Im Sommer 1847 in Lützow an der Spree widmet sie sich Vorarbeiten zu ihrem Roman *Prinz Louis Ferdinand*: „Du solltest mich arbeiten sehen, exzerpieren, vergleichen, alles schreiben – wie ein Zopfprofessor."[35] Sie liest Zeitungen von 1800, Biographien der Persönlichkeiten, die sie darstellen möchte, Romane, darunter Schlegels *Lucinde*, und kommt zu dem vernichtenden Urteil:

> Diese Romantiker kommen mir in der Welt der Schönheit vor, wie mein jetziger Badesumpf, in dem ich heute und gestern gebadet, gegen das blaue Mittelmeer, in dessen Sonnengefunkel ich vor dem Jahr die Glieder kühlte. Neben Göthe, neben Schiller, neben Kant und Fichte diese modrigen Sumpfblüten.[36]

Auch für einen Badeaufenthalt in Bad Pyrmont zwei Jahre später ist sie gut gerüstet:

> Weißt Du, was ich an Büchern mithabe? – Dein Italien, die Republikaner und die Revolution – Humboldts Briefe, Ilius Pamphilius – den Silvio Pellico – den kleinen Platen – die Maximes von Larochefoucauld – drei Bände Byron nebst einem englischen u italienischen Dictionnaire. [...]
> Freilich sind mir augenblicklich die ganzen Engländer unausstehlich, u er ist sehr englisch. Shakespeare und Moore, und dann Scott, Bulwer und Boz[37], das sind die Poeten, mit denen ich Zusammenhang habe.[38]

---

34 *ELP 3*, S. 685.
35 *ELP 1*, S. 387.
36 *ELP 1*, S. 387.
37 Charles Dickens.
38 *ELP 2*, S. 550f.

M – Montagabende
Seit Herbst 1847 unterhält Fanny Lewald, wenn sie in Berlin weilt, einen
Salon, ihre Montagabende werden legendär:

> Gestern Abend habe ich denn mein erstes festin vom Stapel laufen lassen. Alle
> haben sich gut unterhalten: Gottheiners, Lobedan, Herfords, Marx, 2 Hanse-
> mädchen, Otto u Jette. Das kostet mich denn, alles aufs Genauste berechnet,
> selbst das Holz zu heißem Wasser, 1 ⅔ Taler u das darf man sich in den Win-
> termonaten schon alle Woche einmal erlauben [...].[39]

Damit legt Lewald den Grundstein ihres Salons, der in den fünfziger und
sechziger Jahren Berühmtheit erlangen wird. Mehr als 100 Personen werden
im Laufe der nächsten Jahrzehnte an ihrem Jour fixe zu ihren ständigen Gästen gehören. Schriftsteller, Künstler, Gelehrte, liberale Politiker, Publizisten
und Verleger kommen bei ihr zusammen bei Tee, Rotwein und Butterbroten,
hier werden Karrieren geschmiedet und Kontakte geknüpft.[40]

P – Pension
Nach Stahrs Ausscheiden aus dem Schuldienst in Oldenburg aus gesund-
heitlichen Gründen ist die Frage seiner Pensionsbezüge eine wichtige Voraussetzung für die endgültige Trennung von seiner Familie, die versorgt werden muss. Bisher war ihm nur ein Wartegeld in Höhe von 150 Talern gezahlt
worden, den Rest musste er sich durch schriftstellerische Arbeit „zusammen-
artikeln". Im November 1851 kommt Bewegung in die Angelegenheit:

> So stehen also die Sachen. Von 1134 Talern Gehalt, welche ich hier hatte, auf
> weniger als ein Drittel, auf 350 Taler. Das hatte ich doch nicht erwartet. Für
> den Fall einer Biographie wäre es zu vermerken, dass mein Amtsvorgänger,
> der wegen absoluter Untauglichkeit, nach 20 Dienstjahren, in denen er das
> Gymnasium auf die niedrig denkbarste Stufe herabgebracht hatte, quieriert
> wurde, sein volles Gehalt, 890 Taler als Pension erhielt, während ich, der ich
> 18 Dienstjahre im Ganzen, davon die Hälfte in Old., u das Gymnasium in Flor
> gebracht, mit 350 Talern ‚aus Gnade' pensioniert werden soll, nachdem ich
> meine Gesundheit im Amte zugesetzt habe.[41]

---

39 *ELP 2*, S. 432.
40 Gabriele Schneider. *Fanny Lewald*. Reinbek: Rowohlt 1996, vgl. S. 93ff.
41 *ELP 3*, S. 653.

Stahr wird die Pensionierung beantragen. Er entscheidet sich für Freiheit und Unabhängigkeit und ein Leben zusammen mit Fanny Lewald. Durch ihr Erbe und beider erfolgreiche schriftstellerische Tätigkeit sind sie nicht unvermögend.

Q – Quartier

Die Zeiten sind unruhig am Ende des Jahres 1850. Man befürchtet eine neue Revolution, es gibt Kriegsgerüchte, Militär wird herangezogen und muss untergebracht werden: „Zuletzt kam die sehr unangenehme Nachricht, dass ich Einquartierung bekomme, wahrscheinlich schon morgen – die ich ausquartieren muss, was mich viel Geld kosten wird."[42]

> [...] nachmittags lief ich umher [...] wegen Unterbringung meines Soldaten [...]. Ich hoffe, heute einen Platz für den Soldaten zu entdecken, der täglich 12 ½ Sgr kostet. Da ich aber keine Bettstelle, keine Decken u Betten habe, ihm Mittag müsste holen lassen aus einer Soldatenküche, die Küche für ihn heizen lassen, (so lautet das Reglement) so ist's immer noch billiger, ihn fort-zugeben. Otto wollte sich erst einen Offizier erbitten, da zu diesem aber ein Bursche gehört, den er nicht unterbringen kann, da sie nicht einmal eine Kam-mer haben, so zieht er es vor, drei Gemeine zu nehmen, u quartiert sie auch aus. Dem Siegmund'schen Hause, wo die Piaget wohnt, sind 30 Mann zuge-teilt, – je auf 100 Taler Mietsertrag oder Miete ein Mann. Gottheiners haben 8 Mann – und das alles um nichts! Ja! Wenn es für eine Idee wäre, für ein Vernünftiges! Aber um nichts! – Des Königs Charakter zeigt sich auch hier.[43]

S – Sommerfrische: Idylle an der Spree

Den Sommer 1847 verbringt Fanny Lewald außerhalb von Berlin in Lützow an der Spree, einerseits, um sich um die gesundheitlich angeschla-gene Schwester Henriette zu kümmern, andererseits, um ungestört an ihrem historischen Roman *Prinz Louis Ferdinand* arbeiten zu können.

> Seit gestern sind wir hier draußen etabliert. [...] Unsere Wohnung macht sich comfortable, sogar gegen mein Vermuten fast elegant.[44]

---

42 *ELP 3*, S. 366.
43 *ELP 3*, S. 366f.
44 *ELP 1*, S. 337f.

Der Garten ist ganz ohne Zaun, *sehr* groß, und endet in einer Wiese an der Spree, jenseits Wiesen von Wald begrenzt. Schwäne aus dem Schlossgarten und Kähne und Flussschiffe auf dem Wasser. In der Ferne Dörfer, Fabrikgebäude und die Eisenbahn von Hamburg.[45]

Dich würde mein stilles Leben hier entzücken. Die ganzen Tage bis zum späten Abend sehe ich außer Jettchen keinen Menschen, höre kein Wagengerassel, habe die vollkommenste Ruhe.[46]

Es fuhr ein Dampfschiff, von Potsdam kommend, an meinem Garten vorüber; Wasserblumen in den Teichen des Gartens, Schwäne im Wasser der Spree, Störche auf unserer Wiese, die eben gemäht war – sehr schöner Sonnenuntergang.[47]

Heute war ein erquicklich ruhiger Tag. Ich arbeitete bis gegen zwei, wo Otto[48] kam. – Er aß bei uns Mittag. Milchsuppe, die er liebt, und die wir deshalb gemacht hatten (N. B. für Marie: Wir lassen immer entweder Rum angießen oder Kardamom anstoßen, was beides sie pikant macht) und Hammelbraten mit Kirschkompott. Dann schlief er eine Stunde, trank sehr behaglich in Hemdsärmeln Kaffee, freute sich auf die grünen Bäume herauszusehen, die im Sonnenschein funkelten [...]. Um 6 ging Otto dicht neben uns ein Flussbad nehmen, wo für *Männer* eine sehr schöne Badeanstalt ist [...].[49]

T – Toilette

Die Hochzeit ihrer Schwester Else im Sommer 1847 mit dem Maler Louis Gurlitt ist für Fanny Lewald Gelegenheit für große Toilette: „Ich hatte weiße Seide mit dunkelroten Tupfen, Spitzenborte und Schal und frische Rosen und feuerfarbene Pelargonien im Haar."[50] Das früh ergraute Haar färbt sich Lewald, den Vorgang nennt sie spöttisch „Schönfärberei"[51].

Als der Maler Lazarus Wihl im Februar 1851 ein Porträt von Lewald anfertigt, kleidet sie sich wie in Rom, als Stahr sie für eine schöne Römerin hielt:

---

45 *ELP 1*, S. 342.
46 *ELP 1*, S. 388.
47 *ELP 1*, S. 390.
48 Otto Lewald ist Jurist und arbeitet als Justizkommissar und Notar beim Königlichen Landgericht in Berlin.
49 *ELP 1*, S. 392.
50 *ELP 1*, S. 383.
51 *ELP 3*, S. 366.

Er malt es drei Fuß hoch und über zwei Fuß breit –, weiße Seide mit antikem Spitzenkragen, seitwärts nach vorn gebogen, sodass der Kopf nach rechts sieht, die bloßen Arme und Hände links auf einem Tisch ruhen. Schwarze Spitze durchs Haar geschlungen, u entweder ein Überwurf von schwarzer Spitze über die rechte Schulter oder mein grünes Plaid als mantelartiger Überwurf. Wenn es dazu noch ähnlich wird, wird es ein schönes Bild werden, das Dir – wenn es hier seine Schuldigkeit, dem armen Menschen zu nützen – erfüllt haben wird, – einst unsere Wohnung schmücken soll.[52]

U – Umzug

Im April 1852 zieht Adolf Stahr mit seiner Frau Marie und den fünf Kindern nach Jena, eigentlich in der Absicht, Maries Situation zu verbessern, sie in Oldenburg, wo sie jeden kennt, vor gesellschaftlichem Spießrutenlaufen während und nach der geplanten Scheidung zu bewahren. Doch es kommt anders. Der Preis für den Umzug und Stahrs Freiheit ist für alle Beteiligten hoch:

Um halb fünf früh wurde aufgebrochen, dieser Tag war der schwerste Reisetag meines Lebens. 12 Kollis, die in Braunschweig visitiert werden mussten, sieben Menschen, die ich bei dem Schnellzuge zusammenhalten, 4 Mal neu einschreiben lassen, ein Hund, für den ich dito sorgen und (gegen 3 Taler zahlen) musste. Die Essnöte, die ganze Hetzjagd, in Apolda der Omnibus bereits besetzt, die Post dito, ein Beiwagen nötig, was über 5 Viertelstunden aufhielt, dazu Schneetreiben, die Kinder frierend, Marie beim Einfahren in die Vorstadt über deren Armseligkeit laut schluchzend, an der Post kein bekannter Mensch – mein Brief an Hettner kam erst 12 Stunden später an, dazu Stockfinsternis, die ohnehin scheußliche Postwirtschaft nach der eben eingetroffenen ungewöhnlich starken Post von ca. 20 Personen noch schrecklicher. Ich lief zur Hettner[53], sie wusste von nichts, kam aber gleich u schickte ihre Mädchen zum Tragen der Sachen nach der ‚Sonne‘, wo wir um halb 10 endlich in drei Hinterstübchen 2 Treppen hoch eintrafen. Gestern Abend erst sind wir ins eigene Quartier gezogen, u es beginnt menschlich zu werden. [...] Glücklicherweise waren die Bettstellen fertig u 2 Kleider- u Wäscheschränke, u unsere Sachen waren mit uns am selben Tage angelangt. Das Auspacken begann

---

52 *ELP 3*, S. 496f. Das Bild befindet sich in Privatbesitz und ist im Jüdischen Museum in Berlin ausgestellt.

53 Mit dem Literarhistoriker Hermann Hettner waren Stahr und Lewald seit dem gemeinsamen Romaufenthalt befreundet.

am Montag früh. [...] Die allernotwendigsten Sachen: Stühle, Kommode, Schränke wurden aus dem Dernitz'schen Möbelmagazin herbeigeschafft [...]. Aber nun, als es an das Einkaufen von allerlei Lebensbedürfnissen ging, brach der ganze Jammer über mich herein. [...] Marie fand, dass alles teurer als in Oldenburg, nur weniges gleich im Preis, billiger nichts. [...] Es nahm kein Ende. Dazu zwei Tage lang Schneegewirbel, Dächer und Berge weiß, die Straßen kotig. Statt der glänzenden Kavallerie-, Infanterie- und Artillerieoffiziere, der uniformierten Beamten, der eleganten Damentoiletten, die in Oldenburg die Straßen belebten, lauter armseliges Volk [...].[54]

V – Verleger

Fanny Lewalds erste Schriften erschienen in der Zeitschrift *Europa* ihres Verwandten August Lewald. Mit Ausnahme einer Auftragsarbeit für den *Berliner Kalender, Der dritte Stand* (Reimarus, 1845), und der Reisebeschreibung *Italienisches Bilderbuch* (Duncker, 1847) erschienen ab 1843 ihre ersten erfolgreichen Romane *Clementine* und *Jenny, Eine Lebensfrage* und *Diogena* bei Brockhaus in Leipzig.

Ende 1848 sucht Lewald einen Verleger für ihren historischen Roman *Prinz Louis Ferdinand*:

Als ich nach Hause kam, fand ich einen Brief Dunkers in jenen Molltönen der Ergebenheit, welche die Leute anschlagen, wenn sie uns brauchen. ,Wollen Sie mir, mein verehrtes Fräulein, eine wahrhafte u große Weihnachtsfreude bereiten, indem Sie mir für die Feiertage den Rest Ihres schönen Manuskriptes zum Lesen überlassen. Es ist auch für die noch nicht abgeschriebenen Teile bei mir nichts zu besorgen; es ist in jeder Beziehung vollkommen gut aufgehoben, u ich hafte Ihnen dafür. Sie würden mich usw.' – Dieses, nachdem ich ihm geschrieben, dass ich es bei 1000 Exemplaren nicht unter 5 Friedrichsd'or fortgeben würde. – Scheint mir de bonne augure[55], umso mehr, als er eigentlich nur den unbedeutendsten Teil, einzelne Bruchstücke gelesen hat. Ich werde es ihm denn schicken, bis auf das dritte Heft, an dem ich arbeite [...]. Ich hoffe, es soll sich so arrangieren, dass ich ihn 1200 für 5 Friedrichsd'or drucken lasse. – Und da das Buch doch nicht 36 Bogen stark ist, so würde ich, wie ich wollte, 1000 Taler dafür bekommen.[56]

---

54 *ELP 3*, S. 749ff.
55 Ein gutes Omen.
56 *ELP 2*, S. 387f.

Der Roman erscheint schließlich 1849 bei dem Breslauer Verleger Joseph Max. Im selben Jahr wechselt sie erneut den Verleger:

> Heute früh hatte ich einen Brief von Vieweg, der zum Neujahr gratuliert, sich entschuldigt, dass der Druck[57] noch nicht angefangen sei, verspricht, dass er jetzt mit Flügelschnelle gehen solle u mich fragt, ob ich nicht einen anderen Titel als: Hier u dort nehmen wolle. [...] Wir wollen uns besinnen.[58]

Der Berliner Verleger Eduard Vieweg ist von 1849 bis 1856 Herausgeber von Lewalds Werken. Als er sie unter Vertrag nimmt, ist sie bekannt und etabliert, und er kann mit sicheren Einnahmen rechnen, ca. drei Taler Ladenpreis pro Band. Nach seiner Geschäftsaufgabe tritt der Verleger Otto Janke an seine Stelle. Ab Mitte des 19. Jahrhunderts nimmt Fanny Lewald einen festen Platz auf dem deutschen Literaturmarkt ein. Sie gehört zu den bestbezahlten und meistgelesenen Autoren der Leihbibliotheken.[59]

W – Wohnungssuche

Eine Konstante in diesen bewegten Zeiten ist für Lewald ihr Lebensmittelpunkt, Berlin. Bereits vor ihrer Italienreise hatte sich die junge Schriftstellerin in der Metropole niedergelassen, nach ihrer Rückkehr findet sie dort vier ihrer Geschwister vor und wohnt zunächst am Hausvogteiplatz 8. – Dies ist die erste von sechs Wohnungen Fanny Lewalds in Berlin bis 1852.

Im November 1848 – gerade als sie ihre politischen Hoffnungen aufgeben muss und Zeugin des Staatsstreiches wird, mit dem König Friedrich Wilhelm IV. und seine Berater das Schicksal der Revolution in Preußen besiegeln – richtet Fanny Lewald eine neue Wohnung ein:

> Heute habe ich in der richtigen Voraussicht, dass man nach dieser Epoche wohnen wird, mit dem Tapezierer Maß genommen zu Wetterrollos, Rollos, Gardinen, Fensterkissen u Portieren. Es wird ein Schmuckkästchen werden, u mit 250 Talern ist die ganze Einrichtung gemacht. Je schauriger u unbehaglicher der Moment, je größer die Auflösung um mich her ist, umso mehr finde

---

57 Gemeint sind die *Erinnerungen aus dem Jahre 1848.*
58 *ELP 3*, S. 31.
59 Vgl. Schneider. *Fanny Lewald* (wie Anm. 40), S. 81ff. Vgl. auch Gabriele Schneider. „Aus der Werkstatt einer Berufsschriftstellerin". *Autorinnen des Vormärz.* Hgg. Helga Brandes und Detlev Kopp. Bielefeld: Aisthesis, 1997. S. 113-130.

ich Lust daran, mir nachher eine behagliche Existenz u ein ordentliches Hauswesen zu gründen.[60]

Diese Wohnung auf der Oberwallstraße 5 wird bis zum Frühjahr 1851 Lewalds Zuhause sein. Nach einem längeren Aufenthalt 1851 in Weimar und Jena geht sie erneut auf Wohnungssuche, dieses Mal soll es der gemeinsame Lebensmittelpunkt mit Adolf Stahr und seinem ältesten Sohn Alwin sein, der eine Ausbildung in Berlin beginnt:

Ich habe denn heute [...] eine Wohnung gemietet, auf die Gefahr hin, sie wieder zu vermieten, falls es für unsere Pläne nötig wäre, indes sie ist der Art, dass sie sicher kein Quartal ungenutzt bliebe, u da billige, kleine Wohnungen in guter Gegend sehr selten sind, so habe ich sie ohne Weiteres genommen. Sie liegt im dritten Haus links vom Leipziger Tore, u zwar im Hinterhause drei Treppen hoch, wie meine frühere u kostet 115 Taler, inklusive die Abgabe für Gasbeleuchtung, Müll u Schornsteinfegergeld u die Mietabgabe von 10 Taler aus der früheren Wohnung stellt sich auf 7 Taler, sodass es im Ganzen eine Ersparnis von 22 Talern für mich ist. Die Wohnung ist *sehr klein,* wenn ich denke, dass Du u Alwin u ich darin wohnen sollen, für mich allein natürlich reichlich groß, aber auch zu dreien würden wir Platz haben u wenn auch enge, so doch recht behaglich zusammen sein können. Ich will Dir das Terrain beschreiben. Man geht durch das Vorderhaus [...] über ein Gehöft, das sehr sauber ist, in das Hinterhaus. Das Haus hat aber auch einen Portalausgang nach der Potsdamer Kommunikation[61] u da ist die Vorfahrt für Wagen.[62] Bis Mitte Juli hoffe ich wissen zu können, ob wir auf die Scheidung rechnen können, u danach richte ich dann die Wohnung ein – wie süß u selig wäre es, könnte ich dann sagen – *für uns!*[63]

In dieser Wohnung am Leipziger Platz werden Lewald und Stahr, ab 1855 als Ehepaar, bis 1860 bleiben; im März 1860 ziehen sie um in die Matthäikirchstraße 18 (später umbenannt in 21), bis 1885 ihr ständiger Wohnsitz und Schauplatz der Montagabende.

---

60 *ELP 2,* S. 307.
61 Die heutige Stresemannstraße.
62 *ELP 3,* S. 764f.
63 *ELP 3,* S. 766.

Peter Sprengel (Berlin)

Bonn alaaf!

Karl Simrock, Gottfried und Johanna Kinkel und der rheinische Karneval 1843-1848

Festkultur im Wandel

Vierzehn Jahre lang, von 1829 bis 1842, durfte in Bonn der Karneval nicht öffentlich gefeiert werden. Grund war ein Verbot König Friedrich Wilhelms III., der dieser im Katholizismus verwurzelten „Narrenteiding" insgesamt ablehnend gegenüberstand und daher den kleineren Städten der Rheinprovinz generell die Einrichtung zusätzlicher Karnevalsfeiern untersagte.[1] Der Universitätsstadt Bonn galt jedoch ein spezielles Verdikt, in dem sich die Sorge um die Aufrechterhaltung der sittlichen Ordnung mit der Furcht vor konspirativen burschenschaftlichen Aktivitäten verbunden haben mag. Erst vom Thronfolger Friedrich Wilhelm IV., der sich grundsätzlich um eine Aussöhnung mit dem Rheinland (wie auch mit der katholischen Kirche) bemühte, wurde das Verbot 1842 aufgehoben.

Es mag mit dieser langjährigen Unterdrückung der autochthonen Tradition zusammenhängen, dass Autoren – genaugenommen eine Autorin und mehrere männliche Schriftsteller – aus (und in) Bonn sowie seiner näheren Umgebung in den 1840er Jahren dem Karneval besondere Beachtung schenkten und sich zum Teil direkt in die Bonner Karnevalsaktivitäten einbrachten. Alle im Folgenden erwähnten Akteure gehörten dem 1840 gegründeten Bonner Maikäfer-Bund um Johanna Mathieux geb. Mockel und ihren künftigen Mann Gottfried Kinkel an.

So auch der damalige Theologiestudent (und spätere Theologieprofessor) Willibald Beyschlag alias Balder, der sich in einem lange ungedruckt

---

1 Vgl. Christina Frohn. *Der organisierte Narr. Karneval in Aachen, Düsseldorf und Köln von 1823 bis 1914.* Marburg: Jonas, 2000. S. 208, ferner: Michael Müller. „Karneval als Politikum. Zum Verhältnis zwischen Preußen und dem Rheinland im 19. Jahrhundert". *Rheinland-Westfalen im Industriezeitalter. Beiträge zur Landesgeschichte des 19. und 20. Jahrhunderts.* Hg. Kurt Düwell/Wolfgang Köllmann. Bd. 1. Wuppertal: Hammer, 1983. S. 207-223. Ich danke Hermann Rösch, Bonn, für ortskundige Hilfestellung.

gebliebenen Beitrag zur handschriftlichen Vereinszeitschrift vom 4. April
1843 an ein Karnevalsritual seiner Geburtsstadt erinnert. Unter der Über-
schrift „Ein Frankfurter Fastnachtsscherz" schildert er die aus meteorologi-
schen Gründen nur in besonders hartnäckigen Wintern mögliche Herstellung eines riesigen Fasses auf dem Eis des Mains durch die Fassbinder-Zunft
und die anschließende Rundfahrt durch die Straßen. Der als Stadtspazier-
gang angelegte Essay bezeichnet verschiedene mittelalterliche Bauwerke
ebenso wie ein Stadttor, das „nächstens" abgerissen wird[2], und verschweigt
auch nicht die Demütigungen, die den Bewohnern der Judengasse noch vor
wenigen Jahrzehnten zugefügt wurden. In das so erzeugte Spannungsfeld
von Fortschrittsgeist und Nostalgie trägt Beyschlags Karnevalsbeschreibung
grundsätzliche Reflexionen über den Wandel der Festkultur und ihrer gesellschaftlichen Bedingungen ein:

> Schön ists daß man den lustigen Unsinn so gut conservirt hat; schöner wärs
> wenn die Zünfte überhaupt wieder so viel Lebenslust & Behaglichkeit gewän-
> nen um neue Corporationsvergnügungen zu ersinnen. Aber die Leute sind
> grämlich geworden, weil der alte Wohlstand und mit ihm die alte mittelalter-
> liche Genügsamkeit dahin ist. Es steht critisch mit diesem Capitel des Volks-
> lebens: Ich glaube wenn nicht wieder ein Corporationsgeist über die Leute
> kommt: (ich meine einen der unter ihnen selbst erwacht;) ein Schutz- &
> Trutzbündniß des Einzelnen mit den Gleichgestellten in seiner Nähe zu Ernst
> & Scherz, so daß nicht, wie jetzt vermöge der vielbelobten Gewerbefreiheit
> das Geschäftsleben in einen Krieg aller gegen alle ausartet, so ist an ein heite-
> res, behagliches Volksleben nicht zu denken.[3]

Beyschlag bleibt nicht bei der Verklärung des Zunftwesens stehen, die in der
dichterischen Befassung mit dem Handwerk seinerzeit weit verbreitet war[4],
sondern geht zu allgemeineren Betrachtungen der zeitgenössischen Festkultur über, die an die Mainzer Gutenbergfeste[5] von 1837 und 1840 anknüpfen
und für die nachfolgende Untersuchung umso wichtiger sind, als ja auch der

---

2 *Der Maikäfer. Zeitschrift für Nichtphilister.* Hg. Ulrike Brandt u. a. 4 Bde. Bonn:
  Röhrscheid, 1982-1985. Bd. 2. S. 554-559, hier S. 556.

3 Ebd. S. 558.

4 Vgl. Michael Bies. *Das Handwerk der Literatur. Eine Geschichte der Moderne
  1775-1950.* Göttingen: Wallstein, 2022.

5 Vgl. Jürgen Steen. „Vormärzliche Gutenbergfeste (1837 und 1840)". *Öffentliche Festkultur. Politische Feste in Deutschland von der Aufklärung bis zum Ersten*

Karneval am Rhein in seiner damaligen Form (in Köln gefeiert ab 1823) eine Neugründung des 19. Jahrhunderts darstellte:[6]

> Aber die Feste die wir in dieser Art wieder versuchen, leiden an einem Grundmangel: nämlich sie scheiden die Theilnehmenden allzusehr in active & passive; es ist nichts recht gemeinsames. Nun ist freilich wahr daß sich bei unseren Stände- & Bildungsunterschieden schwer etwas recht gemeinsames finden läßt, die Bälle & Festessen ausgenommen, von denen ich nicht wünschen kann daß sie sehr in dem Vordergrund bleiben. Es wird daher auch hier nöthig sein, daß jeder sich mit seines-Gleichen auf eine besondere, anmuthige & geziemende Weise erlustige.[7]

Solche Abtrennungen nach Stand und Bildung sollte Gottfried Kinkel in seiner Auffassung des Karnevals zunehmend in Frage stellen. In der Suche nach integrierenden sozialen Strukturen weiß er sich jedoch mit seinem Schüler Beyschlag einig.

Bonn alaaf! – Karneval und Kanalisation

Albrecht Schölers *Lied der edeln Faschingsritter zu Bonn* imaginiert – und motiviert – den Exodus des Königs Fasching[8] aus Köln nach Bonn:

Und hier im rheinschen Musensitz
Da hält er groß Gelag,
Da fand er derbes Salz im Witz
Vom echten deutschen Schlag.

Zu Koeln in seinem Vaterhaus
Viel gab's da Zank und Streit,
Und trieben's ihm zu bunt u. kraus,
Und wurden gar zu breit.[9]

Weltkrieg. Hg. Dieter Düding/Peter Friedemann/Paul Münch. Reinbek: Rowohlt, 1988. S. 147-165.

6 Vgl. Herbert Schwedt. „Karneval". *Deutsche Erinnerungsorte.* 3 Bde. Hg. Etienne François/Hagen Schulze. München: Beck, ²2002. Bd. 3. S. 436-450.

7 *Der Maikäfer* (wie Anm. 2). Bd. 2. S. 558f.

8 In allen hier behandelten Texten wird das heute eher für den süddeutschen Bereich reservierte Wort als Synonym für den niederrheinischen Karneval gebraucht.

9 *Der Maikäfer* (wie Anm. 2). S. 495.

Tatsächlich hatten sich in Köln zwei große miteinander konkurrierende Karnevalsgesellschaften gebildet, sodass es zeitweise sogar zwei Rosenmontagszüge gab.[10] Von solchem ‚embarras de richesse' war der bescheidene Bonner Karneval selbstverständlich weit entfernt. Als „Volks- und Bürgerfest" beschreibt ihn Kinkel im ersten Jahr seiner Wiedereinführung und betont die zahlreiche Teilnahme des „Landvolks":

> Der Glanzpunkt des Festes war der Fastnachtsmontag: ein großer Wagenzug und eine Reiterschaar der buntesten, zum Theil wahrhaft prächtigen Masken bewegte sich von dem nahe Dorfe Endenich in die Stadt hinein: auf dem Markte sprang ein Hanswurst aus einer riesengroßen Flasche, in die er seit so manchen Jahren verzaubert gewesen, und erwuchs unter den Händen der Zauberer, die seine Erziehung leiteten, mit Riesengeschwindigkeit zum stattlichen Manne. Auf einem andern Wagen bemerkte man den Wunderschäfer von Niederempt, der besonders unter dem Landvolk noch immer viel von sich reden macht; mehrere andere Wagen stellten die Werkstätten verschiedener Handwerke vor, in welchen die Gesellen mit entsprechenden Liedern ihre Arbeit verrichteten und dem Publicum ihre Dienste anboten.[11]

Schon die starke Repräsentation des Handwerks, mit dessen Sorgen sich Kinkel noch 1848 solidarisierte[12], musste seine Hoffnung stärken, dass durch diese „gemeinsame heitere Festlichkeit mannichfaltige Spaltungen zwischen Ständen und Lebensinteressen ausgeglichen werden konnten". Nicht ohne Optimismus stellt sein Korrespondenzbericht für die *Allgemeine Zeitung* vom 1. März 1843 fest: „Der heurige Carneval hat der Bürgerschaft unsrer Stadt einen einträchtigen, im besten Sinne corporativen Geist mitgetheilt, der auch bei ernstern Anlässen seine heilsamen Nachwirkungen wird spüren lassen."[13]

Was damit gemeint ist, macht ein lyrischer Beitrag Karl Simrocks zur *Maikäfer*-Zeitschrift deutlich. Man muss dazu sagen, dass der Privatgelehrte und vermögende Weinbergsbesitzer Simrock weit außerhalb jedes Verdachts eines mangelnden Lokalpatriotismus steht. Seine Identifikation mit Bonn und seiner Umgebung, in der er wichtige Ereignisse der germanischen Sage

---

10 Vgl. Frohn. Narr (wie Anm. 1). S. 103–108.
11 *Allgemeine Zeitung*. Nr. 66 vom 7.3.1843. S. 525.
12 Vgl. Gottfried Kinkel. *Handwerk errette dich! oder was soll der deutsche Handwerker fordern und thun, um seinen Stand zu bessern*. Bonn: Sulzbach, 1848.
13 Wie Anm. 11.

angesiedelt glaubte, ging so weit, dass er gelegentlich sogar den Kölner Karneval herabsetzte[14] und in seine Gedichtsammlung einen ganzen Zyklus *Bonner Faschingslieder* aufnahm, deren sechstes „Bonnas Ehrenpreis" betitelt ist.[15] Eben dieser Lokalmatador, in dem Kinkel einen Mitbegründer der rheinischen Dichterschule und der literarischen Entdeckung des Rheinlands verehrte[16], steuerte 1845 zum *Maikäfer* ein mutmaßlich schon zwei Jahre zuvor verfasstes Gedicht bei, das unter dem Titel „Alaaf Bonn – quand même" drei Karnevalshochburgen miteinander verknüpft: Aachen, die „Krönungsstadt der Kaiser", Köln, die „Stadt des Riesendomes", und das so reizvoll gelegene Bonn. Jede Stadt hat mit einem Problem zu kämpfen: Aachen liegt auf vulkanischem Boden, Köln muss das Hochwasser des Rheins fürchten und Bonn – den Gestank. Die eigentliche Pointe des Gedichts liegt nämlich in dem abweichend vom übrigen Text mundartlich gefärbten Refrain, der ein populäres Motto von 1829 aufgreift[17] und nur leicht variiert wird: „Alaaf Ochen onn wenn et versünk!" – „Alaaf Köllen onn wenn et ertrünk" – „Alaaf Bonn, wenn et net esu stünk."[18] Die letzten beiden Strophen werden in dieser Hinsicht sehr konkret:

Schöne Bonna, vor den sieben Hügeln
Ruhst du wonnig, wie von Reiz umstrickt
Wüstest du den Brodem nur zu zügeln,
Der aus deinen Sümpfen uns erstickt.
Deine Lage, mag sie herrlich sein,
Alle Fremden stimmen mit uns ein:
Alaaf Bonn, wenn et net esu stünk!

14 Vgl. den Vierzeiler: „Wir sind nach Köln gefahren / Zum Carnaval und sahn, / Kein Zweifel blieb daran, / Daß Wir die Narren waren" (Karl Simrock. *Dichtungen. Eigenes und Angeeignetes*. Berlin: Lipperheide, 1872. S. 359).
15 Karl Simrock. *Gedichte*. Leipzig: Hahn, 1844. S. 57-71 (*Bonnas Ehrenpreis* auf S. 63-65).
16 Vgl. Gottfried Kinkel. „Karl Simrock". *Vom Rhein. Leben, Kunst und Dichtung* 1 (1847) [1846]. S. 249-282, ferner: Bernhard Walcher. *Vormärz im Rheinland. Nation und Geschichte in Gottfried Kinkels literarischem Werk*. Berlin, Boston: de Gruyter, 2010.
17 Die Formel „Alaaf Oochen en wenn et versönk" wurde schon 1829 geprägt; vgl. Frohn. Narr (wie Anm. 1). S. 87.
18 *Der Maikäfer* (wie Anm. 2). Bd. 4. S. 224.

Patrioten freilich gehen mit pfeiffen
Dran vorbei und riechen nichts davon.
Weil sie ungern in die Tasche greifen,
Sprechen sie den eignen Nasen Hohn.
Mag der Stank auch unerträglich sein,
Gute Bonner rufen insgemein:
Alaaf Bonn, onn wenn et och stünk![19]

Tatsächlich bestimmte der Streit um eine verbesserte Kanalisation die Bonner Stadtpolitik gerade zur Karnevalszeit 1843. Nimmt man sich das *Bonner Wochenblatt* vom 10. Februar 1843 vor, so stößt man gleich auf mehrere Beiträge zur „Kloacken-Sache", darunter auch auf eine differenzierte Stellungnahme, die mit „K." gezeichnet ist und mutmaßlich von Kinkel stammt.[20] Mit noch weit größerer Sicherheit ist diesem jedoch ein längerer Artikel zuzuschreiben, der angekündigt wird als „Der versprochene Text von der Eintracht" und von „Schultheiß und Schöppen" mit folgenden Worten eingeleitet wird: „Der Verfasser unseres letzten Erlasses hat sich in Nachstehendem die überflüssige Mühe gegeben, unser tolles Treiben mit hochweisen Gründen zu empfehlen, welches Beginnen wir hinlänglich närrisch finden um dem Aufsatze unser Imprimatur nicht zu versagen."[21] Der erste Absatz lautet:

> Nicht von der Eintracht im Narrenreiche ist hier die Rede: da muß sie von selber sich finden, wenn sie auch augenblicklich gefährdet scheinen sollte. Der Carneval ist nicht in die Welt gekommen um zu spalten und zu entzweien, sondern zu versöhnen u. auszugleichen. [ ] Die Eintracht unter denjenigen, die noch nicht unter die Kappe gebracht sind, die Eintracht in unserer Stadt überhaupt, unter allen ihren Bewohnern, welchem Stande und Beruf sie auch angehören, diese durch die Kappe zu stiftende Eintracht ist unser Thema, und gewiß ein zeitgemäßes.[22]

Im weiteren Verlauf geht der Artikel einerseits auf die Klüfte zwischen den verschiedenen gesellschaftlichen Gruppen der Universitätsstadt ein. Dabei wird u. a. der – durch die Narrenkappe gedemütigte – „Stolz über den Vorzug der Bildung" als Hindernis einer Annäherung genannt und gleichzeitig

---

19 Ebd.
20 *Bonner Wochenblatt.* Nr. 18 vom 10.2.1843. S. [1]f. u. Beilage.
21 Ebd. S. [3].
22 Ebd.

jede weitergehende revolutionäre Tendenz bestritten – unter Anspielung auf die phrygische Mütze der Jakobiner und die rote Fahne des Kommunismus: „Die Narrenkappe ist keine rothe Mütze, sie hebt den Unterschied der Stände nicht auf."[23] In diese logisch fortschreitende prosaische Argumentation sind andererseits lyrische Versatzstücke, nämlich insgesamt sechs Strophen, eingeschaltet, die in hinreißendem Pathos, unwillkürlich an Schillers Ode *An die Freude* erinnernd, das Ideal einer standesübergreifenden Versöhnung beschwören. In Kinkels nächster Gedichtausgabe finden sich dieselben Verse als Strophe 2-7 des *Bürgerlieds*, das dort den Zusatz trägt: „Gesungen im Bonner Fasching-Comité. 1843."[24] Vor diesem Hintergrund ist insbesondere die dritte Strophe zu verstehen:

> Mögen draußen Amt und Würden gelten,
> Hier bei uns ist Rang und Stolz verbannt.
> Mögen uns die hohen Herren schelten,
> Hier umschlingt uns all' ein friedlich Band.
>   Ruft's mit lautem Schall:
>   Bürger sind wir all'!
> Vor der bunten Kappe gilt kein Stand![25]

Das rauschhafte Einheitserlebnis des Karnevals soll nun allerdings in den Alltag des politischen Lebens – bis hin zur Klärung von Kanalisationsfragen – hinübergenommen werden. So die Botschaft der letzten Strophe:

> Nicht zur Lust allein sind wir verbunden,
> Nicht für eine kurze Faschingzeit.
> Laßt uns einig sein zu allen Stunden,
> Jeder für den Andern stets bereit.
>   Stoßet an und klingt
>   Allzumal und bringt
> Dieses Glas der *Bürgereinigkeit*![26]

---

23 Ebd.

24 Gottfried Kinkel. *Gedichte.* Neue, verm. Aufl. Stuttgart: Cotta 1850. S. 184. Zur Interpretation vgl. Walcher. *Vormärz* (wie Anm. 16). S. 174-176. Für Hermann Rösch-Sondermann gehört das *Bürgerlied* zu den wenigen Gedichten Kinkels, die für die Literaturgeschichte bleibendes Interesse beanspruchen: H. R.-S. *Gottfried Kinkel als Ästhetiker, Politiker und Dichter.* Bonn: Röhrscheid, 1982. S. 478.

25 Kinkel: Gedichte (wie Anm. 24). S. 185.

26 Ebd.

Kinkels Lied hat sich danach über Jahrzehnte als eines der beliebtesten Lieder des Bonner Karnevals behauptet.

Gegner – Geschichte – Büttenreden

Als Kinkel 1842 zu den Planungen für die Wiederaufnahme der Karnevalsfeiern herangezogen wurde, bekam der Dozent der protestantischen Theologie alsbald den Widerstand seiner Kirche und seiner Vorgesetzten zu spüren: Kappe und Talar seien unvereinbar. „Ich kann mir nicht leugnen", schreibt er damals an seine Verlobte, „daß man den Karneval hauptsächlich darum verkennt, weil er katholischen Ursprungs ist."[27] Allerdings erhält er von Johanna zunächst wenig Unterstützung: „vermeide die öffentlichen Carneval-Versammlungen", bittet sie ihn und warnt: „[ ] hast du erwogen, *was* alles vorkommen kann, bei dem hiesigen ungesitteten, durchaus nicht gutartigen Publikum, wenn dasselbe vom Narrheitsrausch erst in die Zügellosigkeit hineingetrieben. Glaubst du, daß der Ton bleibt, wie er jetzt ist? Du allein wirst es nicht abhalten können, daß nicht gemeine Scenen vorfallen."[28]

Vielleicht erinnerte sich Kinkel an diesen anfänglichen Widerstand Johannas, als er 1847 den Prologsprecher einer „Faschingskomödie" zuerst um die Gunst der Frauen werben und von dort auf die Missgunst der Karnevalsgegner übergehen ließ:

So mögt nach Herzenslust ihr uns verlästern
Im Kreis bebrillter Brüder, frommer Schwestern,
Und Manchem lästernd auch die Lust verkürzen –
Allein den Fasching werdet ihr nicht stürzen.[29]

Auf seine persönliche Teilnahme am Karnevalskomitee hat Kinkel zwar bis zum Ende seiner Zugehörigkeit zur Theologischen Fakultät verzichtet. Das hinderte ihn aber nicht, wie wir gesehen haben, dichterisch und publizistisch zugunsten der Karnevalsrenaissance zu intervenieren. Die historischen

---

27 *Liebe treue Johanna! Liebster Gottit! Der Briefwechsel zwischen Gottfried und Johanna Kinkel 1840-1858.* Hg. Monica Klaus. 3 Bde. Bonn: Stadt Bonn, 2008. Bd. 1. S. 293 (an Johanna Mathieux, o. D.).

28 Ebd. S. 325 (Johanna Mathieux an Gottfried Kinkel, 6.11.1842).

29 „Prolog zu einer Faschingskomödie". Gottfried Kinkel: *Gedichte. Zweite Sammlung*. Stuttgart: Cotta, 1868. S. 13-15, hier S. 15.

Argumente, die seine Beiträge für die *Allgemeine Zeitung* dabei geltend machen, berühren sich in einem entscheidenden Punkt mit den spekulativen Thesen Simrocks: Der Einfluss der (katholischen) Kirche auf die Entstehung der Karnevalsriten wird zugunsten antik-heidnischer oder weltlich-gesellschaftlicher Faktoren ausgeblendet.

Die Etymologie des Wortes „Karneval" wird allgemein auf das Fleischverbot in der ab Aschermittwoch geltenden Fastenzeit zurückgeführt.[30] Simrock hat dagegen eine alternative Etymologie ins Feld geführt: die Herkunft des Wortes vom lateinischen „currus navalis", einer Art Schiffswagen, der im Kultus einer im Kölner Raum verehrten Isis-Gottheit eine Rolle gespielt habe und letzlich in den Motivwagen des modernen Karnevalumzugs weiterlebe.[31] Damit war die (aus Sicht der preußischen Regierung verdächtige) enge Anbindung des Karnevals an den Katholizismus quasi beiseite geräumt und gleichzeitig eine historische Nobilitierung des niederrheinischen Karnevals geleistet. Kinkel erreicht jedenfalls den ersten der beiden Effekte auf anderem Wege, indem er den Karneval direkt auf die römischen Saturnalien zurückführt. „Denn das ist sein innerster Sinn", schreibt er im Zeitungsartikel „Der rheinische Fasching",

daß er [sc. der Karneval] in höherem Grade als irgend ein anderes kirchliches oder Nationalfest dieß vermag, die *Stände ausgleicht*, und so ein geheimes aber kräftiges Einheitsband unseres rheinischen Volksthums bildet. Dieß ist ihm von uralten Zeiten geblieben, denn Nivellirung der Stände liegt schon den römischen Saturnalien zu Grunde, von welchen in Italien und vielleicht auch in dem vor Alters römischen Köln der Fasching seinen Ursprung ableitet. An den Saturnalien bediente der Herr seine Sklaven; an diese Eine Umkehr der Verhältnisse mag dann die ganze verkehrte Welt sich angeschlossen haben, die jetzt der Carneval hervorruft. Und jenes Aufheben des Ständeunterschiedes ist noch heute die erfreulichste Seite dieses ganzen Festes. Wie sich Witz und persönliche Satire auch an Hochgestellte wagt, wie Jeder, der in irgend einer Weise auffallend die Masse überragt, dem Fasching alsbald zu thun gibt, so zeigt sich in den dem Festzug sonntäglich voraufgehenden Comités die vollständigste demokratische Union unter den verschiedensten Schichten der bürgerlichen Gesellschaft.[32]

---

30 Vgl. Frohn. Narr (wie Anm. 1). S. 29.

31 Karl Simrock. *Handbuch der deutschen Mythologie mit Einschluß der nordischen.* Bd. 2/3. Bonn: Marcus, 1855. S. 399-401. Zur heutigen kritischen Beurteilung vgl. Frohn. Narr (wie Anm. 1). S. 29.

32 *Allgemeine Zeitung.* Nr. 43 vom 12.2.1845. S. 339-341, hier S. 339.

Im selben Zusammenhang riskiert es Kinkel sogar, den Karneval mitverant-
wortlich dafür zu machen, dass in Italien oder am Rhein – also auf ehemals
römischem Boden – die Standesschranken nicht so schroff hervorträten wie
in anderen Ländern bzw. Teilen Deutschlands.

Die erwähnten Karnevalkomitees konnte Kinkel von innen erleben, als
ihm durch den Wechsel an die Philosophische Fakultät, wo er ab 1846 Kunst-
geschichte lehrte, keine äußere Fessel mehr angelegt war. Im einschlägigen
Kapitel seiner 1931 aus dem Nachlass veröffentlichten Selbstbiographie gibt
er ein anschauliches Bild der darin herrschenden Geselligkeitskultur und insbesondere der dort gehaltenen Büttenreden. Die brillant formulierten Aussagen werden allenthalben zitiert, wo von der Geschichte des rheinischen
Karnevals die Rede ist.[33] Dabei wird aber selten des Umstands gedacht, dass
diese Lebenserinnerungen Anfang 1850 in einem pommerschen Zuchthaus
zu Papier gebracht wurden, von einem zu lebenslänglicher Haft verurteilten
Landesverräter (so das Strafurteil), der jeder realistischen Aussicht beraubt
war, an diesem karnevalistischen Geschehen überhaupt wieder teilzuneh-
men und der sich mit dieser Schilderung zugleich über die traurige Wahrheit hinwegzutrösten versuchte, dass die revolutionäre Dynamik, die er 1847
und 1848 im Karnevalsverein wahrzunehmen glaubte, in der gesellschaftlichen Wirklichkeit längst von der Konterrevolution erstickt war. Kinkels im
Schiller'schen Sinn daher absolut sentimentalische Darstellung widmet sich
zunächst dem äußeren Rahmen:

> Denke man sich zweihundert bis fünfhundert Männer aller Stände: Handwer-
> ker, Studenten, Beamte und reiche Bourgeois Sonntag abends von 5 bis 8 Uhr in
> einem großen, mit den vier grellen Faschingsfarben gelb, grün, rot und weiß ver-
> zierten Saale bei jungem, entzündendem Wein und rauschender Musik versam-
> melt. [ ] Der Schultheiß eröffnet nun die Versammlung, und man singt aus dem
> hiezu eigens gedruckten Liederbuch, das jeder mitführt, zuerst ein Lied. Dieser
> gemeinschaftliche Gesang bringt sofort alles in die richtige Stimmung für die
> Reden. Beiderseits des Schöppenrats erheben sich, in kräftigen Dekorationsfar-
> ben gemalt, zwei Figuren zu der kolossalen Höhe von vierzehn Fuß: Die eine, der
> Papageno, hat auf dem Rücken eine Kiepe, die andere, das Drückchen, ein Mäd-
> chen in rheinischer Tracht mit Ohreisen und Spitzenhäubchen, trägt auf einer
> Schüssel eine große Pastete. Hinter beiden steigen Treppen herauf, welche der
> Redner erklettert und nun halben Leibes aus der Kiepe oder Pastete hervorragt,

---

33 Vgl. Helene Klausen. *Kölner Karneval zwischen Uniform und Lebensform.* Münster u. a.: Waxmann, 2007. S. 142.

in denen er wie in einer Kanzel steht. Schon dieser Anblick ist lächerlich: Vom Charakter der Reden selbst vermöchte ich keine Schilderung zu geben. Frauen sind keine zugegen, der Witz braucht sich also nicht zu geniren.[34]

Kinkel spricht sich selbst erheblichen Anteil an der nachhaltigen Versittlichung der Bonner Büttenreden zu, in denen er persönlich erst die höchsten Stufen rhetorischer Meisterschaft erlangt habe, nämlich durch eine anderwärts kaum herstellbare Kommunikation, ja tendenzielle Einswerdung mit dem Publikum:

> Der Schöppenrat, der stets vor Angst fieberte, der Karneval möchte verboten werden, geriet oft in blassen Schrecken, wenn ich die Tribüne bestieg, denn die sonst übliche Censur der Reden wußte ich stets zu umgehen, indem ich, auf Geistesgegenwart und Sprechübung vertrauend, nichts vorher aufschrieb, dagegen jedes Intermezzo, jede Störung und jeden Beifall zur Anknüpfung von Impromptus ausbeutete. So gewann ich etwas, was keiner der andern Pastetenmeister mir abzulernen wußte, die stete lebendige Verbindung des Redners mit dem Hörer, auf welcher ja eigentlich alle blendende rhetorische Wirkung beruht. Ich habe Reden gehalten, wobei das Publikum mir vierundzwanzig Tuschen dekretirte, ohne daß ich ein einzigesmal ins Bösartige oder in gemeinen Ausdruck mich verirrt hätte.[35]

Mundart und Fastnachtsspiele

In der ersten Phase der Erneuerung des Karnevals in den 1820er Jahren, die stark von romantischen Ideen geprägt war, dominierte in den Karnevalsgesellschaften eine bürgerliche Oberschicht, die Wert auf das Hochdeutsche legte.[36] Mit der zunehmenden Beteiligung kleinbürgerlicher Schichten in den 1840er Jahren drang die niederrheinische Mundart, das Kölsche und

---

34 Gottfried Kinkel. *Selbstbiographie 1838-1848*. Hg. Richard Sander. Bonn: Cohen, 1931. S. 193.

35 Ebd. S. 194. In welchem Grade sich Kinkel tatsächlich auf sein Improvisationstalent verließ, zeigt eine Äußerung in seinem Brief an Marie von Bruiningk vom 19.2.1848, dem Vorabend der Komiteesitzung: „Morgen früh kommen meine Stud[e]nten, Abends soll ich eine Rede im Faschingscomité halten, und weiß noch nicht worüber" (Gottfried und Johanna Kinkel/Marie von Bruiningk. *Revolutionäre Briefe 1847-1851*. Hg. Hermann Rösch/Peter Sprengel [im Erscheinen]).

36 Vgl. Klausen. Karneval (wie Anm. 33). S. 136.

Bönnsche, in den hier behandelten Radius der Karnevalsaktivitäten ein und wurde schon bald als ihr Wesenskern und als die unabdingbare Basis dieses Festgeschehens begriffen. Das bezeugt beispielsweise Kinkels Verknüpfung des Kölner Karnevals mit der stadttypischen Mundart, „welche sich von dem an der Ahrmündung beginnenden Oberdeutschen oder Altalemannischen durch behagliche Breitung der Vocale und größere Weichheit der Consonanten scharf absondert: eine Mundart voll grober Eigenthümlichkeit, die aufs genaueste mit der besondern Art des kölnischen Witzes zusammenhängt."[37] Über Letzteren heißt es in Kinkels für die Augsburger *Allgemeine* bestimmtem Korrespondenzbericht weiter:

> Der Kölner Witz ist vor allem derb, nicht raffinirt; er faßt lieber die sinnlichen Ausschweifungen der Menschennatur als ihre geistigen Fehler ins Auge [ ]. Nichts mißlingt ihm so gründlich wie das Wortspiel, in nichts ist er glücklicher als in Vergleichen. Es liegt in seinem Character sich local zu halten, das Nächste herauszugreifen; darum taugt er zur politischen Satire wenig. Am liebsten und lustigsten spricht er sich daher auch in einem beschränkten Element, nämlich in jener Kölner Mundart aus: Der Fremde, der Norddeutsche wird meist vom Carneval gelangweilt, weil er die örtliche Beziehung der einzelnen Witze und den Dialekt nicht versteht. Man muß geborner Rheinländer seyn, oder durch langen Aufenthalt Land und Leute kennen gelernt haben, um mitmachen und mitlachen zu können. Für den Eingebornen ist aber gerade das der Hauptjubel, daß hier sein Particularismus einmal zu Ehren kommt.[38]

Im Gegensatz zur Blüte der Wiener, Berliner und Frankfurter Lokalposse fehle der Kölner Theaterszene allerdings ein angemessenes Pendant. Nur im Puppentheater seien die „vier Nationaltypen" Bestevater, Maritzebill, Hänneschen und Nachbar Tönnes (wie Kinkel sie nennt) ständig präsent – und natürlich im Karneval, wenn das hochdeutsche Theater drei Tage lang für Dilettantenaufführungen von Possen freigemacht wurde. Solche Dilettantenaufführungen hat Kinkel selbst in Bonn geleitet – mit sehr zweifelhaftem Erfolg, was das darstellerische Niveau anging, und ohne größeren Anklang bei dem an professionelle Darsteller gewöhnten Publikum.[39]

Zu der unter Kinkels Regie am Karnevalssonntag 1847 veranstalteten „musik.-dramatische[n] Abend-Unterhaltung" im großen Saal der Lese-

---

37 *Allgemeine Zeitung*. Beilage zu Nr. 43 vom 12.2.1845. S. 340.
38 Ebd.
39 Vgl. Kinkel. Selbstbiographie (wie Anm. 34). S. 192.

gesellschaft hatte das Ehepaar Kinkel drei von insgesamt zehn Nummern geliefert: den schon erwähnten Prolog, eine von Kinkel verfasste „Faschingsposse in Einem Akt" *Der Bergsturz von Oberwinter* und Johanna Kinkels zweiaktiges Lustspiel *Das Fuderfaß zu Trarbach*.[40] Kinkels Posse beruhte auf einem realen Ereignis: einem Bergsturz, der die Straße zwischen Oberwinter und Remagen kurz vor Weihnachten 1846 unpassierbar gemacht und sich schon bald zur Touristenattraktion (mit Omnibusverbindung vom Bonner Bahnhof) entwickelt hatte: „Ein so großartiges Naturereigniß hat sich in Deutschland unseres Wissens seit Jahrhunderten nicht ereignet."[41]

Die Posse zielte wohl gerade auf diese touristische Aufwertung, denn außer den populären komischen Figuren „Bestevater" und „Hennesche" sollten auch Engländer auftreten. Angesichts der Aufmerksamkeit, die Kinkel generell auf die Abgrenzung vom Kölner Dialekt und Witz verwandte, dürfte folgender Zusatz der Annonce von ihm selbst stammen: „Wir garantiren dem Publikum, daß unser Henneschen *nicht* das *ächte Kölner Henneschen*, sonnigen Angedenkens, sondern ein *Bönnisches Henneschen* sein wird, wenn sich gleich vor der Hand um diese Rolle (wie um Monsieur Ponsards Agnes) drei große Mimen streiten."[42] Die mit Spannung erwartete Pariser Premiere von François Ponsards zweiter Tragödie *Agnes de Meranie* war enttäuschend ausgefallen; vorher aber hatte ein kostspieliger Streit um die Besetzung der Hauptrolle die Gerichte beschäftigt und für Schlagzeilen gesorgt.[43] Die Anspielung auf das tragische Genre und das hochkommerzielle Hauptstadttheater entspricht natürlich derselben ironischen Strategie, mit der im vorangehenden Absatz die Ausstattungseffekte gepriesen werden: „Der Bergsturz wird ganz neu, mit wahrhaft erschreckender Naturwahrheit, getreu und in dioramatisch verschiedenen Beleuchtungen durch unsere beiden Hoftheaterdecorationsmaler ausgeführt."

Gottfried Kinkels Posse ist als Text verloren wie weitgehend auch Johannas Trarbach-Stück, von dem wir immerhin Bruchstücke besitzen.[44] Auch hier liegt ein realer Vorgang zugrunde. Die Trarbacher Casino-Gesellschaft hatte im Mai 1846 in einer hochgestochenen Anzeige einen Preis (ein

40 Nach der ganzspaltigen Anzeige in: *Bonner Wochenblatt*. Nr. 33 vom 2.2.1847. S. [3].
41 *Kölnische Zeitung*. Beilage zu Nr. 357 vom 23.12.1846.
42 Wie Anm. 40.
43 Vgl. *Morgenblatt für gebildete Leser*. Nr. 41 vom 21.12.1846. S. 1216.
44 Veröffentlicht in: Hans von Windeck [= Joseph Joesten]. „Das Fuderfaß zu Trarbach". *Bonner Zeitung*. Nr. 293 vom 11.12.1898. S. 5f.

Fuderfass Wein, also 960 Liter) ausgelobt für „das beste Lied für die Mosel":
„Das Lied möge einfach und edel gehalten, gemüthlich und in seinen Worten, besonders aber durch vollkommene Schönheit seiner Melodie möglichst befähigt sein, ein ‚*Volkslied*' zu werden."[45] Kurz danach berichteten die
Zeitungen von einem Widerruf oder jedenfalls beträchtlichen Aufschub,
da sich die Volkslied-Qualität erst nach einigen Jahren beurteilen lasse.[46]
Johanna Kinkel verfasste unmittelbar darauf ein satirisches Gedicht (in
Liedstrophen) auf die „Trarbacher Filze", das deutlich genug auf die Konkurrenz zwischen Rhein und Mosel sowohl auf dem Gebiet des Weinbaus als
auch im Bereich der Dichtung anspielte.[47] Nachdem Nikolaus Beckers antif-
ranzösisches „Rheinlied" (1840) maßgeblich zu neuer Beliebtheit der Rhein-
Thematik in Literatur und Kunst beigetragen hatte[48], war aus Bonner Sicht
hier offenbar Vorsicht geboten. Besser gesagt: Für Bonner Lokalpatrioten
wäre Vorsicht geboten gewesen, wenn man das Trarbacher Preisausschreiben
überhaupt hätte ernstnehmen können.

Immerhin ist ein selbstreflexiver Zug schon in Johannas Gedicht nicht
zu verkennen. Rheindichtung (und ebenso Dichtung über den rheinischen
Karneval) ist selbstverständlich auch immer Wein-Dichtung. Simrocks *Bonner Faschingslieder* ergehen sich weithin im Lob der heimischen Weine, auf
die sich ihr Verfasser schon als Weinbergsbesitzer bestens verstand; Gottfried Kinkel hat zudem ein eigenes Großgedicht „Die Weine" verfasst.[49]
Insofern ist es nur konsequent, wenn Johanna in ihrem Trarbach-Stück
den eigenen Ehemann zusammen mit Simrock und dem Lokaldichter Karl
Moritz Kneisel persönlich auftreten lässt: als Wettbewerber um das aus-
geschriebene Fuder Wein und zugleich als Mitglied der dreiköpfigen Jury,
deren Votum freilich nicht befolgt wird. Wie genau die Bühnenfigur Kinkel
(auf dem Theater offenbar ganz entsprechend dem Aussehen und Auftreten
des Namensgebers gespielt[50]) den Autor Kinkel meint, zeigt sich gleich zu

---

45 *Kölnische Zeitung*. Beilage zu Nr. 138 vom 18.5.1846.
46 Vgl. die Koblenzer Korrespondenz vom 25.5. in: *Bonner Wochenblatt*. Nr. 146
    vom 28.5.1846. S. [1].
47 Johanna Kinkel. „Die Herren von Trarbach". *Der Maikäfer* (wie Anm. 2). Bd. 4.
    S. 404-406 (Zitat: S. 406). Dem Datum der Heftnummer (3.2.1846) ist in dieser
    Phase der Vereinsgeschichte offenbar keine Bedeutung mehr zuzusprechen.
48 Vgl. Peter Sprengel. *Geschichte der deutschsprachigen Literatur 1830-1870. Vor-
    märz – Nachmärz*. München: Beck 2020. S. 206-209.
49 Gottfried Kinkel. „Die Weine". Kinkel. Gedichte (wie Anm. 24). S. 345-358.
50 Vgl. Kinkel. Selbstbiographie (wie Anm. 34). S. 191f.

Beginn, wenn sie ein „abgeleiertes Karnevalslied" aus eigener Produktion zur Vorlage für die Moselpreis-Dichtung nimmt:

Rhein und Ahr sie haben uns zersplittert,
Doch die Mosel schließt den neuen Bund,
Jeder Groll, der uns so oft verbittert,
Bleibe fern von Fuderfasses Spund.
Böser Haß und Neid,
Der uns oft entzweit,
Senkt sie in der Mosel tiefsten Grund![51]

Man erkennt mühelos die zweite Strophe von Kinkels „Bürgerlied" als Modell der Persiflage.[52] Die Auszeichnung erhält übrigens – ohne Mittun der Jury – das preußen-patriotische Machwerk eines gewissen (fiktiven) Schnorrenberger. Da der Preis erst volle hundert Jahre später zur Verfügung gestellt wird, bleibt es im Jahr 1946 seinem Enkel überlassen, das kostbare Fass anzuzapfen: der Geist des toten Dichters kostet ihn mit den Worten: „No hann ich Rau im Stetz [= Ruhe im Schwanz]." Eine späte Genugtuung.

Geister und Aberglaube stehen im Zentrum von Johanna Kinkels Lokalposse *Das Malzthier, oder Die Stadt-bönnischen Gespenster*, die im Februar 1849 „dem Carneval zu Ehren" im Feuilleton der mittlerweile von Gottfried Kinkel herausgegebenen *Neuen Bonner Zeitung* erschien.[53] Das Lustigste daran ist eigentlich das Personenverzeichnis mit der Liste der Gespenster „Der Jesuiter ohne Kopf, Der Windbeutel, Der Hase, Das Malzthier". Aber durch die „Opklöörung",[54] für die hier zwei junge hochdeutsch sprechende Männer sorgen, werden sie leider zum Verschwinden gebracht.

Johanna Kinkels Begabung für das Absurde und ihre mundartliche Kompetenz konnten sich freier entfalten in dem 1844 aufgeführten[55]

---

51 Windeck. Fuderfaß (wie Anm. 44). S. 5.
52 Vgl. Kinkel. Gedichte (wie Anm. 24). S. 184: „Nord und Süd, sie haben uns zersplittert, / Doch die Freude schließt den neuen Bund. / Jeder Groll der uns so oft verbittert, / Bleibe fern vom frohen Zecherrund. / Böser Haß und Neid, / Die uns oft entzweit, / Senkt sie in des Bechers tiefsten Grund."
53 *Neue Bonner Zeitung*. Nr. 38-44 vom 16.-23.2.1849.
54 *Neue Bonner Zeitung*. Nr. 39 vom 17.2.1849.
55 Die frühe Aufführung ist zweifelsfrei bezeugt durch Kinkels Korrespondenzbericht vom 21.2.1844 (*Allgemeine Zeitung*. Nr. 59 vom 28.2.1844. S. 468f.); die Angaben zu seiner eigenen Inszenierung 1846 in der *Selbstbiographie* (wie

Karnevalsstück *Der letzte Salzbock*, einer (für das Publikum aber kaum kenntlichen) Satire auf den orthodoxen Bonner Universitätstheologen Karl Heinrich Sack[56], die in eine skurrile Nonsense-Handlung eingebettet war. Denn der englische Missionar „Dr. Saltbog" stirbt in diesem „politische[n] Drama in fünf Aufzügen"[57] als Opfer des Kannibalismus, während zwei ganz normale Bonner Bürger im Reich der Mitte aus ihren Schaukäfigen befreit werden, weil sich eine chinesische Prinzessin auf der Stelle in den einen von ihnen verliebt hat. Bis zu einem gewissen Grade werden durch ihre Liebe auch die Rassismen relativiert, die diese Nonsense-Farce im Übrigen bis zum Bersten füllen:

> Yinka: Wahrhaftig, der eine Barbar gleicht mir, als ob er mein Bruder wäre, od: doch ein Vetter. –
> Jacob Letellier: Was ein allerliebs Mädchen is das?
> Leu Kaufmann: Aha, du wirst erhaben! ich merke schon! – Wenn ein bönnischer Junge sich verliebt, dann fängt er an hochdeutsch zu reden.[58]

Oben und Unten im Kölner Karneval

Johanna Kinkel hat es mit dem Mundartgedicht *Die Bönnischen Jungen in der Fremde* (1847) bis in eine Sammlung von Karnevalsliedern geschafft, obwohl sich dieses Zwiegespräch zwischen Tünnes und Neres keineswegs zum Singen eignet. Es genügte offenbar, dass sich am Schluss die Sehnsucht nach dem Bonner Karneval einstellt und die beiden – mittlerweile schon älter gewordenen – „Jungen" nach Hause treibt: „Em Freudensaal dät der Hanswursch ons winke / No schwind no Bonn, Galopp on Drab!"[59]

Der „Bönnische Junge" und sein Weg in die Fremde sind auch schon Thema in Johanna Kinkels „Geschichte eines ehrlichen Jungen", einem Hauptstück der von ihr nach der Inhaftierung ihres Mannes herausgegebenen

---

Anm. 34. S. 191) müssen demnach auf einer Verwechslung beruhen oder einer Wiederaufführung gelten.

56 Sack wurde im Maikäfer-Bund als „Salzsäule" und „Salzbockfürst" verspottet; vgl. *Der Maikäfer* (wie Anm. 2). Bd. 2. S. 355.

57 Ebd. S. 375.

58 Ebd. S. 388.

59 *Einladung nach Bonn*. Hg. Herbert Hupka. München, Wien: Langen-Müller, 1965. S. 44f.; vgl. die Angaben zum *Carneval-Liederbuch 1843-1848* ebd. S. 285.

gemeinsamen Sammlung *Erzählungen* (1849). Bei der ersten Folge der
Geschichte in der Maikäfer-Zeitschrift 1843 ist das „ehrlichen" in der Über-
schrift übrigens hervorgehoben – als könnte oder sollte man dem Attribut
nicht ganz trauen. Wie naiv der Held dieser pikaresken Bildungsgeschichte
wirklich ist, bleibt dem Urteil des Lesers überlassen.

Diese Frage stellt sich natürlich auch anhand des Köln-Kapitels in
Johanna Kinkels Erzählung mit dem Höhepunkt des Karneval-Erlebnisses.
Selbstverständlich konnte sich die Bonner Gruppe, deren bisher bespro-
chene Texte in engem Zusammenhang mit dem dortigen Karneval standen,
nicht der mächtigen Konkurrenz der nahen Domstadt und dem dortigen
Festgeschehen verschließen. Gottfried Kinkel beispielsweise stellt in seinem
Korrespondenzbericht 1845 die Bonner und Kölner Karnevalsfeiern neben-
einander.[60] Wolfgang Müller von Königswinter, der sich so nach seinem
Geburtsort auf der anderen Rheinseite (von Bad Godesberg bzw. Bonn aus
gesehen) benannte, schildert in seinem Versepos *Rheinfahrt* (1844) ausführ-
lich den Karneval: als Abschluss der Reisestation Köln, mit unüberhörbaren
Referenzen auf die dortige Örtlichkeit (wie den Gürzenich), aber dennoch
in einer so verschwommenen poetischen Allgemeinheit, dass sich beim
Lesen vor allem der Wechsel von vitalisierender Belebung durch Volkswitz,
Geselligkeit und Erotik und nachdrängendem grauen Morgen einprägt.[61]

In deutlichem Gegensatz dazu macht uns Johanna Kinkels Erzählung
gleich zu Beginn des Köln-Aufenthalts mit den Besonderheiten des dortigen Karnevals vertraut, speziell mit dem sogenannten Verken- oder Ferkel-
Kostüm: einem langen Mattenmantel, an dessen unterem Rand sich auf
den – zumal in der Übergangsjahreszeit – kotigen Gassen ein Maximum von
Dreck ansetzte:

Nun besteht der Hauptwitz darin, daß man sich die Eckhäuser merkt, welche
zwei Eingänge zu einem prächtigen Laden haben. Daselbst geht das Verken zur
ersten Thür herein, und zur andern hinaus, eine Spur von allen Ingredienzen
hinterlassend, die sich unter der Mantelschleppe gesammelt haben. [ ] Sehen
die Ladenmädchen von weitem einen Mattenmantel, so schreien sie schon:
„Do küt e Verke, do küt e Verke!" und suchen die Thüren zu verrammeln.[62]

60 Wie Anm. 32.
61 Wolfgang Müller von Königswinter. *Rheinfahrt. Ein Gedicht.* Frankfurt a. M.:
   Literarische Anstalt, 1846. S. 277-287.
62 Johanna Kinkel/Gottfried Kinkel: *Erzählungen.* Stuttgart, Tübingen: Cotta,
   1849. S. 165.

In einer Deutlichkeit, die andere Darstellungen vermissen lassen, wird hier die subversiv-anstößig-normverletzende Dimension thematisiert, die in der Tat gerade dem Kölner Karneval wiederholt attestiert wurde.[63] Gezielt wird die bürgerliche Pracht zerstört (oder jedenfalls gestört) durch Import des Unrats von der Straße. Es liegt nahe, diesen Unrat nicht nur wörtlich zu nehmen, sondern an den ganzen Bereich einer tabusierten ‚schmutzigen‘ Sinnlichkeit zu denken. Das legt auch die Parallele zu einer zweiten Episode nahe, zu deren Interpretation allerdings etwas weiter ausgeholt werden muss.

Die Abenteuer des „ehrlichen Jungen" in Köln bestehen hauptsächlich aus Streichen, die sich gegen die von der rheinischen Bevölkerung als Besatzung empfundene preußische Polizei, Obrigkeit oder Oberschicht richten. Sie können in einem weiteren Sinn daher auch als subversiv aufgefasst werden. Die Autorin musste allerdings bei der Redaktion der Buchausgabe darauf achten, dass dieses Element nicht zu sehr in den Vordergrund trat – sonst hätte sie vielleicht Repressionen gegen ihren in preußischer Haft befindlichen Ehemann befürchten müssen. Wahrscheinlich sind es solche Überlegungen gewesen, die 1849 zur Streichung einer unmittelbar dem Kölner Karneval vorangehenden Episode geführt haben. Darin wird der gerade dem Bonner Zug entstiegene Tapezierlehrling Zeuge der erregten Auseinandersetzung zwischen einem Zollbeamten und einem „Rheinschürger" (Karrenschieber, Schauermann für das Beladen von Rheinschiffen), der offenbar mehr Würste als zulässig unverzollt in die Stadt bringen wollte.[64] Der scheinbar so naive Protagonist gibt an, er habe alle etwaigen Schimpfreden des Schürgers mitgehört, und wird am nächsten Tag als Zeuge vor Gericht geladen. Dort drückt er sich zunächst sehr vage aus und wird auf Nachfrage umso deutlicher: „Ich hab nur gehört, daß er repetirte: ‚Du sau Preuß, du lausige Preuß, du nackige Preuß, du hungerige Preuß, und was so zu den Preußen gehört."[65] Der Junge aus Bonn ist daraufhin in Köln der Held des Tages.

Natürlich funktioniert diese Geschichte schon auf der Oberfläche als Beispiel für eine gelungene subversive Erzählstrategie. Sie lässt sich möglicherweise aber auch in die spezifische Ästhetik und Triebdynamik des Kölner Karnevals einbeziehen. Als Ausgangspunkt mag dabei eine aufwändige und auffällige Doppelanzeige dienen, die die Allgemeine Carnevalsgesellschaft am 18. Februar 1844 in der *Kölnischen Zeitung* schaltete: In der rechten von

---

63 Vgl. Frohn. Narr (wie Anm. 1). S. 308-320.
64 *Der Maikäfer* (wie Anm. 2). Bd. 3. S. 127.
65 Ebd. S. 128.

Großes Maskenfest zu Köln.

zum ca
rne
va
l
her
bei
halb
zwei
seid
bereit
ihr brüder
zur kappenfahrt
nach neuer art
wir finden uns wieder
im kreuzchen u. bei weber
dort kühlet die trockene leber
und dann auf den schimmel
die einen die andern zu wagen
so ziehn wir im bunten getümmel
und lassen uns fröhlich weiter tragen.
zeigt narren   ohne scheuen
den sparren   noch reuen!

Narrenkappen-Strophe in der Einladung zum Maskenfest.
Kölnische Zeitung. Nr. 49 vom 18.2.1844. S. [7].
Staatsbibliothek zu Berlin – Preußischer Kulturbesitz.

insgesamt vier Spalten des großformatigen Zeitungsblattes wurde zum Maskenfest durch ein gereimtes Gedicht eingeladen, dessen Text den Festablauf schilderte und dessen äußere Form zugleich mit den Mitteln der visuellen Poesie die Hauptpunkte des Programms graphisch abbildete: Kappenfahrt (Abb.), Römertrinken, „Gecken-Lyra" im Harff'schen [!] Saal. In der Randspalte links gegenüber wurde zur Teilnahme an der Generalversammlung mit anschließendem Fackelzug durch ein längeres Gedicht eingeladen, das schon deshalb 29 Verse haben musste, weil es als Akrostichon auf das Wort „Achtzehnhundertvierundvierzig" angelegt war.[66] Nicht genug des Spiels:

---

66 *Kölnische Zeitung.* Nr. 49 vom 18.2.1844. S. [7]. Die fettgesetzten Anfangsbuchstaben des Akrostichons sind im Originaldruck quer gestellt, so dass man

Als wollten sich die Karnevalisten über die aufkommende Germanistik lustig machen, deren kommentierte Editionen damals doch erst zögernd am Horizont emporstiegen, ist der Gedichttext mit nicht weniger als elf erläuternden Fußnoten gespickt.

Gedicht und Kommentar vollziehen dabei eine spürbare Metamorphose. Es beginnt harmlos-heiter mit dem kleinen Schwips, den sich heute „Tant' und Großmama" antrinken werden, und endet eher deftig:

Echt ist dort der Kölner,
Riecht nach Moschus nicht,
Zeigt dem ärgsten Zöllner
Immer Ein Gesicht,
Gibt ihm Feu'r und Licht.

Auch hierzu gibt es Anmerkungen, die am richtigen Verständnis keinen Zweifel lassen: Dem verhassten (preußischen) Zöllner wird – der Arsch gezeigt. Ist ein solcher Karnevalismus implizit auch in der Zöllner-Episode von Johanna Kinkels „ehrlicher" Geschichte enthalten oder assoziativ zu ergänzen?

---

sie beim Wenden des Blatts normal lesen kann. Die Schreibung „Feur'" wird im Folgenden stillschweigend berichtigt.

Antje Tumat und Melissa Maria Korbmacher (Paderborn)

Musikalische Alltagskultur im Vormärz

Vormärz in der Musikgeschichtsschreibung

Der Begriff des „Vormärz" ist in der Musikwissenschaft bislang nicht als Epochenbegriff etabliert. Die in der Regel in der Germanistik und der Geschichtswissenschaft unter Vormärz subsumierte Zeitspanne zwischen dem Wiener Kongress 1815 und dem Revolutionsjahr 1848[1] fällt im Rahmen der Musikgeschichtsschreibung in den größeren Kontext der Romantik, die ihrerseits schon als Epochenbegriff – bis hin zur Auffassung als Weltanschauung[2] – sehr weit gefasst wird. So kann sich der als musikalische Romantik beschriebene Zeitraum auf den Beginn oder das gesamte 19. Jahrhundert beziehen. In der als „romantisch" geltenden Kunstauffassung wird die Musik, die autonome Kunst schlechthin, als Gegenwelt zur negativ erfahrenen Wirklichkeitswelt begriffen. Um für die erste Hälfte des 19. Jahrhunderts eine feinere historiografische Differenzierung bei epochaler Gleichzeitigkeit zu ermöglichen, wurde in der Musikgeschichtsschreibung neben Begriffen wie Realismus, Klassizismus und Historismus insbesondere im Hinblick auf die Frage von Musik und Öffentlichkeit die Bezeichnung Biedermeier, zum Teil auch in Verbindung mit Vormärz[3], erprobt.

Dass der Begriff Vormärz in der Musikwissenschaft zunächst keine zentrale Rolle spielte, führte Ernst Lichtenhahn 1980 auf die aus der Literatur-

---

1 Zur Eingrenzung der Epoche aus germanistischer Sicht siehe Norbert Otto Eke. „Vormärz – Prolegomenon einer Epochendarstellung". *Vormärz-Handbuch.* Hg. Norbert Otto Eke im Auftrag des Forum Vormärz Forschung. Bielefeld: Aisthesis, 2020. S. 9-18, S. 15.

2 Vgl. Hans Heinrich Eggebrecht. Art. „Romantisch, Romantik". *Handwörterbuch der musikalischen Terminologie.* Hg. Hans Heinrich Eggebrecht/Albrecht Riethmüller. Loseblattausgabe, 28. Auslieferung. Wiesbaden: Steiner, 1999. S. 1-10.

3 Vgl. Martin Wehnert. Art. „Romantik und romantisch". *Die Musik in Geschichte und Gegenwart. Allgemeine Enzyklopädie der Musik.* Sachteil, Bd. 8. Hg. Ludwig Finscher. 2., neu-bearbeitete Ausgabe. Kassel et al.: Bärenreiter/Metzler, 1998. Sp. 464-507, Sp. 479-481.

wissenschaft stammende Anbindung des Vormärz-Begriffs an „eine politische Haltung, ein nationales und soziales Engagement [im literarischen Kunstwerk]"[4] zurück, die auf Musik wegen ihrer semantisch-mehrdeutigen Qualitäten nicht direkt übertragbar sei. Dennoch reiche auch der Epochenbegriff der Romantik bei Betrachtung der das „Musikleben" und die „Musikkultur"[5] der Zeit betreffenden Fragen nicht aus und gerate zudem in Konflikt mit dem zeitgenössischen Begriffsverständnis von Romantik.[6] Dass der oft negativ konnotierte und mit „Assoziationen von Enge, Gemütlichkeit und Bildungseifer"[7] verbundene Begriff „Biedermeier" den Eindruck einer „antiromantischen, gegen die abgesonderte Kunstwelt gerichteten, nicht aber einer antirestaurativen Haltung"[8] der Kunst erwecke, bringt Lichtenhahn dazu, auch den Begriff Vormärz für die Musikgeschichte zu diskutieren. Die „Biedermeier-Vormärz Generation" sei geprägt von einer im Gegensatz zur klassisch-romantischen Tradition „veränderten Haltung gegenüber der Wirklichkeit"[9], und „dort, wo Kritik an Bestehendem, Programme für die Zukunft, Forderungen nach ‚Freiheit' und ‚Fortschritt' eng auf musikalische Sachverhalte bezogen bleiben", könne „von ‚Vormärz' in weiter gefasstem Sinne durchaus die Rede sein."[10] Gleichzeitig hatte auch Carl Dahlhaus ein neues Verhältnis von Komponierenden, Werk und Öffentlichkeit in der musikalischen Kultur der Zeit vor 1848 hervorgehoben, in dem in neu gegründeten Institutionen wie Singakademien, Liedertafeln und Musikfesten musikalische Geselligkeit gepflegt wurde oder im Bereich der Hausmusik und der sich institutionalisierenden Musikerziehung steigende Ansprüche an die Verständlichkeit und den Unterhaltungswert von Kunst formuliert wurden. Diese, von Dahlhaus allerdings als

---

4   Vgl. Ernst Lichtenhahn. „Musikalisches Biedermeier und Vormärz". *Studien zur Musik des 19. und 20. Jahrhunderts*. Hg. Jürg Stenzl. Bern/Stuttgart: Haupt, 1980 (Schweizer Beiträge zur Musikwissenschaft 4). S. 7-33, S. 7.

5   Ebd. S. 9.

6   Vgl. Arno Forchert. „‚Klassisch' und ‚romantisch' in der Musikliteratur des frühen 19. Jahrhunderts". *Die Musikforschung* 31.4 (1978). S. 405-425, S. 405f.

7   Carl Dahlhaus. „Romantik und Biedermeier. Zur musikgeschichtlichen Charakteristik der Restaurationszeit". *Archiv für Musikwissenschaft* 31.1 (1974). S. 22-41, S. 22.

8   Lichtenhahn. Musikalisches Biedermeier und Vormärz (wie Anm. 4). S. 10.

9   Ebd. S. 20.

10 Ebd. S. 18f.

biedermeierliche begriffene Musik bilde einen Gegensatz zu dem Absolut-
heits- und Autonomieanspruch der Kunst in der musikalischen Romantik.[11]
Im Rahmen des aktuellen kulturwissenschaftlichen Interesses geriet die
Funktion von Musik in alltäglichen Kontexten vermehrt in den Fokus. Das
weite und nach wie vor heterogene Verständnis von Alltagsmusikforschung in
der Musikwissenschaft[12] beschränkt sich hier nicht im Sinne Georg G. Iggers'
auf „die kleinen Leute" im Gegensatz zur Kulturgeschichte einer „Elite".[13]
Vielmehr befassen sich Untersuchungen zu musikalischer Alltags- und
Mikrogeschichte, oft gekoppelt mit dem Stichwort „kulturelles Handeln"[14]
von Musikschaffenden, mit der Musik auch jenseits des Kanons.[15] Gemein-

---

11 Die musikalische Romantik sei „primär ideen- und kompositionsgeschichtlich",
   das musikalische Biedermeier hingegen „instituts- und kompositionsgeschichtlich zu bestimmen". Dahlhaus. Romantik und Biedermeier (wie Anm. 7). S. 29.
   Zur Kritik an Dahlhaus vgl. Ulrich Konrad. „Noch einmal: Musikalisches Biedermeier?" *Bühnenklänge. Festschrift für Sieghart Döhring zum 65. Geburtstag.*
   Hg. Thomas Betzwieser. München: Ricordi, 2005. S. 105-116.
12 Aktuelle Beispiele für Forschungen im Bereich musikalischer Alltagskultur für das
   19. Jahrhundert finden sich jenseits der im Folgenden genannten unter anderem
   in Katharina Hottmann (Hg.). *Liedersingen. Studien zur Aufführungsgeschichte des
   Liedes.* Hildesheim/Zürich/New York: Olms, 2013 (Jahrbuch Musik und Gender
   6), Martin Loeser. „Musikgeschichte und Vergleich: Neue Einblicke in alte Themen? Die Anfänge des französischen und deutschen Laienchorwesens im 19. Jahrhundert aus der Perspektive von historischem Vergleich und Kulturtransfer".
   Musik mit Methode: Neue kulturwissenschaftliche Perspektiven. Hg. Corinna Herr/
   Monika Woitas. Köln: Vandenhoeck & Ruprecht/Böhlau, 2006 (Musik – Kultur – Gender 1). S. 157-173 sowie Martin Loeser/Walter Werbeck (Hg.). *Musikfeste im Ostseeraum im späten 19. und frühen 20. Jahrhundert – Rezeption und Kulturtransfer, Intentionen und Inszenierungsformen.* Berlin: Frank & Timme, 2014
   (Greifswälder Beiträge zur Musikwissenschaft 19).
13 Georg G. Iggers. *Geschichtswissenschaft im 20. Jahrhundert. Ein kritischer Überblick im internationalen Zusammenhang.* Göttingen: Vandenhoeck & Ruprecht,
   Neuausgabe 2007. S. 88.
14 Vgl. Susanne Rode-Breymann. „Wer war Katharina Gerlach? Über den Nutzen
   der Perspektive kulturellen Handelns für die musikwissenschaftliche Frauen-
   forschung". *Orte der Musik. Kulturelles Handeln von Frauen in der Stadt.* Hg.
   Susanne Rode-Breymann. Köln/Weimar/Wien: Böhlau, 2007 (Musik – Kultur – Gender 3). S. 269-284.
15 Zu Kanon und Kanonkritik: Klaus Pietschmann/Melanie Wald-Fuhrmann
   (Hg.). *Der Kanon der Musik – Theorie und Geschichte. Ein Handbuch.* München: edition text + kritik, 2013.

sam scheint diesen Ansätzen ein neuer Blick auf lange Zeit kaum beachtete musikalische, auch populärkulturelle Kontexte zu sein und damit auf „das regelmäßig stattfindende – und damit scheinbar ‚unspektakuläre‘ – musikalische Leben, das musikalisch Alltägliche, das musikalisch kulturelle Handeln von vergessenen Musikern an weniger bedeutenden Orten"[16]. Letzteres kann durch Verbindungen zu den bereits bekannten Strömungen oder kanonisierten Akteuren der Musikgeschichte wieder Teil des musikgeschichtlichen Diskurses werden.[17]

Seit den 1990er Jahren fand der Begriff Vormärz schließlich im interdisziplinären kulturwissenschaftlichen Dialog Eingang in die Chorforschung, hier insbesondere zu Sängerfesten,[18] indem etwa der Zusammenhang von Chorgesang und nationaler Identitätsbildung verstärkt thematisiert wird.[19] Es erscheint daher trotz der in der Musikwissenschaft nach wie vor nicht gängig etablierten Epochenbezeichnung nunmehr gegeben, die bürgerlichgesellige Alltagskultur der Zeit in dem als Vormärz begriffenen Epochenabschnitt im Sinne einer „Geschichte der Praxis"[20] zu beschreiben: von der Repräsentation bei gesellschaftlichen Anlässen, in der Salonkultur oder dem Hauskonzert, bis hin zum gemeinschaftlichen Musizieren als bildungs- und identitätsstiftendes Element in den Musikvereinen und -festen oder aber als Sprachorgan für die Sehnsucht nach nationalpolitischer Einheit, etwa im

---

16 Stefanie Acquavella-Rauch. *Musikgeschichten: Von vergessenen Musikern und ‚verlorenen Residenzen' im 18. Jahrhundert. Amateure und Hofmusiker – Edinburgh und Hannover.* Berlin et al.: Peter Lang, 2019 (Methodology of Music Research. Methodologie der Musikforschung 11). S. 35.

17 Vgl. Christian Storch. „Musik und Theater in der Badekultur um 1800: Das Comödienhaus in Bad Liebenstein". *Die Musikforschung* 67.2 (2014). S. 154-174, S. 154f.

18 Vgl. etwa die Forschungen der Historiker Dieter Düding, Dietmar Klenke und Harald Lönnecker zu den genannten Komplexen (s. u.).

19 Vgl. den aktuellen Überblick bei Martin Loeser. „Singen im Chor: Geschichte eines Mediums der Identitätskonstruktion". *Stimmen – Körper – Medien. Gesang im 20. und 21. Jahrhundert.* Hg. Nils Grosch/Thomas Seedorf. Lilienthal: Laaber, 2021 (Handbuch des Gesangs, Bd. 2). S. 235-260.

20 Christine Siegert et al. „Gattungsgeschichte als Kulturgeschichte. Einleitende Gedanken". *Gattungsgeschichte als Kulturgeschichte. Festschrift für Arnfried Edler.* Hg. Christine Siegert et al. Hildesheim/Zürich/New York: Olms, 2008 (Ligaturen. Musikwissenschaftliches Jahrbuch der Hochschule für Musik und Theater Hannover 3). S. 7-24, S. 20.

so genannten „Volkslied".[21] Musik und Kunst fanden hier im aufstrebenden Bürgertum einen größeren Trägerkreis als zuvor, in Institutionen wie Konzert- oder Kaffeehaus entstanden Produktions- und Rezeptionsmöglichkeiten jenseits kirchlicher oder aristokratischer Festkultur, und die moderne bürgerliche Öffentlichkeit konnte sich in massenwirksamen Großereignissen, wie etwa im Rahmen von Chorgesang, vermehrt politisch identifizieren.[22] Der im Vormärz aufblühende deutsche Musikjournalismus als Teil des prosperierenden Verlags- und Zeitungswesens bot zudem den kommunikativen Raum zur breitenwirksamen Reflexion auch des alltäglichen Musiklebens: Vier große Musikzeitschriften führten zu überregionaler Wahrnehmung der lokalen Ereignisse (*Allgemeine musikalische Zeitung* seit 1798, die *Neue Zeitschrift für Musik* seit 1834, die *Signale für die musikalische Welt* seit 1843 und die *Neue Berliner Musikzeitung* seit 1846).

Die rituelle und identitätsstiftende Rolle von Musik im kirchlichen Kontext und auf der Bühne[23], die als relevanter Teil musikalischer Alltagskultur gerade im Zusammenhang mit Theaterinstitutionen, Gattungen wie dem Unterhaltungstheater oder Reformen in der Schauspielkunst[24] beschrieben werden müsste, konnte in diesem eingeschränkten Rahmen nur am Rande berücksichtigt werden, da den auch politisch geprägten und sich gerade im Vormärz neu formierenden bürgerlichen Bewegungen Priorität eingeräumt wurde.

---

21 Zum Volksliedbegriff und dessen Problematisierung vgl. Lutz Röhrich. „Die Textgattungen des popularen Liedes". *Gesammelte Schriften zur Volkslied- und Volksballadenforschung*. Münster et al.: Waxmann, 2002 (Volksliedstudien 2). S. 3-22, S. 16-22. Zur Transformation vieler Volkslieder in Nationallieder vor 1848 vgl. Philip V. Bohlman. *The Music of European Nationalism. Cultural Identity and Modern History*. Santa Barbara, Kalifornien: ABC-CLIO, 2004 (ABC-CLIO World Music Series). S. 48ff.

22 Vgl. Martin Loeser. Art. „Privatheit/Öffentlichkeit". *Lexikon Musik und Gender*. Hg. Annette Kreutziger-Herr/Melanie Unseld. Kassel/Stuttgart/Weimar: Bärenreiter/Metzler, 2010. S. 440f.

23 Vgl. hierzu grundsätzlich den Sammelband *Theaterverhältnisse im Vormärz*. Hg. Maria Porrmann/Florian Vaßen. Bielefeld: Aisthesis, 2002 (Forum Vormärzforschung Jahrbuch 2001, 7. Jg.).

24 Vgl. etwa zu der Düsseldorfer Zusammenarbeit von Karl Immermann und Felix Mendelssohn Antje Tumat. „Musik für das Theater". *Mendelssohn Handbuch*. Hg. Christiane Wiesenfeldt. Kassel/Berlin: Bärenreiter/Metzler, 2020. S. 226-245.

Hausmusik und Salongeselligkeit

Liberalismus, politische Emanzipation und nationale Identität sind mit dem Bürgerlichen als Kernidee des „langen" 19. Jahrhunderts eng verbunden. Die politischen Impulse der Französischen Revolution zogen auch in der Musikkultur tiefgreifende Veränderungen nach sich. Im Zuge des Emanzipationsprozesses von Adel und Klerus suchte sich das Bürgertum durch Besitz und Bildung neu zu definieren. Auch die Beschäftigung mit Kunst war Teil der neuen Persönlichkeitsbildung, sei es durch häusliches Musizieren, die Anlage von Kunstsammlungen und Bibliotheken oder aber durch Museums-, Konzert-, Theater- und Opernbesuche.[25] Der im 19. Jahrhundert positiv konnotierte Begriff „Dilettant" (von lat. „delectare"/ ital. „dilettare" = vergnügen, erfreuen) beschreibt in diesem Zusammenhang die im Geiste des individuellen (Selbst-)Bildungsgedankens interessierte Hinwendung zu Kunst,[26] die durchaus semi-professionelle Qualität in der Ausführung haben konnte.

Das aus dieser Anschauung heraus angestrebte und gesellschaftlich erwünschte hohe kulturelle Bildungsniveau spiegelte sich auch in der Erziehung: Die früh beginnende musikalische Ausbildung des Nachwuchses sollte Auftritte des Kindes im Rahmen von häuslichem Musizieren ermöglichen.[27] Vor allem Mädchen des gehobenen Bürgertums wurden durch den Unterricht im Klavierspiel oder im Gesang als Teil der dem weiblichen

---

25 Vgl. Gunilla-Friederike Budde. „Musik in Bürgerhäusern". *Le concert et son public: Mutations de la vie musicale en Europe de 1780 à 1914 (France, Allemagne, Angleterre)*. Paris: Éd. de la Maison des sciences de l'homme, 2002, Franz Becker. „Bürgertum und Kultur im 19. Jahrhundert. Die Inszenierung von Bürgerlichkeit". *Zwischen Tempel und Verein. Musik und Bürgertum im 19. Jahrhundert. Zürcher Festspiel Symposium 2012*. Hg. Laurenz Lütteken. Kassel et. al.: Bärenreiter, 2013 (Zürcher Festspiel-Symposien 4). S. 14-34, S. 15-17.

26 Vgl. Peter Gradenwitz. *Literatur und Musik in geselligem Kreise. Geschmacksbildung, Gesprächsstoff und musikalische Unterhaltung in der bürgerlichen Salongesellschaft*. Stuttgart: Franz Steiner, 1991. S. 182, Claudia Heine. *„Aus reiner und wahrer Liebe zur Kunst ohne äußere Mittel". Bürgerliche Musikvereine in deutschsprachigen Städten des frühen 19. Jahrhunderts*. Diss., Universität Zürich, 2009. S. 48-51.

27 Vgl. Nicolai Petrat. *Hausmusik des Biedermeier im Blickpunkt der zeitgenössischen musikalischen Fachpresse (1815-1848)*. Hamburg: Karl Dieter Wagner, 1986 (Hamburger Beiträge zur Musikwissenschaft 31). S. 98-104, Andreas Ballstaedt/ Tobias Widmaier. *Salonmusik. Zur Geschichte und Funktion einer bürgerlichen*

Geschlecht[28] zugewiesenen häuslichen Sphäre auf ihre künftige gesellschaftliche Rolle vorbereitet. Schon in der zweiten Hälfte des 18. Jahrhunderts hatte die expandierende Musikindustrie deshalb das häusliche Musizieren von Mädchen und Frauen als eigenen Markt entdeckt und mit einer Reihe von Veröffentlichungen reagiert, die sich als leicht zu spielende Kompositionen an dieses spezifisch weibliche Publikum wandten.

Hausmusik konnte so zu gesellschaftlich-repräsentativen Anlässen stattfinden, aber auch schlicht der abendlichen Unterhaltung innerhalb der Familie dienen. In diesen beiden Formen musikalischer Alltagskultur fungierte die Musik als Ort der Zerstreuung, der als Gegenentwurf zu den alltäglichen Pflichten verstanden wurde. Diese Sichtweise entspricht den zeitgenössischen Idealvorstellungen von familiärer Häuslichkeit als „Gefühlsgemeinschaft"[29] und harmonischem Rückzugsraum vor der Öffentlichkeit. Das häusliche Musizieren fungierte als idealisiertes Gegenbild zur virtuosen, auf Effekt bedachten Salonmusik: Im Rahmen von Hausmusik sollten sich Gleichgesinnte an einem bescheiden eingerichteten Ort der Zurückgezogenheit treffen, um die Werke als „klassisch" geltender, d. h. damals bereits in der Tradition verankerter Komponisten wie Johann Sebastian Bach, Georg Friedrich Händel, Christoph Willibald Gluck, Wolfgang Amadeus Mozart und Ludwig van Beethoven zu spielen und zu diskutieren.

Tatsächlich waren die Formen häuslichen Musizierens jedoch deutlich vielgestaltiger. Im städtischen Raum ist hinsichtlich der Organisationsform und des Repertoires die Grenze zur Salonkultur, d. h. Veranstaltungen mit halböffentlichem repräsentativem Charakter, fließend.[30] Die außerordentlich populären Salongeselligkeiten als Treffpunkt der gesellschaftlichen Elite etablierten sich vom Frankreich des 17. und 18. Jahrhunderts ausgehend auch im deutschsprachigen Raum. In der Mehrzahl wurden diese regelmäßig stattfindenden Treffen künstlerisch interessierter Kreise von Frauen initiiert und lebten die Utopie, im Rahmen von Geselligkeit die gesellschaftlichen Schranken zu überwinden. Diese Treffen gestalteten sich sehr

Musikpraxis. Stuttgart: Franz Steiner, 1989 (Beihefte zum Archiv für Musikwissenschaft 28). S. 260-262.

28 Vgl. Freia Hoffmann. *Instrument und Körper. Die musizierende Frau in der bürgerlichen Kultur.* Frankfurt a. M./Leipzig: Insel, 1991. S. 91-112.

29 Ballstaedt/Widmaier. Salonmusik (wie Anm. 27). S. 153.

30 Vgl. Petrat. Hausmusik des Biedermeier (wie Anm. 27). S. 42-45, S. 133f., S. 210-215.

unterschiedlich[31] und wurden unter anderem von Lesungen, Theateraufführungen oder musikalischen Darbietungen begleitet.[32]

Wie Jacob Herz Beer und seine Frau Amalie, die Eltern Giacomo Meyerbeers, war auch die Familie Mendelssohn Gastgeber musikalisch herausragender Berliner Salons, zu deren Gästen unter anderem Carl Maria von Weber, Ignaz Moscheles, Ludwig Tieck, Heinrich Heine, Georg Wilhelm Friedrich Hegel, Bettina von Arnim und Jacob Grimm zählten.[33] Als bekanntes Beispiel für semi-öffentliche Hausmusiken gelten die berühmten „Sonntagsmusiken" der Mendelssohns im Gartensaal der Leipziger Straße in Berlin mit rund 300 Sitzplätzen. Ein Großteil von Felix Mendelssohns frühen musikdramatischen Werken entstand als feierliche Hausmusik vor größerem Publikum im Rahmen von Singspiel- und Theateraufführungen zu Geburtstagen und Jubiläen im Hause Mendelssohn.[34]

In den 1830er- und 1840er-Jahren wurden mit Titeln wie „Salonmusik" und „Salonstück" vor allem vergleichsweise einfache Stücke mit virtuosem Klangbild bezeichnet.[35] Dies betraf in erster Linie Klaviermusik, auch in Kombination mit anderen Instrumenten wie Violine, Flöte, Cello oder Gitarre.[36]

---

31 Vgl. Carl Friedrich Zelter an Johann Wolfgang von Goethe, 23. August 1807, dass allein „hier in Berlin anjetzt vielleicht mehr als 50 solcher Familienkreise [seien], die sich singend vergnügen und Singetees genannt werden." Zitiert nach Eberhard Preussner. *Die bürgerliche Musikkultur. Ein Beitrag zur deutschen Musikgeschichte des 18. Jahrhunderts.* Kassel/Basel: Bärenreiter [2]1954. S. 131.

32 Vgl. Imogen Fellinger. „Die Begriffe *Salon* und *Salonmusik* in der Musikanschauung des 19. Jahrhunderts". *Studien zur Trivialmusik des 19. Jahrhunderts.* Hg. Carl Dahlhaus. Regensburg: Gustav Bosse, 1967 (Studien zur Musikgeschichte des 19. Jahrhunderts 8). S. 131-141, S. 131. Vgl. auch Andreas Ballstaedt. Art. „Salonmusik". *Die Musik in Geschichte und Gegenwart. Allgemeine Enzyklopädie der Musik.* Sachteil, Bd. 8. Hg. Ludwig Finscher. 2., neu-bearbeitete Ausgabe. Kassel et al.: Bärenreiter/Metzler, 1998. Sp. 854-867.

33 Vgl. Gradenwitz. Literatur und Musik in geselligem Kreise (wie Anm. 26). S. 204-207.

34 Vgl. Tumat. Musik für das Theater (wie Anm. 24). S. 226-245.

35 Die Bezeichnung als „Salonmusik" konnte sich sowohl auf eigens für die Salongeselligkeiten der 1830er und 1840er Jahre komponierte Werke als auch auf alle in diesem Rahmen erklingenden Stücke beziehen, vgl. Ballstaedt. Salonmusik (wie Anm. 32). Sp. 854f.

36 Vgl. Andrea Harrandt. „Salonmusik im Biedermeier". *Benedict Randhartinger und seine Zeit. Wissenschaftliche Tagung. 3. bis 6. Oktober 2022, Ruprechtshofen, N. Ö.* Hg. Andrea Harrandt. Tutzing: Schneider, 2004. S. 195-204, S. 197.

Das Klavier gehörte zur Grundausstattung eines Salons und fungierte gleichzeitig – auch wegen seines Anschaffungspreises und den entstehenden Folgekosten etwa für das Notenmaterial oder den Unterricht – als Statussymbol.[37] Salonmusikkompositionen erfreuten sich im Zuge der Begeisterung für die Pariser Salonkultur großer Beliebtheit bei den Rezipierenden: Zahlreiche Musikalienverlage unterhielten wie etwa B. Schott's Söhne ab 1826 oder Breitkopf & Härtel ab 1833 Vertretungen oder Filialen in Paris, da die Pariser Salonmusik in der ersten Hälfte des 19. Jahrhunderts großen Absatz brachte. Um die von Laien in der Regel nicht zu erreichende Spielfertigkeit bekannter Virtuosen wie Franz Liszt, Frédéric Chopin, Sigismund Thalberg oder Niccolò Paganini zu imitieren, wurden entweder vereinfachte Versionen beliebter Stücke oder nach diesem Muster angefertigte Neukompositionen verlegt und von den Verlagen in entsprechenden Reihen herausgegeben, die auf das Flair der Pariser Salons Bezug nahmen.[38] Trotz ihres verhältnismäßig moderaten Schwierigkeitsgrades erweckten diese Kompositionen durch Kniffe wie gebrochene Dreiklänge oder virtuos anmutende Einleitungen und Finali den Eindruck großer Spielfertigkeit. Besonders populär waren kleinere musikalische Formen wie Fantasien, Potpourris, Balladen, Variationen, Tänze oder programmatische Musik, Sonaten, Lieder und Transkriptionen von Orchesterwerken und Opern.[39] Die Überflutung des Musikmarktes durch die Salonstücke insgesamt und vor allem deren „Mißverhältnis zwischen äußerem Aufwand und innerem Gehalt"[40] wurden von der Fachpresse verurteilt. Hauptkritikpunkt war der Vorwurf, die Kompositionen seien ausschließlich kommerziell orientiert und damit unvereinbar mit künstlerischen Ansprüchen.[41]

Neben der Klaviermusik war auch der gemeinsame Gesang ein wichtiger Teil privater oder semi-öffentlicher Hausmusik, der seinerseits wiederum eine Voraussetzung für das spätere qualifizierte Chorsingen in den

---

37 Vgl. Ballstaedt/Widmaier. Salonmusik (wie Anm. 27). S. 189-193.

38 Beispielsweise *Le Salon* (1837-1838) oder *Le Pianiste au Salon, ou Collection de nouvelles Compositions brillantes et agréables pour le Pianoforte* (ca. 1835-1843), beide bei B. Schott's Söhne verlegt. Vgl. ebd. S. 57-59, S. 98-103.

39 Vgl. Harrandt. Salonmusik im Biedermeier (wie Anm. 36). S. 197f., Ballstaedt/ Widmaier. Salonmusik (wie Anm. 27). S. 45, S. 278f.

40 Gradenwitz. Literatur und Musik in geselligem Kreise (wie Anm. 26). S. 257.

41 Vgl. Ballstaedt/Widmaier. Salonmusik (wie Anm. 27). S. 90, Petrat. Hausmusik des Biedermeier (wie Anm. 27). S. 89-91.

Musikvereinen im öffentlichen Musikleben war (s.u.).[42] Der kulturelle Bildungsraum im Vormärz war nach den Napoleonischen Kriegen von der Idee der Nation und damit der Auseinandersetzung mit der Geschichte und Literatur in der eigenen Sprache geprägt, wozu auch die aufklärerisch-didaktisch motivierte Beschäftigung im Geiste Johann Gottfried Herders[43] mit den sogenannten „Volksliedern" zu zählen ist. Das liedästhetische Programm der Zweiten Berliner Liederschule, das schon vor 1800 in Sammlungen wie den komponierten *Liedern im Volkston, bey dem Claviere zu singen*[44] umgesetzt wurde, eignete sich besonders für häusliche Musikaufführungen des bürgerlichen Publikums. Einfache Sangbarkeit und vor allem die „Einheit der Empfindung"[45] galten als unverzichtbare Spezifika des Liedes. Die Liedmelodie sollte dem Deklamationsrhythmus des Textes gerecht werden, das Strophenlied statt durchkomponierter Lieder im Vordergrund stehen und die Begleitung stark zurücktretend komponiert sein, wie die bekannte von Johann Abraham Schulz komponierte Melodie zu Matthias Claudius' Gedicht „Der Mond ist aufgegangen" aus dieser Sammlung anschaulich zeigt. Die musikalische Syntax bildet dabei Vers und Strophe formal nach, sie knüpft an Rhythmus und Metrum der Sprache unmittelbar an.

Die genannten musikalischen Merkmale entsprachen zunächst der Gattungsästhetik des Liedes um 1800, sie wurden in der Folge neben anderen „als konstitutive Momente der Liedgattung durch das ganze 19. Jahrhundert weiter tradiert."[46] Achim von Arnim und Clemens Brentano inszenierten schließlich seit 1806 in ihrer Liedsammlung ohne Notenbeigabe *Des Knaben Wunderhorn*[47] eine mündliche und vermeintlich authentische Über-

---

42 Vgl. Gottfried Eberle. *200 Jahre Sing-Akademie zu Berlin: „Ein Kunstverein für die heilige Musik".* Berlin: Nicolai, 1991. S. 20.

43 Vgl. hierzu auch Miriam Noa. *Volkstümlichkeit und Nationbuilding. Zum Einfluss der Musik auf den Einigungsprozess der deutschen Nation im 19. Jahrhundert.* Münster: Waxmann, 2013 (Populäre Kultur und Musik 8). S. 91-93.

44 Johann Abraham Peter Schulz. *Lieder im Volkston, bey dem Claviere zu singen.* Berlin: George Jakob Decker, 1782-1790. 3 Teile, Teil 1, Vorbericht. Berlin ²1785.

45 Johann Friedrich Reichardt. „Ueber Klopstocks komponirte Oden". *Musikalisches Kunstmagazin* 1 (1782). S. 22-23, S. 62-63, S. 62.

46 Elisabeth Schmierer. „Liedästhetik im 19. Jahrhundert und Gustav Mahlers Orchesterlieder". *Die Musik der Moderne.* Hg. Matthias Brzoska/Michael Heinemann. Laaber: Laaber, 2001 (Die Geschichte der Musik 3). S. 85-105, S. 87.

47 Vgl. Heinz Rölleke (Hg.). *Des Knaben Wunderhorn. Alte Deutsche Lieder.* Teil I-III. Stuttgart: Kohlhammer, 1975-1977 (Clemens Brentano: Sämtliche

lieferung von nationalsprachlicher Volkspoesie. Die Gestalt der Texte in der Sammlung sollte nach der Bearbeitung in der produktiven Umgestaltung und Fortführung im Weiterdichten von den beiden Herausgebern dem entsprechen, was sie unter „Volkston" verstanden.[48] Dieser „Ton" der Texte sowie der „Volkston" der zu diesen und anderen Texten komponierten Lieder wurde wiederum in der Folgezeit als verbürgter „Volkston" rezipiert, so auch in Liedern für den Hausmusikgebrauch oder in Chorliedern der sich verstärkt formierenden Gesangsvereine des Vormärz. Er fand gleichfalls in unterschiedlichem Maße Eingang in heute als „Kunstlieder" kanonisierte Kompositionen: etwa in die Lieder von Felix Mendelssohn, Franz Schubert oder Robert Schumann sowie verstärkt in das Liedschaffen von Johannes Brahms – als seine bekannteste *Wunderhorn*-Vertonung gilt das *Wiegenlied* op. 49, Nr. 4, „Guten Abend, gut' Nacht".

Öffentliches Musizieren im Geiste der Laienchorbewegung: Orchestervereinigungen, Chöre und Festkultur

Die aus aufklärerischen Bestrebungen Ende des 18. Jahrhunderts entstandene und bis heute bestehende Laienchorbewegung war zunächst ebenfalls von humanistisch, romantisch-historisierenden und im Vormärz in unterschiedlichem Maße nationalpolitischen Ideen getragen. Sie entwickelte sich zu einer der wesentlichen musikalischen Strömungen der öffentlichen Gemeinschaftsbildung. An ihren geselligen Aufführungs- und Festveranstaltungen nahmen Laien und professionelle Musikausübende in Chor oder Orchester gleichermaßen teil: im Rahmen von Orchestervereinigungen, gemischten Chören, den im Verhältnis wenigen reinen Frauenchören, zahlreichen auch politisch liberal und national bewegten Männergesangsvereinen und auf den wirkmächtigen „Musikfesten".

Werke und Briefe. Frankfurter-Brentano-Ausgabe. Historisch-kritische Ausgabe, Bd. 6-8) sowie Antje Tumat (Hg.). *Von Volkston und Romantik: „Des Knaben Wunderhorn" in der Musik.* Heidelberg: Winter, 2008.

48 Heinz Rölleke. „‚Des Knaben Wunderhorn' – eine romantische Liedersammlung: Produktion – Distribution – Rezeption". *Das ‚Wunderhorn' und die Heidelberger Romantik: Mündlichkeit, Schriftlichkeit, Performanz.* Hg. Walter Pape. Tübingen: Max Niemeyer, 2005 (Schriften der Internationalen Arnim-Gesellschaft 5). S. 3-19.

Mit der Neuordnung Europas nach 1815 war an die Stelle absolutistischer oder konfessioneller Ordnungen die Idee der selbstverantwortlichen Gemeinschaft getreten, die den Zusammenschluss in Vereinen auf Basis übereinstimmender Interessen ermöglichte und so als sinn- und gemeinschaftsstiftendes Element für das Bürgertum fungierte. Die Satzungen dieser Vereine spiegelten, etwa durch die Wahl von Vorstandsposten, zukunftsweisende gesellschaftliche Ideale: Gleichberechtigung, Freiheit und Demokratie. Zunächst erlebten landwirtschaftliche, wohltätige und vor allem gesellige Vereine einen Aufschwung, später erfolgte eine Spezialisierung, im Rahmen derer auch die Musikvereine entstanden.[49]

Der Begriff „Musikverein" oder „Musikgesellschaft" im historischen Sinne bezeichnete im Allgemeinen „eine bürgerliche Vereinigung zur regelmässigen Ausübung von Vokal- und Instrumentalmusik"[50], deren Ziel „das gemeinschaftliche Erlebnis des Musizierens [sowie] die selbsttätige Weiterbildung und die Ausbildung eines guten Musikgeschmacks unter den Mitgliedern und den Zuhörern"[51] war. Bei *Orchestervereinigungen* handelte es sich in der Regel um Dilettantenorchester, deren Mitglieder auch solistisch in Erscheinung treten konnten. Ausschließlich oder mit einem hohen Anteil

---

49 Zum Vereinswesen im Vormärz vgl. Wolfgang Hardtwig. *Vormärz. Der monarchische Staat und das Bürgertum.* München: Deutscher Taschenbuch Verlag ⁴1988 (Deutsche Geschichte der neuesten Zeit vom 19. Jahrhundert bis zur Gegenwart). S. 119-123. Zum Chorgesang und den Musikvereinen siehe auch folgende Artikel: Friederike Wissmann/Gabriele Groll. Art. „Musikvereine". *MGG Online.* Hg. Laurenz Lütteken. New York/Kassel/Stuttgart 2016ff., veröffentlicht März 2022 sowie Friedhelm Brusniak. Art. „Chor und Chormusik". *Die Musik in Geschichte und Gegenwart. Allgemeine Enzyklopädie der Musik.* Sachteil, Bd. 2. Hg. Ludwig Finscher. 2., neu-bearbeitete Ausgabe. Kassel et al.: Bärenreiter/Metzler, 1995. Sp. 766-823 und ders. Art. „Chor, Chormusik". *Enzyklopädie der Neuzeit,* Bd. 2. Hg. Friedrich Jaeger. Stuttgart: Metzler, 2005. Sp. 720-729, hier zit. nach der Online-Ausgabe *Enzyklopädie der Neuzeit Online.* Hg. Friedrich Jaeger im Auftrag des Kulturwissenschaftlichen Instituts (Essen) und in Verbindung mit den Fachherausgebern 2014ff. Online veröffentlicht 2019.

50 Heine. „Aus reiner und wahrer Liebe" (wie Anm. 26). S. 9, Friedhelm Brusniak. *Das große Buch des Fränkischen Sängerbundes. 1. Teil. Geschichte des FSB mit Dokumentation der Sängerkreise. Ansbach, Bamberg, Fürth, Schwabach, Schweinfurt, Würzburg.* Hg. Fränkischer Sängerbund. München: Schwingenstein, 1991. S. 26.

51 Heine. „Aus reiner und wahrer Liebe" (wie Anm. 26). S. 136.

an Berufsmusikern besetzte Orchester bildeten eher die Ausnahme. Obwohl die Vereine in der Theorie jedem offenstanden, blieb der Mitgliederkreis aufgrund von Aufnahmebeschränkungen wie Eintrittsgeldern, Mitgliedsbeiträgen oder Vorschlagsregelungen oft auf das höhere Bürgertum beschränkt. Die Situationen variierten allerdings von Ort zu Ort.[52] Weibliche Personen konnten in der Regel mitwirken, wenn es einen gemischten Chor gab oder sie als Sängerinnen und Pianistinnen an den Aufführungen beteiligt waren. Da es aus Schicklichkeitsgründen eher unüblich war, dass Frauen zu Beginn des 19. Jahrhunderts Orchesterinstrumente erlernten, finden sich grundsätzlich wenig weibliche Mitglieder in den Listen.[53]

Vor allem der Chorgesang nimmt als repräsentativer Ausdruck der Emanzipation bürgerlicher Schichten bis heute eine zentrale Rolle im lokalen Musikleben ein.[54] Die zahlreichen auch als Musikvereine nach 1800 gegründeten *gemischten Chöre*, orientierten sich zunächst an dem Vorbild der 1791 von Friedrich Christian Fasch gegründeten *Berliner Sing-Akademie*, deren Leitung Carl Friedrich Zelter 1800 übernahm. Ein Schwerpunkt der Konzertprogramme dieser damals in Europa einzigartigen Institution bildeten die Werke Johann Sebastian Bachs. Die legendäre Wiederaufführung der *Matthäus-Passion* 1829 unter der Leitung von Felix Mendelssohn-Bartholdy ist als interpretationsgeschichtlich besonders folgenreiches Beispiel in die Musikgeschichte eingegangen: Wird nach heutigem Kenntnisstand von einer von Bach vorgesehenen Idealbesetzung von bis zu drei Sängern pro Stimmregister[55] im Chor ausgegangen, so führte Mendelssohn die Passion im Rahmen der Laienchorbewegung mit mehr als 150 Singenden und entsprechend vergrößertem Orchester in einer gekürzten zweistündigen Fassung auf, welche die Vorstellung vom Klangbild Bach'scher Passionen im 19. Jahrhundert prägen sollte. Für Oratorienvereine komponierten zudem Tonkünstler wie Friedrich Schneider, Andreas Romberg und Carl Loewe neues Oratorien-Repertoire. Eine verstärkte Pflege des geistlichen

---

52 Vgl. Wissmann/Groll. Musikvereine (wie Anm. 49).

53 Vgl. Heine. „Aus reiner und wahrer Liebe" (wie Anm. 26). S. 126. Heine spricht mit Blick auf die weiteren Aufnahmebeschränkungen in den von ihr untersuchten Musikvereinen von einer „Politik eines geschlossenen Zirkels" (ebd. S. 161).

54 Zur Entwicklung der Laienchorbewegung siehe Loeser. Musikgeschichte und Vergleich (wie Anm. 12). S. 157-173.

55 Vgl. Konrad Küster. „Die Vokalmusik". *Bach-Handbuch*. Hg. Konrad Küster. Kassel et al.: Bärenreiter/Metzler, 1999. S. 95-534, S. 124.

a-capella-Gesangs, auch in der Gründung der protestantischen *Kirchengesangvereine* oder Chorvereinigungen im Kontext des Cäcilianismus[56], gilt als Folge der Aktivitäten des Heidelberger Juristen Anton Friedrich Justus Thibaut (1772-1840) und seiner Schrift *Ueber Reinheit der Tonkunst* (1825). In seinem jegliche Form von Geselligkeit ausschließenden, exklusiven Singkreis studierte er ohne Aufführungsintention a-capella-Werke mit Continuo-Begleitung ein,[57] die seinem Ideal einer Rückwendung auf den kompositorischen Satz der klassischen Vokalpolyphonie mit dem Vorbild Giovanni Pierluigi da Palestrinas in der Kirchenmusik entsprachen.

Die Gründung reiner *Frauenchöre* wie etwa durch Luise Reichardt (1816) oder Emilie Zumsteeg (1830) blieben nach bisherigem Kenntnisstand die Ausnahme.[58] Für den Männergesang prägende Orte waren zunächst die Turnvereine und Burschenschaften (Aufmerksamkeit erregte etwa der Studentenchor der Jenaer Burschenschaft 1815/16). Mit den im Zuge der Karlsbader Beschlüsse von 1819 erlassenen Restriktionen verschob sich die Nationalbewegung ab den 1820er Jahren nach und nach zu den bis dahin als unpolitisch geltenden Gesangsvereinen. Seit dem Hambacher Fest von 1832 und der nachfolgenden stärkeren Zensur der politischen Opposition wurden diese schließlich zum Hauptträger der Nationalbewegung.[59] Die seit 1810 einsetzende Gründungswelle der organisierten *Männergesangsvereine* ging aus zwei unterschiedlichen Impulsen hervor. Beeinflussend war das Vorbild von Carl Friedrich Zelters *Liedertafel*[60] in Berlin seit 1808, die sich zu

---

56 Vgl. hierzu grundlegend Hubert Unverricht (Hg.). *Der Cäcilianismus. Anfänge – Grundlagen – Wirkungen. Internationales Symposium zur Kirchenmusik des 19. Jahrhunderts.* Tutzing: Hans Schneider, 1988 (Eichstätter Abhandlungen zur Musikwissenschaft 5).

57 Vgl. Brusniak. Chor und Chormusik (wie Anm. 49). Sp. 781.

58 Infolgedessen gab es verhältnismäßig wenig anspruchsvolle Chorliteratur für Frauenchöre, erst Johannes Brahms komponierte für den von ihm gegründeten Hamburger Frauenchor 1859 zahlreiche heute kanonisierte Chorwerke. Vgl. Sibylle Ehrismann. Art. „Gesang/Stimme", Abschn. Frauenchor/Männerchor. *Lexikon Musik und Gender.* Hg. Annette Kreutziger-Herr/Melanie Unseld. Kassel/Stuttgart/Weimar: Bärenreiter/Metzler, 2010. S. 247f.

59 Vgl. Dietmar Klenke. *Der singende ‚deutsche Mann'. Gesangvereine und deutsches Nationalbewußtsein von Napoleon bis Hitler.* Münster et al.: Waxmann, 1998. S. 4, Loeser. Singen im Chor (wie Anm. 19). S. 242.

60 Zu den Liedertafelgründen vgl. die Übersicht in Martin Loeser. „Nähe und Distanz. Überlegungen zum Verhältnis von Zelterscher Liedertafel und Lieder-

Beginn aus Mitgliedern der *Sing-Akademie* rekrutiert hatte. Als die *Sing-Akademie* als gesellschaftlicher Mittelpunkt mit ihren um 1800 bereits fast 100 Mitgliedern immer weitere Kunstinteressierte anlockte, kam die neu gegründete *Liedertafel* mit einem kleinen Kreis ausgewählter Mitglieder dem Bedürfnis nach Exklusivität entgegen, indem rund 25 Männer hier – ohne öffentliche Konzertvorhaben – gemeinsam speisten, tranken und sangen.[61] Die Mitglieder entstammten akademischen und künstlerischen Berufen,[62] verpflichtend für die Aufnahme war lange Zeit die Mitgliedschaft in der *Sing-Akademie.* Lediglich zu vereinzelten Treffen war der Besuch von Gästen erlaubt, zu den sogenannten „bunten Tafeln" auch von Damen.[63]

Nahezu zeitgleich gründete Hans Georg Nägeli[64] in Zürich einen Männerchor in seinem nach den Theorien des Pädagogen Johann Heinrich

---

tafel-Bewegung". *Dichten, Singen, Komponieren. Die Zeltersche Liedertafel als kulturgeschichtliches Phänomen (1809-1945).* Hg. Axel Fischer/Matthias Kornemann. Hannover: Wehrhahn, 2016 (Berliner Klassik. Eine Großstadtkultur um 1800 21). S. 149-167, S. 156f. Zum grundlegenden Überblick aus der Perspektive des 19. Jahrhunderts vgl. Otto Elben: *Der volksthümliche deutsche Männergesang. Geschichte und Stellung im Leben der Nation; der deutsche Sängerbund und seine Glieder von Dr. Otto Elben.* Tübingen: Laupp'sche Buchhandlung ²1887. Reprint in Friedhelm Brusniak/Franz Krautwurst (Hg.). *Otto Elben. Der volksthümliche deutsche Männergesang. Philipp Spitta. Der deutsche Männergesang aus Musikgeschichtliche Aufsätze.* Wolfenbüttel: Möseler, 1991. S. I-XVI, S. 1-478.

61 Vgl. Hermann Kuhlo. *Geschichte der Zelterschen Liedertafel von 1809 bis 1909. Dargestellt nach den Tafelakten von Prof. Hermann Kuhlo.* Berlin: Horn & Raasch, 1909. S. 20, S. 41.

62 Sie sollten Dichter, Komponisten und Sänger sein, so Zelter in einem Brief an Goethe vom 26. Dezember 1808. *Briefwechsel zwischen Goethe und Zelter in den Jahren 1796 bis 1832.* Hg. Friedrich Wilhelm Riemer, Bd. 1. Berlin: Duncker & Humblot, 1833. S. 352. Goethe lieferte Zelter regelmäßig Texte zur Vertonung für die *Liedertafel.*

63 Vgl. Axel Fischer/Jürgen Heidrich/Matthias Kornemann. „Einleitung". *Dichten, Singen, Komponieren. Die Zeltersche Liedertafel als kulturgeschichtliches Phänomen (1809-1945).* Hg. Axel Fischer/Matthias Kornemann. Hannover: Wehrhahn, 2016 (Berliner Klassik. Eine Großstadtkultur um 1800 21). S. 9-37, S. 17, Kuhlo. Geschichte der Zelterschen Liedertafel (wie Anm. 61). S. 46-49.

64 Vgl. hierzu Miriam Roner. *Autonome Kunst als gesellschaftliche Praxis. Hans Georg Nägelis Theorie der Musik.* Stuttgart: Franz Steiner, 2020 (Archiv für Musikwissenschaft, Beiheft 84).

Pestalozzi (1746-1827) geführten, 1805 gegründeten Singinstitut. Während in Zelters *Liedertafel* die Mitglieder aus gehobeneren gesellschaftlichen Schichten kamen, stand für Nägeli die Bildung aller durch den Gesang im Fokus. Nägeli gab in der Folge wichtige Impulse für die schweizerisch-süddeutsche *Liederkranz*bewegung, die im Gegensatz zu Zelters *Liedertafel* als eine Bewegung „von unten" gilt. Schon die Bezeichnung als „Kranz" verweist unter anderem auf den starken Zusammenhalt der Mitglieder.[65] Das Konzept des hier verfolgten Chorgesangs hatte der mit Pestalozzi befreundete Nägeli 1809 in *Die Pestalozzische Gesangbildungslehre nach Pfeiffers Erfindung kunstwisschaftlich dargestellt im Namen Pestalozzis, Pfeiffers und ihrer Freunde* mit dem Ideal der demokratischen Bildung aller gesellschaftlichen Schichten im gemeinsamen Gesang beschrieben:

> Erst da beginnt das Zeitalter der Musik, wo nicht blos Repräsentanten die höhere Kunst ausüben – wo die höhere Kunst zum Gemeingut des Volkes, der Nation, ja der ganzen europäischen Zeitgenossenschaft geworden, wo die Menschheit selbst in das Element der Musik aufgenommen wird. Das wird nur möglich durch die Beförderung des Chorgesanges [...]. Das Kunstwesen der Musik ist in der Ausübung seiner Natur nach demokratisch. Hier ist es, wo die Majestät des Volkes sich offenbart.[66]

Das große Interesse am gemeinsamen Singen zu Beginn des 19. Jahrhunderts artikulierte sich im Aufkommen zahlreicher Gesangsinstitutionen in unterschiedlichen Kontexten:

> Ob beim sogenannten Sing-Tee und Sing-Kränzchen, in Klubs oder [..] der [..] Berliner Sing-Akademie und Berliner Liedertafel, dem Stuttgarter Liederkranz oder dem Züricher Gesangsinstitut [...], ob in Freimaurerlogen, bei Turnern, Schützen, Soldaten, Zünften, Studenten und Arbeitern oder im traditionellen

---

65 Vgl. Brusniak. Das grosse Bruch des Fränkischen Sängerbundes (wie Anm. 50). S. 29f. Zur Geschichte des deutschen Sängerbunds vgl. grundlegend Elben. Der volksthümliche deutsche Männergesang (wie Anm. 60).

66 Hans Georg Nägeli. *Die Pestalozzische Gesangbildungslehre nach Pfeiffers Erfindung kunstwisschaftlich dargestellt im Namen Pestalozzis, Pfeiffers und ihrer Freunde*. Zürich: Nägeli, 1809. S. 53-55, erschien auch in: *Allgemeine musikalische Zeitung* 11.49/50/51/52 (6./13./20./27. September 1809), Sp. 769-776, 785-793, 801-810, 817-845.

Kontext von Kirche, Schule, Universität und Bürgerhaus – überall wurde im Chor gesungen.[67]

Dabei erklangen zumeist bis zu vierstimmige Strophenlieder, dem Anlass entsprechend in Form von Trink-, und Geselligkeitsliedern (vgl. hierzu den Beitrag von Frieder Reininghaus in diesem Band, S. ###), Natur-, Wander-, und Liebeslyrik, zudem auch Vaterlands-[68], Soldaten-, oder Studentenlieder. Auch Freimaurergesänge, hierzu zählten etwa die Männerchöre aus Mozarts *Zauberflöte,* waren beliebt. Nach dem Vorbild der einstimmigen „Lieder im Volkston" der Zweiten Berliner Liederschule entstanden Liedbearbeitungen für mehrstimmigen Männergesang. Institutionen wie *Sing-Akademien, Liedertafeln* und -kränze oder die Burschenschaften[69] waren in der Folge zentral für die Kanonbildung in der Gattung Lied. Da es zu Gründungszeiten verhältnismäßig wenig geeignete Literatur gab,[70] wurden die Lieder (wie auch viele Texte) gleichfalls von Mitgliedern der Chöre geschrieben und in Liederbüchern zusammengefasst. Im Laufe des 19. Jahrhunderts wurden diese in Sammlungen kanonisiert.[71] Aus den unterschiedlichen Kontexten gingen zahlreiche Gebrauchsliederbücher hervor,[72] so wurden etwa auch Kriegs-

---

67 Loeser. Singen im Chor (wie Anm. 19). S. 241.

68 Vgl. Nils Grosch. „Das ‚Vaterländische Lied' als Konstrukteur nationaler Identität im frühen 19. Jahrhundert". *Music and the Construction of National Identities in the 19ᵗʰ Century.* Hg. Beat A. Föllmi/Nils Grosch/Mathieu Schneider. Baden-Baden: Valentin Körner, 2010 (Collection d'études musicologiques/Sammlung musikwissenschaftlicher Arbeiten 98). S. 37-48.

69 Vgl. Harald Lönnecker. Art. „Kommersbuch". *MGG Online.* Hg. Laurenz Lütteken. New York/Kassel/Stuttgart 2016ff. Zuerst veröffentlicht 2008. Online veröffentlicht November 2016, Ders. „Unzufriedenheit mit den bestehenden Regierungen unter dem Volke zu verbreiten'. Politische Lieder der Burschenschaften aus der Zeit zwischen 1820 und 1850". *Lied und populäre Kultur/Song and Popular Culture.* Hg. Max Matter/Nils Grosch. Münster: Waxmann, 2003 (Jahrbuch des Deutschen Volksliedarchivs Freiburg 48). S. 85-131.

70 Hierbei wird auf die Gesellschaftslieder des Haydn-Kreises in Salzburg verwiesen, vgl. Brusniak. Chor und Chormusik (wie Anm. 49). Sp. 785.

71 Vgl. Fischer/Heidrich/Kornemann. Einleitung (wie Anm. 63). S. 18f., Sandra Föger. „Das Männerchorwesen in der Zeit des Biedermeier". *„Die Emporbringung der Musik in allen ihren Zweigen". Musikalische Institutionen im Biedermeier. Wissenschaftliche Tagung, 6. bis 7. Oktober 2012, Ruprechtshofen, N. Ö.* Hg. Andrea Harrandt. Tutzing: Schneider, 2014. S. 133-154, S. 139.

72 Vgl. Noa. Volkstümlichkeit und Nationbuilding (wie Anm. 43). S. 183-289.

lieder in zum Massenmedium gewordenen käuflichen Liedersammlungen mit „stereotyp repetierten Bildern von Freiheit, Helden und Deutschtum verwoben."[73]

Das öffentliche Chorsingen konnte somit sowohl geselliges Gemeinschaftserlebnis als auch politisches Ereignis sein: Das „engmaschige [...] Netz von Liedertafeln und Liederkränzen"[74], das sich zwischen 1815 und 1848 in zahlreichen Gründungen über das Gebiet des Deutschen Bundes legte, initiierte eine neuartige Nationalbewegung durch den Gesang als nationales Ausdrucksmedium: „Sprache und Lied wurden so zum Markenzeichen [...] deutscher Nationalkultur".[75] Obwohl die politischen Aktivitäten vieler Vereine nach 1848/49 marginalisiert oder verschwiegen wurden,[76] ist die Bedeutung von Musik im politischen Kontext des Vormärz nicht zu überschätzen. Am wirkmächtigsten im musikalischen Alltag waren sicherlich die großen *Chor- und Musikfeste*,[77] die den Charakter von Wettbewerben, Volks- und National-Festen oder einfachen Konzerten haben konnten. Gemeinsames instrumentales Musizieren und der Gesang als kollektives Erlebnis wurden hier durch Theateraufführungen und auch politische Reden ergänzt.[78]

Nach dem ersten *Musikfest* 1810 in Frankenhausen, bei dem unter der Leitung von Louis Spohr rund zweihundert Singende und Instrumentalisten,

---

73 Grosch. Das ‚Vaterländische Lied' (wie Anm. 68). S. 39.

74 Brusniak. Chor und Chormusik (wie Anm. 49). Sp. 788, Klenke. Der singende ‚deutsche Mann' (wie Anm. 59). S. 21-32.

75 Dietmar Klenke. „Bürgerlicher Männergesang und Politik in Deutschland", 2 Teile. *Geschichte in Wissenschaft und Unterricht* 40.8/9 (1989). S. 458-485, S. 534-561, S. 461.

76 Vgl. Brusniak. Das grosse Buch des Fränkischen Sängerbundes (wie Anm. 50). S. 84.

77 Vgl. den grundlegenden Überblick in Samuel Weibel. *Die deutschen Musikfeste des 19. Jahrhunderts im Spiegel der zeitgenössischen musikalischen Fachpresse.* Kassel: Merseburger, 2006 (Beiträge zur rheinischen Musikgeschichte 168), Hans-Werner Boresch. „Der ‚alte Traum vom alten Deutschland'. Musikfeste im 19. Jahrhundert als Nationalfeste". *Die Musikforschung* 52.1 (1999). S. 55-69.

78 Vgl. Diemar Klenke. „Deutscher Vereinschorgesang im 19. Jahrhundert zwischen Abgrenzung und transnationalem Austausch – gesellschaftsgeschichtliche Aspekte". *Chorgesang als Medium von Interkulturalität: Formen, Kanäle, Diskurse.* Hg. Erik Fischer. Stuttgart: Franz Steiner, 2007 (Berichte des interkulturellen Forschungsprojekts „Deutsche Musikkultur im östlichen Europa" 3). S. 361-368, S. 366f.

Laien und professionelle Kunstschaffende Haydns *Schöpfung* als Oratorium und ein gemischtes Orchesterkonzert zu Gehör brachten, ist (neben acht weiteren wiederkehrenden und durch musikalisch organisierte Städteverbände veranstalteten Musikfesten zu Beginn des 19. Jahrhunderts) das seit 1817 jährlich stattfindende *Niederrheinische Musikfest* in die Musikgeschichte eingegangen. Es stand seit 1833 unter der Leitung von Felix Mendelssohn. Hier wurden Händels und Mendelssohns Oratorien aufgeführt, auch die deutsche Erstaufführung von Beethovens 9. Sinfonie fand auf dem Niederrheinischen Musikfest 1825 anlässlich der Eröffnung des Stadttheaters Aachen statt.

Die von den *Liederkränzen* ausgerichteten, ebenfalls meist zweitägigen regionalen *Sänger-* oder *Liederfeste*[79] enthielten neben den Konzerten auch Reden und Ansprachen mit teils politischen Inhalten, in denen sich etwa die Forderung nach einem geeinten Vaterland artikulierte. Aus den Selbstinszenierungen der *Sängerfeste* spricht der Wunsch, „eine gesellschaftliche Schranken einebnende Nationalidentität auszubilden"[80]: So formulierte die Einladung zum ersten Deutschen *Sängerfest* 1846 in Würzburg das Ziel, „die im Herzen Deutschlands sich erhebenden Sänger-Feste allmählich zur deutsch-vaterländischen Volkssache, zur Grundlage herzlicher Vertraulichkeit, Einigkeit und Freundschaft"[81] werden zu lassen, sie wandte sich damit genauso gegen die deutsche Vielstaaterei wie gegen konfessionelle Spannungen.[82] Als paradigmatisch für diesen Einigungsimpetus gilt das Anfang 1813 entstandene, nationalreligiös aufgeladene Lied „Was ist des deutschen Vaterland" von Ernst Moritz Arndt, das in der späteren Vertonung Gustav Reichardts von 1825 zur „heimlichen Nationalhymne der Deutschen"[83] wurde.

Auch für das deutsch-flämische *Sängerfest* des Kölner Männergesangsvereins 1846, das vor allem für sein Eröffnungsstück von Felix Mendelssohn, dem für eine Ausführung durch 2.000 Sänger konzipierten *Festgesang an die Künstler* op. 68 nach Friedrich Schiller bekannt ist, beschreibt Dietmar

---

79 Vgl. Friedhelm Brusniak/Dietmar Klenke. „Sängerfeste und die Musikpolitik der deutschen Nationalbewegung". *Die Musikforschung* 52.1 (1999). S. 29-54.

80 Loeser. Singen im Chor (wie Anm. 19). S. 244.

81 Einladungsschreiben der Würzburger Liedertafel vom 6. Januar 1845. Zitiert nach Brusniak. Chor und Chormusik (wie Anm. 49). Sp. 791.

82 Vgl. ebd. Der Wunsch nach dem Zurücknehmen konfessioneller Spannungen fand im Vormärz auch Ausdruck in gemischtkonfessionellen Chorvereinigungen.

83 Klenke. Der singende ‚deutsche Mann' (wie Anm. 59). S. 67.

Düding unter dem aus „partieller politischer Reserve und Tarnung geweb-
ten Schleier [...] höchst lebendige politisch-oppositionelle Triebkräfte".[84]
Massenwirksame *Erinnerungsfeste* zu Jubiläen boten ebenso Anlass zu politischen Aufbruchsgedanken und Forderungen nach Fortschritt und nationaler Einheit, so etwa die seit 1820 in ganz Deutschland stattfindenden
Schillerfeiern[85]: Der Stuttgarter *Liederkranz* um Johann Rudolf Zumsteeg,
liberale Politiker wie Albert Schott, Friedrich Walz, Friedrich Federer oder
den Dichter Gustav Schwab, in dem sämtliche Bevölkerungsschichten mit
gleichen Rechten vertreten waren, veranstaltete seit 1825 jährliche Schillerfeiern, über die in den größeren deutschen Tageszeitungen detailliert berichtet wurde. Diese wurden zu bürgerlich geprägten nationalpolitischen
Zusammenkünften, auf denen Schiller in seinem Freiheitsstreben, seinem
Rechtsempfinden und sein Verhältnis zur Nation gefeiert wurde.[86]

Auf den *Erinnerungsfesten* kam vor allem funktionale, anlassgebundene
Musik zum Einsatz: Kirchen- und Festgesänge sowie Tafelmusik, auf großen Chor-Orchesterkonzerten auch Oratorien oder Theateraufführungen. Beliebt waren Werke von Komponisten wie Carl Maria von Weber
oder Felix Mendelssohn, die neben ihrer professionellen Qualität auch als
volkstümlich galten und den akustischen Gegebenheiten auf den Massen-
veranstaltungen in ihren Kompositionen gerecht wurden. Auf dem Guten-
berg-Fest 1840 in Leipzig, das sich mit 3.000 Beteiligten und ca. 40.000
Teilnehmenden[87] der Erinnerung an die Erfindung der Buchdruckerkunst

---

84 Dieter Düding. „Politische Opposition im Vormärz. Das deutsch-flämische Sängerfest 1846 in Köln". *Geschichte im Westen* 1 (1988). S. 7-18, S. 7. Vgl. hierzu
auch Dietmar Klenke. „Deutsche Sängerfeste des 19. Jahrhunderts im Spiegel
der Medienwelt – politische Funktionalität oder Gesangsästhetik?" *Musikfeste
im Ostseeraum im späten 19. und frühen 20. Jahrhundert – Rezeption und Kulturtransfer, Intentionen und Inszenierungsformen.* Hg. Martin Loeser/Walter
Werbeck. Berlin: Frank & Timme, 2014 (Greifswälder Beiträge zur Musikwissenschaft 19). S. 9-39, S. 20-26.

85 Vgl. James Garratt. *Music, Culture and Social Reform in the Age of Wagner.* Cambridge et al.: Cambridge University Press, 2010. S. 94-102.

86 Vgl. Rainer Noltenius. *Dichterfeiern in Deutschland. Rezeptionsgeschichte als
Sozialgeschichte am Beispiel der Schiller- und Freiligrath-Feiern.* München: Wilhelm Fink, 1984. S. 71-74.

87 Vgl. Garratt. Music, Culture and Social Reform (wie Anm. 85). S. 102-117,
dort zitiert nach Jürgen Steen, Vormärzliche Gutenbergfeste (1837 und 1840).
Öffentliche Festkultur. Politische Feste in Deutschland von der Aufklärung bis zum

mit der Hoffnung auf Fortschritt, Meinungs- und Pressefreiheit verschrieben hatte, erklangen im großen Konzert unter der Leitung von Mendelssohn Webers *Jubel-Ouvertüre*, Händels *Dettinger Te deum* und Mendelssohns auf Bibeltexte komponierte Sinfonie-Kantate *Lobgesang*. Die Texte dieser Werke hatten keinen tagespolitisch relevanten Inhalt (der direkte Bezug zu Gutenberg ließ sich nur im Festgesang zur Eröffnung herstellen[88]), eröffnen jedoch durch den Festkontext und den heroisch-kollektiven Charakter der Kompositionen politische Deutungshorizonte. Generell konnten die an Gedenktagen oder *Erinnerungsfeiern* gegebenen Oratorien, Opern oder Schauspielmusiken im Rahmen von Identifikationspotential im Sujet eine politische Aussage durch den Aufführungskontext entfalten, wie die Rezeption im öffentlichen Pressewesen nahelegt[89]: So wird im Bericht über die Aufführung des Händel-Oratoriums *Judas Maccabaeus* auf dem Musikfest in Bremen 1818 in der *Allgemeinen musikalischen Zeitung* (10. November 1819) über die Identifikation mit dem befreiten Volk Israel der direkte Bezug zur Befreiung Bremens von den Franzosen 1813 hergestellt.[90] Ver-

---

Ersten Weltkrieg. Hg. Dieter Düding/Peter Friedemann/Paul Münch. Reinbek bei Hamburg: 1988. S. 147-165, S. 157; siehe hierzu auch Irmlind Capelle. „Musik". *Vormärz-Handbuch*. Hg. Norbert Otto Eke im Auftrag des Forum Vormärz Forschung. Bielefeld: Aisthesis, 2020. S. 309-317, S. 312f.

88 Vgl. Sebastian Nickel. *Männerchorgesang und bürgerliche Bewegung 1815-1848 in Mitteldeutschland*. Köln/Weimar/Wien: Böhlau, 2013 (Veröffentlichungen der Historischen Kommission für Thüringen. Kleine Reihe 37). S. 272-292.

89 Vgl. Dominik Höink. „Wer interessirt sich für den Heldenmuth eines Juden, der vor 4000 Jahren gekämpft hat?' – Zur Pflege und publizistischen Rezeption des *Judas Maccabaeus* im deutschsprachigen Raum von 1800 bis 1900". *Gewalt – Bedrohung – Krieg: Georg Friedrich Händels „Judas Maccabaeus"*. Hg. Dominik Höink/Jürgen Heidrich (Hg.). Göttingen: V&R unipress, 2010. S. 101-124, S. 108.

90 Vgl. ebd. „Der Inhalt dieses Werkes – die Befreyung Jerusalems vom Joche der syrisch-macedonischen Könige durch den ritterlichen Muth Judas des Makkabäers und die Schilderung eines siegenden seine Bande brechenden Volkes und seines Triumphes – wurde durch die Wahl des Tages zu dieser Aufführung für Bremens Bewohner noch bedeutungsvoller und ansprechender; denn an eben diesen Tagen ward im Jahr 1813 unsere, bis dahin belagerte und bombadirte, Stadt von den Franzosen durch die vereinigten russischen und preussischen Truppen befreyt, welche am 15ten October ihren Einzug in Bremen hielten." O. V. „Das grosse Musikfest in Bremen, am 13ten und 15ten October d. J." *Allgemeine musikalische Zeitung* 21.45 (10. November 1819). Sp. 762-768, Sp. 763f.

gleichbares lässt sich im Rahmen der Rezeption von Schauspielmusiken zu Schillers *Jungfrau von Orleans* konstatieren – auch dieses Sujet bot im Laufe des 19. Jahrhunderts unabhängig von seiner französischen Herkunft im Umkreis der Schiller-Feste eine Projektionsfläche zur nationalen Identifikation im deutschsprachigen Raum.[91]

Gleichzeitig sind (etwa durch die Textwahl) auch zahlreiche konkrete politische Bezüge auf den Sängerfesten zu benennen. Im Jahr 1844 wurde anlässlich des Schleswiger Sängerfestes, an dem Sänger aus den Herzogtümern Schleswig und Holstein teilnahmen, ein eigens komponiertes Lied uraufgeführt: das sogenannte „Schleswig-Holstein-Lied" („Wanke nicht, mein Vaterland", Text: Matthäus Friedrich Chemnitz, Melodie: Carl Gottlieb Bellmann), in dem beide Herzogtümer als Einheit genannt wurden. Das Lied wurde zum Standardrepertoire für Gesangsvereine und erlangte für die Nationalbewegung große Bedeutung. 1845 wurde es beim Würzburger *Sängerfest*, dem ersten gesamtdeutschen *Sängerfest*, von über 1500 Männern aus verschiedenen Städten gesungen.[92] Obwohl politische und religiöse Botschaften eigentlich nicht Bestandteil der Veranstaltung sein sollten, war doch gerade der Auftritt der schleswig-holsteinischen Sänger ein starkes Zeichen für die zum Ausdruck kommenden nationalen Einigungsbestrebungen. Ein zweites deutsches *Sängerfest*, das im Jahr 1848 in Frankfurt am Main stattfinden sollte, wurde im Februar 1848 aufgrund der politischen Unwägbarkeiten zunächst um ein Jahr verschoben und schließlich nicht mehr realisiert.[93] Zu den vielfältigen Formen von Musik im Rahmen der Revolution selbst,

---

91 Vgl. Antje Tumat. „Rezeption und nationale Identität: Musik zu Schillers *Jungfrau von Orleans* am Stuttgarter Hoftheater". *Musik und kulturelle Identität. Bericht über den XIII. Internationalen Kongress der Gesellschaft für Musikforschung Weimar 2004*, 3 Bde., Bd. 2: Symposien B. Hg. Detlef Altenburg/Rainer Bayreuther. Kassel et al.: Bärenreiter, 2012. S. 690-701.

92 Vgl. hierzu Wilhelm Bleek. *Vormärz. Deutschlands Aufbruch in die Moderne. Szenen aus der deutschen Geschichte 1815-1848*. München: C. H. Beck, 2019. S. 256f. Ähnlich gestaltet sind beispielsweise das „Rheinlied" (1840, Text: Nikolaus Becker), das „Schleilied" (1841, Text: August Wilhelm Neuber) oder das „Lied der Deutschen" (1841, Text: Heinrich Hoffmann von Fallersleben), dessen dritte Strophe später zum Text der deutschen Nationalhymne wurde. Vgl. hierzu ebd. S. 257-259, Klenke. Der singende ‚deutsche Mann' (wie Anm. 59). S. 54-57.

93 Vgl. Brusniak. Das grosse Bruch des Fränkischen Sängerbundes (wie Anm. 50). S. 66, S. 76f.

etwa in Studentenliedern oder Nationalgardenmusik, die nicht mehr Teil dieses Artikels sind, sei schlussendlich auf entsprechende Studien wie etwa *Musik und Revolution*[94] verwiesen.

---

94 Vgl. Barbara Boisits (Hg.). *Musik und Revolution. Die Produktion von Identität und Raum durch Musik in Zentraleuropa 1848/49.* Wien: Hollitzer, 2013. Hier wird hauptsächlich Wien als musikalisches Zentrum im deutschsprachigen Europa adressiert.

Melissa Vogt (Zürich)

„Tag für Tag, Stich für Stich"

Zur intersektionalen Betrachtung von weiblicher Erwerbsarbeit und Armut bei Louise Otto

„Die Feder zittert in meiner Hand, wenn ich an das ganze scheußliche System des Handels, der Fabrikation und seiner Opfer denke!", schreibt Louise Otto im Dezember 1849 in der von ihr gegründeten *Frauen-Zeitung* über die Lage der Arbeiterinnen.[1] Die industrielle Revolution veränderte im 19. Jahrhundert den Arbeitsbegriff und die Strukturen der Herstellung von Waren grundlegend, indem sie ein neues Abhängigkeitsverhältnis von Arbeitskräften und Markt schuf.[2] Das Konzept der Lohnarbeit mit seiner Mechanisierung und der Trennung von Arbeitsprozessen in der Industrie, das insbesondere in den städtischen Regionen einen agrarischen Haupt- oder Nebenerwerb vollständig ablöste[3], brachte nicht nur eine Entpersonalisierung zwischen Arbeitenden und Warenherstellung mit sich[4], sondern führte auch zur Entwertung individueller Arbeitskenntnisse.[5] Diese Ökonomisierung der menschlichen Arbeit und die daraus resultierende Überflutung des Arbeitsmarktes mit günstigen und abhängigen Arbeitskräften förderten Ausbeutungsstrukturen, die bis zur Mitte des 19. Jahrhunderts zu

---

1 Louise Otto-Peters. Aufsätze aus der „Frauen-Zeitung" [1849/50]. Vollständige Neuausgabe mit einer Biographie der Autorin. Hg. Karl-Maria Guth. Berlin: Sammlung Hofenberg 2015, S.38. Daraus auch das Titelzitat, hier: S. 41. Dieser Aufsatz ist im Rahmen meines Dissertationsprojekts zu Emanzipationsstrategien ausgewählter Autorinnen im Vormärz entstanden (darunter Louise Otto-Peters und Louise Aston), als Teilprojekt des vom SNF finanzierten Forschungsprojekts „Polemik und literarisch-politische Öffentlichkeit 1815-1850".

2 Vgl. Elisabeth Rink. „Arbeit" und „Proletariat" im deutschen und französischen Roman vor 1848. Essen: Klartext 2014, S. 27-30.

3 Vgl. Jörg Roesler. Arbeiterschaft und Unternehmer in den Industrieregionen Berlin und Chemnitz im 19. und dem ersten Drittel des 20. Jahrhunderts – ein Vergleich des Verhaltens in Konfliktsituationen. In: Jahrbuch für Wirtschaftsgeschichte 1 (1994), S. 165.

4 Vgl. Rink. „Arbeit" und „Proletariat" (wie Anm. 2). S. 30.

5 Vgl. Roesler. Arbeiterschaft und Unternehmer (wie Anm. 3). S. 165.

einem Massenelend führten, das eine neue politisch-soziale Klasse der arbeitenden, besitzlosen Unterschicht – das Proletariat – hervorbrachte.[6] Die Unzählbarkeit dieses Elends der proletarischen Klasse stellte im Vormärz für die wissenschaftliche wie auch für die literarische Erfassung eine Herausforderung dar.[7] Zudem erschwerten die strengen Zensurbedingungen des Vormärz die Veröffentlichung sozialkritischer Darstellungen zur Lebenssituation der Unterschicht.[8]

Anfang der 1840er Jahre veröffentlicht Louise Otto (1819-1895) erste publizistische und literarische Texte zur Emanzipation und Bildung der Frau sowie mehrere sozialkritische Romane und Erzählungen. 1865 begründet sie den *Allgemeinen Deutschen Frauenverein* mit und wird zur führenden Stimme der deutschen Frauenemanzipation.[9] Ihr literarisches Werk und soziales Handeln sind für den Anschub der deutschen Frauenbewegung somit als richtungsweisend einzuschätzen.[10] Es sind aber nicht nur die bürgerlichen Frauen, sondern auch die Arbeiterinnen, deren Lebensbedingungen Louise Otto wiederholt thematisiert, so etwa in ihrem sozialen Roman *Schloß und Fabrik* (1846), in der *Frauen-Zeitung* (1849/52) oder im von der Forschung bislang vernachlässigten Roman *Vier Geschwister* (1852). Ottos Werk ist deshalb so interessant, weil es ein gesellschaftliches Bewusstsein zeigt, das die soziale Frage in die Frauenfrage zu integrieren und intersektionale Diskriminierungsstrukturen zu identifizieren weiß. Der Aufsatz will daher die von Louise Otto geschilderten Lebensrealitäten und Alltagserfahrungen der deutschen Arbeiterinnen des Vormärz aufarbeiten, um die Lebensbedingungen dieser mehrfach marginalisierten Personengruppe aus der Perspektive

---

6 Vgl. Rink. „Arbeit" und „Proletariat" (wie Anm. 2). S. 31-33.

7 Ebd., S. 13.

8 Vgl. Sigrid Weigel. „...führen jetzt die Feder statt der Nadel." Vom Dreifachcharakter weiblicher Schreibarbeit – Emanzipation, Erwerb und Kunstanspruch. In: Frauen in der Geschichte. „Wissen heißt leben..." Beiträge zur Bildungsgeschichte von Frauen im 18. und 19. Jahrhundert. Bd. 4. Hg. Ilse Brehmer et al. Düsseldorf: Schwann 1983, S. 355.

9 Vgl. Irina Hundt. Louise Otto Peters (1819-1895). In: Vormärz-Handbuch. Hg. Norbert Otto Eke. Bielefeld: Aisthesis 2020, S. 885-887.

10 „Es ist das historische Verdienst von Louise Otto-Peters, daß sie hierin ohne Ansehen von Klassenschranken und Bildungsgraden verfuhr, ja daß sie diese gerade zu überwinden trachtete und die deutsche Frauenbewegung auf eine soziale Haltung verpflichtete." Cordula Koepcke. Louise Otto-Peters. Die rote Demokratin. Freiburg im Breisgau: Herder 1981, S. 103.

eines weiblichen, bürgerlich-sozialkritischen Blicks zu veranschaulichen. Dabei stellt sich insbesondere die Frage, auf welche Weise weibliche Arbeit dargestellt und mit der Frauenfrage in Verbindung gebracht wird und wie die Autorin dabei systematische Unterdrückungsstrukturen herausarbeitet.

Schloß und Fabrik (1846)

Im Winter des Jahres 1840 unternimmt Louise Otto eine Reise zu ihrer Schwester nach Oederan ins Erzgebirge, wo sie erstmals mit der Armut des Proletariats konfrontiert wird. Sie beobachtet Frauen und Mädchen, die für geringen Lohn unter schwersten Bedingungen weben, klöppeln und andere Heimarbeiten verrichten. Dieses Erlebnis erhebt die Frage nach den Umständen weiblicher Arbeit zu einem thematischen Schwerpunkt ihres literarischen und öffentlichen Schaffens.[11] Im Jahr 1846 erscheint der Roman *Schloß und Fabrik*, der nur mit starken Eingriffen der Zensur und teilweise großflächigen Überarbeitungen durch die Autorin das Imprimatur erhält.[12] Es ist anzunehmen, dass Ottos Eindrücke des Elends im Erzgebirge maßgeblich in den Roman eingeflossen sind. Die Handlung folgt der Tochter eines Fabrikbesitzers, Pauline Felchner, die nach ihrem Aufenthalt in einer Erziehungsanstalt für Mädchen ins väterliche Anwesen zurückkehrt und dort mit der Lage der Fabrikarbeiter:innen in Kontakt kommt. Im Verlauf des Romans wird ihre anfänglich kindliche Naivität durch die Konfrontation mit den Lebensumständen des Proletariats zerschlagen. Infolgedessen gerät sie in Konflikt mit dem Vater und stößt dabei an die Grenzen weiblicher Rollenerwartungen.[13] Zeitgleich gelingt es dem Roman, ein vielschichtiges Gesellschaftskonzept zu entwerfen, das nicht nur das neue Industriebürgertum in Kontrast zur alten Welt des Adels abbildet, sondern auch fortschrittliche Figuren der unteren sozialen Schichten darstellt, wie den Fabrikarbeiter und

---

11 Vgl. Koepcke. Louise Otto-Peters (wie Anm. 10). S. 52f.

12 Mehr dazu vgl. Johanna Ludwig/Hannelore Rothenburg (Hg.): Mit den Muth'gen will ich's halten. Zur 150-jährigen aufregenden Geschichte des Romans „Schloß und Fabrik" von Louise Otto-Peters. Mit der 1994 wiederaufgefundenen vollständigen Zensurakte. Beucha: Sax 1996.

13 Zur unzureichenden weiblichen Caritas vgl. Vukovic-Reif. Erzählen über das Elend: Armut in der Literatur von Autorinnen des Vormärz. Freie Universität Berlin 2019, S. 100-106.

Schriftsteller Franz Thalheim, der sich durch seinen Bildungshintergrund von den anderen Arbeiterfiguren abhebt und die Mobilisierung der Arbeiterklasse anstrebt. Im Verlauf der Handlung entwickelt sich im gemeinsamen Versuch zur Verbesserung der sozialen Lage eine Liebesgeschichte zwischen den Protagonisten. Die unterschiedlichen Herangehensweisen zur Lösung der sozialen Frage erweisen sich jedoch als nicht verwirklichbar, und der Roman endet in einem gewalttätigen Arbeiteraufstand, wobei das Haus der Felchners und die Maschinen der Fabrik zerstört werden. Als das Militär den Aufstand brutal niederschlägt, werden Pauline Felchner und Franz Thalheim im Kugelhagel getötet, und die Unversöhnlichkeit zwischen diesen beiden Klassen zementiert.

Die Darstellung der Lebensumstände des Industrieproletariats in Verbindung mit der Frauenfrage wird in *Schloß und Fabrik* bereits angedeutet. Beispielhaft dafür ist die Figur der Langen Liese, eine Fabrikarbeiterin. Die Lange Liese ist „hager und von riesenhafter Größe" und ihr Gesicht „bleich und starr", aus den Augen spricht ein „verwilderter Ausdruck."[14] Durch sie wird ein Stereotyp des Industrieproletariats aufgerufen, das tierhaft, roh und abschreckend scheint; mit ihrer hageren Gestalt und dem bleichen, starren Ausdruck gleicht sie einem Leichnam. Und nicht nur die Lange Liese, sondern auch die anderen Arbeiterfiguren des Romans sind Platzhalterfiguren, die den körperlichen und psychischen Zerfall des Industrieproletariats aufgrund ihrer Lebens- und Arbeitsbedingungen abbilden:

> Alle diese Kinder sahen bleich und abgezehrt aus, und ihre Augen glotzten stumpf und blöde vor sich aus; durch den matten Schein der düster brennenden, kleinen Öllampe wenig beleuchtet, ward ihr Ansehen noch unheimlicher, und sie glichen in den schmutzigen Lumpen, in welche sie gehüllt waren, mit den struppigen Haaren, die ungekämmt in die ausdruckslosen Gesichter hereinhingen, eher unheimlichen Kobolden, als lebenden Menschenkindern.[15]

Der Wohnraum der Arbeiterfamilie ist durch eine unheimliche, sämtliches Licht schluckende Dunkelheit gekennzeichnet, die den Raum schrumpfen lässt. Die ärmlichen Kinder und die Lange Liese sind angsteinflößende Abjekte, die kaum noch an echte Menschen erinnern. Die Lange Liese stellt hierbei das Verbindungsglied verschiedener Aspekte der Diskriminierung

---

14 Alle Zitate in diesem Satz: Louise Otto-Peters. Schloß und Fabrik [1846]. Hg. Karl-Maria Guth. Berlin: Hofenberg Sammlung 2015, S. 113.

15 Otto-Peters. Schloß und Fabrik (wie Anm. 14). S. 113.

proletarischer Frauen dar. Durch eine Serie unglücklicher Ereignisse gerät die Familie in eine prekäre Situation, der Mann kommt ins Zuchthaus, zwei der vier Kinder werden bei der Arbeit in der Fabrik verletzt, und ein Großteil der finanziellen Einnahmen, die durch die Erwerbsarbeit von Mann und Kindern generiert werden, entfallen nun: „„Seht, so habt Ihr uns Alles genommen: erst den Lohn, dann den Mann und Vater, dann den Jungen hier, der's nicht lange mehr machen wird, und heute ist nun auch das Mädel zum Krüppel geworden, und soll dran sterben.'"[16] Die Familie, die auf die Arbeitskraft aller Familienmitglieder – das heißt auch der Kinder – angewiesen ist, muss nun mit der Alleinversorgung durch die Lange Liese auskommen. Sie leistet Lohnarbeit in der Fabrik und ist zeitgleich mit der Verantwortung und Sorgearbeit für ihre Kinder betraut, die durch Arbeitsunfälle zu Pflegefällen geworden sind. Mutterschaft und Erwerbsarbeit sind in der Lebenswelt der arbeitenden Frau nicht vereinbar: Die Lebensumstände, die existenzielle Not und der Tod der Kinder führen schließlich zum psychischen Zusammenbruch der Langen Liese:

> ,Könnte noch Alles gut werden?' rief sie mit unheimlicher, wie wahnsinniger Stimme. ,Würde Alles gut? Was denn? 's liegen viel Kinderleichen auf dem Kirchhofe, von den verfluchten Maschinen zerrissen. [...] immer Eins von Beiden, verderben – sterben – verderben – sterben.' Sie sang die letzten Worte mit kreischender Stimme ab und ging ihres Weges.[17]

Zwar wird mit der Langen Liese in *Schloß und Fabrik* die Figur der Proletarierin noch nicht so deutlich ausgearbeitet, wie es in späteren Texten Ottos der Fall ist – dazu liegt der Fokus des Romans zu stark auf der Liebesgeschichte und der Debatte um einen Lösungsansatz für die soziale Frage –, doch werden bereits jene Strukturen von kapitalistischer Ausbeutung und Armut skizziert, die insbesondere die Fabrikarbeiterinnen betreffen. Die Zerstörung der psychischen und physischen Konstitution ist das Ergebnis dieser Umstände. Mit der Langen Liese hebt Otto die weibliche Mehrfachbelastung von Erwerbsarbeit und Mutterschaft einerseits und die geschlechts- und klassenspezifische Abhängigkeit und Vulnerabilität andererseits hervor. Somit führt sie mehrere Kategorien gesellschaftlicher Marginalisierung parallel ins Feld: Klasse, Geschlecht und körperliche

---

16 Ebd., S. 115.
17 Ebd., S. 151.

Konstitution. Am Ende des Romans bleibt das Schicksal des Industrieproletariats offen, und die Figuren gelangen zu keinem zufriedenstellenden
Ergebnis, wie die soziale Frage zu lösen sei.[18]

Die Frauen-Zeitung (1849/52)

Louise Ottos *Frauen-Zeitung* erscheint erstmals am 21. April 1849. Ihre
Parole ,Dem Reich der Freiheit werb' ich Bürgerinnen', ist für die Zeitung
programmatisch. Sie ruft die Frauen dazu auf, selbst für ihre Rechte einzu-
stehen und verfasst zahlreiche politische Artikel zur Frauenfrage. Eines der
Schlüsselthemen der *Frauen-Zeitung* ist die Situation der Arbeiterinnen. In
der mehrteiligen Artikelserie *Für die Arbeiterinnen*, die im Herbst und Winter 1849 erscheint, macht Louise Otto auf die Erwerbs- und Lebensbedingungen der Weberinnen und Klöpplerinnen aufmerksam. Darin geht sie auf
die körperlich schwere Arbeit und die schlechte Entlohnung[19] der Frauen
ein. Ihr besonderes Interesse gilt der weiblichen Heimarbeit:

> Diejenigen aber, [...] die durch die Kinder oder alte Eltern ans Haus gefesselt
> sind, sich also auch nicht vermieten können, müssen sogenannte weibliche
> Arbeiten verrichten: Stricken, Nähen, Sticken. – Welche Konkurrenz hierin,
> welches Angebot der Arbeitskräfte im Verhältnis zu ihrem Verbrauch, und
> daher welch geringer Lohn![20]

Dabei sind nicht nur die geringen Einkünfte[21] und die Auslagen für Material,
für welche die Arbeiterinnen selbst aufkommen müssen, für die prekäre Lage

18 Vgl. Johannes Brambora. „..., dass man der Sphinx des Jahrhunderts, der socia-
     len Frage, nähertritt und nicht feig die Augen vor ihr verschließt." Louise Ottos
     „Schloß und Fabrik" als Beitrag zur sozialen Romanliteratur ihrer Zeit. In: Feen-
     paläste, Industriekönige und weiße Sklaven. 175 Jahre „Schloß und Fabrik" von
     Louise Otto und Frauenarbeitswelten heute. Berichte vom 26. Louise-Otto-
     Peters-Tag 2021 in Meißen. Hg. Gerlinde Kämmerer. Beucha: Sax 2023, S. 41f.
19 Weibliche Arbeit wird noch zur Jahrhundertwende etwa 30-50 Prozent schlech-
     ter entlohnt als männliche Arbeit. Oft ist die Entlohnung so schlecht, dass Frauen
     neben der Industriearbeit zusätzliche Erwerbsarbeit in Heimarbeit leisten. Vgl.
     Anneliese Neef. Mühsal ein Leben lang. Zur Situation der Arbeiterfrauen um
     1900. Köln: Pahl-Rugenstein 1988, S. 61-71.
20 Otto-Peters. „Frauen-Zeitung" (wie Anm. 1). S. 36.
21 Ein Argument für die schlechte Entlohnung der Heimarbeit ist nicht nur die
     große Konkurrenz, sondern auch die Sorge- und Aufsichtspflicht für Kinder,

verantwortlich, sondern auch die Tatsache, dass weibliche Heimarbeit nicht zuverlässig bezahlt wird. Aus diesem Grund kann der Lebensunterhalt meist nur durch unermüdliche, ganztätige Arbeit mit wenigen Pausen bestritten werden. So beginnt eine Heimarbeiterin ihr Tagwerk „von früh 6" und beendet ihre Arbeit „nie vor Mitternacht".[22] Diese unterbricht sie lediglich für das Mittag- oder Abendessen oder zur Versorgung der Kinder. Hinzu kommt, dass die Arbeit in Ermangelung von Ressourcen oder aus Gründen finanzieller Ersparnis „in einer kalten Stube"[23] verrichtet werden muss. Diese einseitige Belastung der Augen, Gelenke und Muskulatur beginnt schon im frühestmöglichen Kindesalter und führt über die Jahre zum körperlichen und geistigen Verfall der Frauen und Mädchen:

> Die kleinen Mädchen müssen klöppeln, sobald sie die Händchen regelrecht regen können – da verkümmern sie am Klöppel-Kissen, an dem die Mutter schon verkümmerte, daß sie nur *schwächlichen* Kindern das Leben geben konnte, am Klöppel-Kissen, an dem die Großmutter erblindete![24]

Mit der Generationenkette Großmutter, Mutter und Tochter wird Armut als Zustand, der von den Betroffenen nicht durch Verhaltensänderung aufgelöst werden kann, sondern als ein von Geburt an konstituiertes und durch gesellschaftliche Rollenbilder verstärktes, komplexes System fassbar. Weiter heißt es, die Frauen und Mädchen „haben sich niemals kräftigen können und sind abgeschwächt und ganz und gar unfähig eine schwerere Arbeit zu verrichten".[25] Fehlender Zugang zu Ressourcen wie Bildung, Nahrung und Erholung sowie unsichere Lebensumstände machen für Frauen den sozialen Aufstieg unmöglich. Die daraus resultierende schwächliche körperliche Konstitution[26] schränkt die Möglichkeiten zur Erwerbsarbeit stark ein. Allerdings sind die Frauen aber bis ins hohe Alter auf den Verkauf ihrer Arbeitskraft angewiesen, da es im Vormärz noch keine staatliche

---

Kranke oder Alte, welche die Frauen zeitgleich übernehmen und die zu Ablenkungen während der Arbeit führt. Vgl. Neef. Mühsal ein Leben lang (wie Anm. 19). S. 119-126.

22 Beide Zitate in diesem Satz: Otto-Peters. „Frauen-Zeitung" (wie Anm. 1). S. 37.
23 Ebd., S. 38.
24 Ebd.
25 Ebd.
26 Die Kindersterblichkeit unter Arbeiterkindern war besonders hoch. Vgl. Neef. Mühsal ein Leben lang (wie Anm. 19). S. 142.

Altersvorsorge gibt.[27] Otto hebt also nicht nur Geschlecht und Klasse als Kategorien für gesellschaftliche Abwertung und Diskriminierung hervor, sondern geht wie schon in ihrem Roman *Schloß und Fabrik* insbesondere auf den Körper ein. Die Mehrfachbelastung des von Kindheit an geschwächten, unterversorgten und einseitig belasteten Organismus der Frau, der im Erwachsenenalter unter schwersten Bedingungen Schwangerschaft, Geburt, Wochenbett[28], Haus- und Erwerbsarbeit sowie Sorgearbeit zu leisten hat, wirkt sich gravierend auf den Allgemeinzustand und die Lebensgestaltungsmöglichkeiten von Frauen aus.

Auf dieser Analyse basiert Louise Ottos Verständnis der Intersektionalität von weiblicher Armut und Unsittlichkeit. Entgegen der gängigen, zeitgenössischen Annahme „das Elend gehe Hand in Hand mit dem Verbrechen"[29] – man denke etwa an die *Workhouses* in England, welche diesem Umstand durch Arbeitszwang entgegenwirken sollten[30] – versteht Otto Armut und Unsittlichkeit als sich gegenseitig verstärkende, zirkuläre Dynamik, die durch strukturelle, gesellschaftliche Diskriminierungsprozesse vorangetrieben wird. Dabei arbeitet sie heraus, dass Frauen der untersten Gesellschaftsschicht besonders gefährdet sind, in Elendsspiralen zu gelangen und aufgrund fehlender institutioneller Maßnahmen auch in diesen zu verbleiben:

> Die armen Mädchen aber, die sich daheim etwas verdienen müssen und von früh bis in die Nacht arbeitend [...] vielleicht auch nicht genug Arbeit bekommen und alte Eltern und kleine Geschwister zu ernähren haben [...] sie werden

---

27 Erst ab 1880 wird in Deutschland eine gesetzliche Verpflichtung für Kranken-, Unfall- und Altersversicherungen eingeführt, wobei Frauen meist jedoch nicht die Auflagen erfüllen, um eine Altersrente zu erhalten. Vgl. Neef. Mühsal ein Leben lang (wie Anm. 19). S. 168.

28 Die oft schwere körperliche Erwerbsarbeit der Frauen führte vermehrt zu Schwangerschaftskomplikationen und Wochenbettbeschwerden. Vgl. Neef. Mühsal ein Leben lang (wie Anm. 19). S. 136-139.

29 Bronislaw Geremek. Geschichte der Armut. Elend und Barmherzigkeit in Europa. München/Zürich: Artemis 1988, S.297. Hierzu schreibt auch Vukovic-Reif: „Es dominierte die Ansicht, [...] dass sich arbeitsfähige Arme vor der Arbeit drücken würden, um am Müßiggang und an der Kriminalität festzuhalten. [...] Die höheren Schichten blickten somit abwertend auf die Armen und hefteten ihnen das Stigma der Schande und den Verdacht der Unsittlichkeit an." Vukovic-Reif. Erzählen über das Elend (wie Anm. 13). S. 15.

30 Vgl. Vukovic-Reif. Erzählen über das Elend (wie Anm. 13). S. 15.

leicht der Verführung zum Opfer fallen – – und dann gehet hin und werft den ersten Stein auf die, welche die eigene Verzweiflung und die Lüsternheit der Männer zu Prostituierten machte.[31]

Das 19. Jahrhundert verzeichnet aufgrund der niedrigen Entlohnung einen massiven Zuwachs an weiblicher Sexarbeit. In Ermangelung anderer Erwerbszweige ist die Gelegenheitsprostitution – und damit die „Demoralisation"[32] der Gesellschaft – besonders stark von marktwirtschaftlichen Fluktuationen wie Lohn und Konkurrenz abhängig.[33] Otto versteht Armut also nicht als *Folge* von Unsittlichkeit und Arbeitsunwillen, sondern führt diese auf systemische Diskriminierungsstrukturen der industriellen Gesellschaft zurück, welche durch die Elendszustände zusätzlich verstärkt werden. Beispielhaft für diese Argumentation ist auch Ottos zweiter Artikel aus dieser Serie, der auf die *institutionellen* Diskriminierungsstrukturen innerhalb der unteren Schichten aufmerksam macht.

Die Kleinkindbewahranstalten sind allerdings von großem Nutzen, und ist ihre Einführung überall zu wünschen – allein sie kommen doch nicht der allerärmsten Bevölkerung zugute. Diese können nicht 4 Pfennige (der geringste Satz) den Tag für die Versorgung ihrer Kinder geben – sie können ferner die Kinder nicht immer ‚reinlich kleiden', und anders werden sie nicht angenommen, sie haben ferner keine Zeit, dieselben erst in die vielleicht entlegenen Anstalten zu führen[34]

Das grundlegende Problem der Vereinbarkeit von Familie und Erwerbsarbeit führt Otto auf ein Unverständnis für das Ausmaß des Elends der Arbeiterklasse zurück. Es mangelt den Betroffenen an sämtlichen Ressourcen – Hygiene, Geld, Zeit –, um die Hilfsinstitutionen überhaupt in Anspruch nehmen zu können. Über den Zugang zu diesen Ressourcen wird innerhalb der Arbeiterklasse wiederum eine Hierarchisierung vorgenommen, welche die Ärmsten ausschließt. Weiter heißt es: „Ferner werden auch in diesen Anstalten [...] viele Kinder gar nicht zugelassen, nämlich: die *unehelichen*."[35] Ottos Kritik zielt auf das zeitgenössische weibliche Rollenbild, denn der Ausschluss

31 Otto-Peters. „Frauen-Zeitung" (wie Anm. 1). S. 44.
32 Ebd.
33 Vgl. Neef. Mühsal ein Leben lang (wie Anm. 19). S. 78-80.
34 Otto-Peters. „Frauen-Zeitung" (wie Anm. 1). S. 54.
35 Ebd.

unehelicher Kinder diskriminiert genau jene Frauen, die bereits die Doppel-
belastung von Mutterschaft und Erwerbsarbeit zu tragen haben. Wenn bei
außerehelichen Schwangerschaften lediglich die Mutter für ein ‚unsittliches'
Verhalten bestraft und ihr der Zugang zu staatlichen Hilfsangeboten deshalb verwehrt wird, schränkt die Unvereinbarkeit von Sorge- und Erwerbsarbeit ihre Möglichkeiten zum Lohnerwerb drastisch ein. Ihr bleibt nur die
weiter oben bereits ausführlicher thematisierte Heimarbeit, mit der sie sich
zu einem unsicheren und womöglich lebenslangen Abhängigkeitsverhältnis zum Markt verpflichten. Otto verurteilt die Diskriminierung alleiner-
ziehender Frauen scharf und begründet sie insbesondere in der fehlenden
Nächstenliebe und Interessenlosigkeit der oberen Klassen an der Situation
der Arbeiterinnen:

> Dieser eine Fall läßt einen tiefen Blick auf den christlichen Staat und auf die
> Verkehrtheiten weiblicher Anschauungen tun [...] Die Frauen aber meinen
> nur, das sei der weiblichen Würde gemäß, die gefallenen Schwestern noch
> tiefer ins Elend zu stoßen oder nie ein Wort zu sich dringen zu lassen, das
> ihr Zartgefühl beleidigen könnte. Ihre Schwestern mögen im Schlamm der
> Sünde, des Elends, der Gemeinheit rettungslos ersticken und zugrunde gehen,
> das kümmert diese zartfühlenden Damen nicht, solange sie nur Aug' und Ohr
> sich zuhalten können und sich *stellen*, als wüßten sie nichts von der Demora-
> lisation der Gesellschaft.[36]

Sie kritisiert die Differenzen zwischen Frauen verschiedener Klassen, indem
sie das Elend der Arbeiterinnen auf die „verkehrte Erziehung" und die „gänz-
liche rechtlose Stellung der Frauen" zurückführt.[37] Hier wird auch die Problematik der Abgrenzung zwischen den Klassen deutlich, wenn die Frauen
des Proletariats aufgrund von weiblichem Rollenbild, Armut und ihren
unfreiwilligen Lebenszuständen auf mehreren Ebenen abgewertet und von
den nötigen institutionellen Hilfeleistungen ausgeschlossen werden. Die
strukturelle Marginalisierung der Frauen betrifft die Arbeiterinnen damit
in mehrfacher Hinsicht. Indem sie dies erkennt, gelingt es Louise Otto mit
ihrer Kritik, intersektionale Diskriminierungsachsen sowohl in horizontaler
wie auch vertikaler Richtung abzubilden.[38]

---

36 Ebd., S. 54f.
37 Beide Zitate in diesem Satz: Otto-Peters. „Frauen-Zeitung" (wie Anm. 1). S. 43.
38 Ausführlicher dazu: Kerstin Bronner/Stefan Paulus. Intersektionalität: Geschichte,
    Theorie und Praxis. Opladen/Toronto: Budrich 2017, S. 15f.

Vier Geschwister (1852)

Louise Ottos Roman *Vier Geschwister*, der 1852 in Dessau zweibändig
erschienen ist, hat in der Forschung bisher so gut wie keine Beachtung gefunden. Dies zu Unrecht, denn der Text ist nicht nur eine vielschichtige Gesell-
schaftsabbildung zur Mitte des 19. Jahrhunderts, sondern inkorporiert auch
Louise Ottos politisches und emanzipatorisches Programm, indem er asym-
metrische Strukturen zwischen den Klassen herausarbeitet und dabei die
soziale Frage mit der Frauenfrage in Zusammenhang bringt. Die Handlung
setzt im März 1846 ein und erstreckt sich über den Zeitraum eines Jahres, in
dem der Roman vier Geschwister des ärmlichen Kleinbürgertums auf ihren
unterschiedlichen Lebenswegen innerhalb der vormärzlichen Gesellschaft
begleitet. Anhand dieser vier Erzählstränge beleuchtet der Text zahlreiche
Aspekte des Klassensystems aus verschiedenen Blickwinkeln und lässt Figuren aus allen gesellschaftlichen Schichten miteinander in Interaktion treten.
Die Frauenfrage wird dabei über die Geschichte von Helene verhandelt,
welche die Chance erhält, durch eine Karriere als Sopranistin ihre Mutter
und die anderen Geschwister finanziell zu entlasten und der Familie bes-
sere Lebensverhältnisse zu ermöglichen. Im Textverlauf sieht sie sich mit
der Herausforderung konfrontiert, Erwerbsarbeit und weibliches Rollenbild miteinander in Einklang zu bringen. Ergänzend dazu thematisiert der
Erzählstrang zu Helenes Bruder Bruno, der als politischer Schriftsteller mit
der Zensur in Konflikt steht und sich aufgrund mangelnden Erfolgs von der
Fürstin Josephine von L. als Liebhaber aushalten lassen muss, den Pauperismus und die soziale Frage. Im Verlauf des Romans kommt Bruno mit dem
städtischen Elend im ‚wilden Viertel' und der ländlichen Armut im Dorf
Hohengrün in Kontakt, wo Hunger und Typhus wüten und immer wieder
gewalttätige Aufstände auslösen. Insbesondere der zweite Band stellt die
soziale Frage ins Zentrum und problematisiert das adelige wie bürgerliche
Desinteresse an der proletarischen Lebenswelt. Bezeichnend dafür ist schon
die topografische Gegenüberstellung der Besitzenden und der Besitzlosen.
Das ‚Niemandsland' zwischen diesen Fronten markiert ein Freudenhaus:
„[H]inter diesem Haus begann das wilde Viertel, das nur durch diese eine
Straße mit der Stadt in Verbindung stand."[39] Räumlich stehen sich Armut
und Besitz „wie zwei feindliche Heerlager"[40] gegenüber, und Otto hebt

---

39 Louise Otto. Vier Geschwister. Bd. 1. Dessau: Gebrüder Katz 1852, S. 96.
40 Ebd., S. 108.

bereits mit dieser räumlichen Situierung in der Diegese die Unvereinbarkeit der Klassen hervor. Verhärtet wird dieser Zustand durch die Darstellungen der mangelnden Kommunikation und Aufklärungsarbeit zur Armut und proletarischen Arbeit, die durch die Zensurbedingungen verhindert werden. So kritisiert etwa die Schriftstellerfigur Bruno: „[E]s ist verboten, in den inländischen öffentlichen Blättern zu sagen, wie es eigentlich steht."[41] Im Rahmen dieses Settings können die Figuren der bürgerlichen oder adeligen Klasse also nur durch die persönliche Konfrontation mit der Armut einen Eindruck des Elends erhalten. Hier zeigen sich Rückbezüge zu Ottos Artikeln in der *Frauen-Zeitung*, deren Armutsberichte ihren Wahrheitsanspruch auf Grundlage der eigenen Beobachtungen im Erzgebirge erheben. Es ist daher nicht verwunderlich, dass Otto über ihre Romanfiguren die direkte Auseinandersetzung mit dem Pauperismus als Lösungshandeln propagiert. Auch weist eine Parallelstelle im zweiten Band des Romans auf eine Verbindung zur *Frauen-Zeitung* hin. Diese kommt nicht nur im Inhalt, sondern auch im Wortlaut dem Artikel *Für die Arbeiterinnen* sehr nahe, wenn die Lebensbedingungen der Klöpplerinnen auf Hohengrün beschrieben werden:

> Es sind bleiche, stumpfe, bedürftige, verwahrloste Geschöpfe. Sie haben keine andere Nahrung als Kartoffeln, wie auch ihre Mütter keine andere hatten. Die Mütter sind schon von kleinauf und als Mädchen am Klöppelkissen verkrüppelt; sie können keine andere[n] Kinder zu Welt bringen! Und die Kinder müssen wieder klöppeln, sobald sie nur die kleinen Fingerchen regen können; kindliche Spiele und Freuden kennen sie nicht, selten nur kommen sie aus den dumpfen, engen Stuben. Und sehen Sie diese Hütten an! Sie werden denken, dass kaum eine für eine Familie Raum hat! Aber es wohnen meist zwei, oft drei Familien darin.[42]

Anhand dieser Parallelstelle lässt sich belegen, dass Otto ihre persönlichen Beobachtungen in den sozialen Roman eingearbeitet hat und mit ihrer narrativen Darstellung der proletarischen Lebensrealität die Grenzen der Fiktion referentiell öffnet.

Hinsichtlich des Berührungspunkts von Frauenfrage und sozialer Frage ist *Vier Geschwister* im Vergleich zu dem sechs Jahre zuvor erschienenen Roman *Schloß und Fabrik* um ein Vielfaches ausgearbeiteter. Die weiblichen Figuren, insbesondere jene aus der Unterschicht, sind differenzierter und werden

---

41 Louise Otto. Vier Geschwister. Bd. 2. Dessau: Gebrüder Katz 1852, S. 38.
42 Ebd., S. 40. Vgl. dazu Anm. 24 und 25.

in eine komplexe gesellschaftliche Dynamik von Ereignis-Folge-Kausalitäten eingebettet. Zudem ist der Roman konsequenter darin, unterschiedliche weibliche Lebensentwürfe darzustellen. Dadurch erhält die Thematik weiblicher Erwerbsarbeit eine vielschichtige Perspektivierung. Interessant ist hierfür die Figur der wahnsinnigen Lore, die von einer bösen Entität besessen scheint und den Tod der anderen Dorfbewohner vorhersieht:

> Ihr Mann ist Häuer in der Mariengrube [...] dort ist er verunglückt schon vor langer, langer Zeit und seitdem plagt sie das böse Wesen. [...U]nd da sitzt sie nun und klöppelt ruhig und fleißig; aber wenn sie über Etwas erschrickt, bekommt sie Krämpfe, tanzt, schreit oder lacht, und dann fällt sie um und liegt, wie Sie sie jetzt sahen, manchmal viele Stunden, ja ganze Tage lang.[43]

Aspekte der wahnsinnigen Lore finden sich auch schon in der Figur der Langen Liese in *Schloß und Fabrik*. Die Ähnlichkeiten zwischen diesen Figuren, ihre körperliche und psychische Degeneration, ihr Wahnsinn und der Verlust der Kontrolle über den eigenen Körper sind die Konsequenzen ihrer Lebensumstände. Sie stellen die Symptome einer schleichenden Entmenschlichung durch die prekären Lebensbedingungen der Arbeiterinnen dar. Der körperlich-psychische Zerfall ist eine literarische Strategie zur Sichtbarmachung der Folgen von Armut, Hunger und weiblicher Überlastung. Solche Frauenschicksale wiederholen sich in *Vier Geschwister* insbesondere im Rahmen der Darstellung mütterlicher Verzweiflungstaten wie Diebstahl:

> Ich, eine Mutter kann wohl wahnsinnig werden, wenn sie die Kinder verhungern sieht, und Eins schon vor Hunger oder Kälte gestorben ist! – Arbeit hatte ich nicht, mein Mann auch nicht, und da ich vergebens gebettelt, konnte ich nicht wieder heim gehen ohne einen Groschen oder ein Stückchen Brod, und die anderen Kinder auch sterben sehen![44]

Gesteigert wird die Darstellung dieses Zustands völliger Hoffnungslosigkeit im Kinds- und Selbstmord: „[E]s war kein Brosamen, kein Tropfen mehr im Hause gewesen – wahrscheinlich hat die Frau in Verzweiflung erst die Kinder erwürgt und dann sich."[45] Diese Folgen der Kartoffelfäule und der Typhusepidemie, die in *Vier Geschwister* im Dorf Hohengrün wüten, führen

---

43 Otto. Vier Geschwister (wie Anm. 39). S. 322.
44 Otto. Vier Geschwister (wie Anm. 41). S. 112.
45 Ebd., S. 81.

die Mehrfachbelastung der Frauen beispielhaft vor. Sie zeigen, wie sämtliche Arbeiten zum Erhalt der eigenen und familiären Existenz von den weiblichen Figuren übernommen werden. So fällt der Figur Käthe, einer Lehrerstochter in Hohengrün, nicht nur die Sorgearbeit und Pflege der kranken Geschwister und des Vaters zu, sondern auch die Verwaltung der finanziellen Mittel, die Hausarbeit und die Erwerbsarbeit: „Und dabei hat sie [Käthe] immer noch geklöppelt in jeder Stunde, da wir ihre Hilfe nicht brauchten; sehen Sie nur, wie matt ihre Augen sind vom Arbeiten, Weinen und Hungern!"[46] Zwar überlebt Käthe Hunger und Typhus, doch von der körperlichen und psychischen Belastung stark geschwächt, stirbt sie am Ende des Romans an einer leichten Grippe. Anders als noch in *Schloß und Fabrik* wird in *Vier Geschwister* ein neues, karitatives Programm erprobt: die Gründung eines Frauenvereins, der durch Spenden und Suppenküchen strukturbildend und vernetzend Abhilfe leisten soll. Zwar bringt der Frauenverein in der Romanhandlung letztendlich nicht die große Wende, jedoch eröffnet er den Diskurs über das soziale Elend innerhalb der bürgerlich-adligen Gesellschaft und implementiert neue Hilfsstrukturen. Am Ende ist es ein Aufsatz des Schriftstellers Bruno, der die Zensur umgeht und die bereits angespannte Lage so stark anheizt,[47] dass er einen Aufstand des Proletariats auslöst, der den Staat schließlich zu Gesetzesanpassungen und Getreideeinkäufen drängt. Louise Otto misst der Literatur damit einen hohen Stellenwert zur Aufklärung und Bildung der Bevölkerung bei und erhebt sie zu einem erfolgversprechenden Lösungsansatz der sozialen Frage.

Bemerkenswert am Werk Louise Ottos ist ihr ausdrückliches Interesse an den Lebensbedingungen der Fabrikarbeiterinnen, die zum einen zwar dem traditionellen Rollenbild von Mutter und Hausfrau gerecht werden müssen, jedoch gleichzeitig auch in Folge ihrer sozialen Deklassierung körperlich stark belastende Erwerbsarbeit leisten. Diese Abhängigkeit der Arbeiterfrauen von reproduktiver Sorgearbeit und Ausbeutung im kapitalistischen Erwerb wird in Louise Ottos Werk durch den Verschleiß ihrer seelischen und physischen Kräfte gezeichnet. Alle diskutierten Textbeispiele verorten die Arbeiterfrau im Raster eines asymmetrischen, sozialen Gefüges und zeigen sie innerhalb dieses Spannungsverhältnisses von weiblichem Rollenbild, Armut, mangelndem Zugang zu Ressourcen, körperlicher Degeneration und

---

46 Ebd., S. 35.
47 So heißt es in der Romanhandlung: „[U]nd Tausenden gingen die Augen auf". Otto. Vier Geschwister (wie Anm. 41). S. 208.

marktwirtschaftlicher Ausbeutung. Das bedeutet für Ottos Verständnis von Armut konkret, dass Armut per se nicht aus Unsittlichkeit oder mangelnder Arbeitsmoral entspringt, sondern hochkomplexen und vielschichtigen Strukturen unterliegt. Sie zeigt, dass die mehrfache Marginalisierung der proletarischen Frauen die Kategorien Geschlecht, Klasse und Körper simultan betrifft und somit nicht nur über Klassengrenzen hinweg, sondern auch innerhalb der proletarischen Klasse zu struktureller Benachteiligung führt. Die Sichtbarmachung dieser Prozesse deutet auf ein hellsichtiges Verständnis Louise Ottos für das komplexe Zusammenspiel gesellschaftlicher Mechanismen und ein für ihre Zeit erstaunliches Bewusstsein für intersektionale Strukturen hin.

Karin S. Wozonig (Wien)

Betty Paoli an der Seite der Fürstin Schwarzenberg

,Vierundzwanzigstundenbetreuung' mit intellektuellem Mehrwert

Betty Paoli (recte Barbara Glück, geboren 1814 in Wien, gestorben 1894 in Baden bei Wien) veröffentlichte in den 1830er Jahren ihre ersten Gedichte und war ein literarischer Shooting Star. Sie galt ihren Zeitgenossen als die bedeutendste Lyrikerin neben Annette von Droste-Hülshoff.[1] Die Dichtung nährte die alleinstehende Autorin jedoch nicht, und so war sie auf Verdienste als Gouvernante angewiesen, gab Sprachunterricht und verdingte sich als Gesellschafterin. Nach einigen Jahren im Haus von Henriette Wertheimer, in deren Salon auch Franz Grillparzer zu Gast war, wurde Paoli 1843 Gesellschafterin der Fürstin Maria Anna Schwarzenberg (1768-1848), geborene Gräfin von Hohenfeld, verwitwete Fürstin Esterházy, Witwe des Fürsten Karl Philip zu Schwarzenberg, Feldmarschall und Feldherr in der Völkerschlacht bei Leipzig. Paoli war für die körperliche und geistige Betreuung der Fürstin zuständig, war Reiseorganisatorin und Sekretärin ihrer betagten Dienstgeberin. Im Folgenden soll anhand von Briefen ein Schlaglicht auf einen hocharistokratischen Alltag vor der Revolution von 1848 geworfen werden.

Berichte an Fürst Friedrich

Als die Dichterin ihre Stelle bei Wertheimer verließ, stellte Friedrich Fürst zu Schwarzenberg (1800-1870) die Neunundzwanzigjährige als Gesellschafterin seiner Mutter an. Paoli kannte den Fürsten, der seit 1839 ein ehemaliges Kloster bei Preßburg bewohnte, als Schriftsteller. In den 1830er Jahren hatte er (anonym) Reiseberichte verfasst, die Texte, zuerst in Zeitschriften abgedruckt, erschienen gesammelt unter dem Titel *Rückblicke auf Algier*

---

1 Vgl. Betty Paoli. *„Ich bin nicht von der Zeitlichkeit!".* *Ausgewählte Werke.* Herausgegeben und mit einem Nachwort von Karin S. Wozonig. Salzburg, Wien: Residenz, 2024. Zur Biographie vgl. Karin S. Wozonig. Betty Paoli, Dichterin und Journalistin. Eine Biographie. Wien, Salzburg: Residenz, 2024.

Betty Paoli, von August Prinzhofer, 1847.

und dessen Eroberung durch die Königlich-französischen Truppen im Jahr (1830) und *Fragmente aus dem Tagebuche während einer Reise in die Levante* (zwei Bände, 1837). Paoli schätzte diese Berichte, typische Produkte eines schriftstellerisch dilettierenden Hochadeligen, der sich vom literarischen Markt abzugrenzen versuchte. Später würde Schwarzenberg auf Anregung von Paoli unter dem Titel *Aus dem Wanderbuche eines verabschiedeten Lanz-knechtes* Novellen, Erzählungen, Tagebuchblätter und Gedichte veröffentli-chen. Joseph von Eichendorff hielt ihn für eine „durch und durch poetische

Natur"[2], der Jungdeutsche Karl Gutzkow hingegen mokierte sich über
die literarischen Ambitionen Schwarzenbergs, der sich „mit allen Blumen
moderner Bildung" und „Citaten aus Byron, Ironieen aus Heine" schmücke.[3]
Paoli und Schwarzenberg kannten sich nicht nur literarisch, sondern
wohl auch flüchtig aus den Wiener Salons. In ihrem ersten Brief an ihn zeigt
sich die Dichterin erfreut darüber, dass sie durch ihre neue Stellung nun in
regelmäßigen Kontakt mit dem Fürsten stehen würde.[4] Fürst Friedrich ant-
wortete am 14. Juli 1843:

> Der Empfang Ihrer freundlichen Zeilen, – mein theures, ich darf sagen, schon
> längst und aufrichtig geliebtes Fräulein Betty, hat mich recht inniglich erfreut!
> Auch ich hatte schon längst die Ueberzeugung daß über kurz oder lang wir
> gegenseitig in nähere Berührung tretten würden, und uns nähern müßten [...].

Paoli schickte von nun an regelmäßig Briefe, die eine wichtige Quelle für die
Rekonstruktion des Alltags der Fürstin darstellen.

Die Fürstin Maria Anna Schwarzenberg verbrachte die Sommer- und
Herbstmonate auf dem Land oder auf Reisen, die Wintermonate in Wien.
Wenn Fürst Friedrich nach Wien kam, wohnte er im gleichen Haus wie seine
Mutter, dem Jakoberhof, und da man sich regelmäßig traf, gibt es hier keine
ausführlichen Briefe aber doch Einblicke: Sie freue sich herzlich auf die „stillen heiteren Abende wie wir im vorigen Winter einige hatten wo Niemand
im Salon war als Sie, mein Fürst, Gräfin Theta [Palffy] und Fürst Edmund
[Schwarzenberg]", schreibt Paoli, und ergänzt: „Lauter Menschen und gar
keine Leute."[5]

Zum Leben auf Schloss Worlik, Besitz des Majoratsherrn Karl, des zweiten Sohnes der Fürstin, gehörten die Jagdgäste. Regelmäßig waren Karl und
seine Frau Josephine, geborene Gräfin Wratislaw-Mitrowitz, mit dem Sohn
Karl III. zu Besuch, ebenso der Nachbar Hans Graf Kolowrat und „Fürst
Auersperg, die jungen Grafen Waldstein, Graf Degenfeld, Baron Hillebrand

---

2 Vgl. Joseph von Eichendorff. „Lanzknecht und Schreiber". *Historisch-politische
  Blätter für das katholische Deutschland* 20 (1847): S. 1-12.
3 Vgl. Karl Gutzkow. *Rückblicke auf mein Leben.* Berlin: Hofmann, 1875. S. 287f.
4 Vgl. Betty Paoli an Friedrich Schwarzenberg, 5. Juli 1843. Im Folgenden zitiere
  ich die Briefe von und an Friedrich Schwarzenberg aus der chronologisch geordneten Sammlung des Státní oblastní archiv v Třeboni, fond Rodinný archiv
  Schwarzenberků, Orlík nad Vltavou, II-56/125-126, kart. 153.
5 Betty Paoli an Friedrich Schwarzenberg, 13. November 1844.

u. s. w.", und wenn die Gäste weg sind, geht „die frühere Lebensweise, die durch die verschiedenen Besuche einige Störung erlitt, [...] wieder den alten Gang fort"[6].

Fürstin Maria Anna war unkonventionell, eine Persönlichkeit mit einem bewegten Leben, die es sich leisten konnte, eine freimütige Lyrikerin an ihrer Seite zu haben.[7] Die Schriftstellerin Emilie von Binzer erinnert sich:

> Eine sehr kleine Frau mit schönen antiken Zügen, liberal im besten Sinne des Wortes, aber auch im modernen; ihre Standesgenossen rümpften die Nase über sie und sagten, sie sei halb verrückt. [...] Die Fürstin Nanni war im hohen Grade verständig, voll Originalitäten, einer lebhaften Diskussion sehr zugethan, sogar etwas streitsüchtig; sie ließ die Gelegenheit zu einem Wortwechsel nie vorüber gehen; dabei war sie grade aus und haßte alle Umschweife.[8]

In Worlik „zog sie es vor, im Kleinen Schloß zu leben, wo das zum Bräuhaus gehörige Wirtshaus ihr Zeitvertreib bot"[9]. Sie war weitgehend von repräsentativen Verpflichtungen frei, zumal sie und ihre drei Söhne nach dem Tod ihres Mannes im Jahr 1820 verschuldet waren.[10] Zur Originalität der Fürstin gehörte es nun also, die Verfasserin skandalöser Weltschmerz- und Liebeslyrik, über deren junge Jahre in den Wiener Kreisen so manches Gerücht kursierte, als Gesellschafterin zu beschäftigen. Das neue Verhältnis wurde wahrgenommen und unterschiedlich kommentiert. Während eine Notiz in den *Grenzboten* vermerkt: „Betty Paoli, die interessante, liebenswürdige Dichterin, ist dieser Tage als Gesellschafterin der verwittweten Fürstin

---

6   Betty Paoli an Friedrich Schwarzenberg, 18. August 1843.

7   Vgl. Elisabeth Fiorioli. *Die Salonkultur der Wiener Aristokratie in der ersten Hälfte des 19. Jahrhunderts am Beispiel der Fürstin Maria Anna Schwarzenberg.* DA Wien, 1991.

8   Emilie von Binzer. *Drei Sommer in Löbichau: 1819-21.* Stuttgart: Spemann, 1877. S. 78.

9   Karl Fürst Schwarzenberg. *Feldmarschall Fürst Schwarzenberg. Der Sieger von Leipzig.* Wien, München: Herold, 1964. S. 436.

10 Vgl. Hannes Stekl. *Österreichs Aristokratie im Vormärz. Herrschaftsstil und Lebensformen der Fürstenhäuser Lichtenstein und Schwarzenberg.* Wien, München: Verlag für Geschichte und Politik, 1973. S. 30-34.

Schwarzenberg nach Böhmen gereist"[11], spottet *Der Ungar* über das „schrift-stellernde Kammerfräulein"[12].

Fürst Friedrich ist zufrieden: „Ich glaube es voraus gesehen zu haben daß die Eigenthümlichkeit beyder Naturen, von meiner Mutter und die Ihrige, wie anziehende Pole aufeinander wirken könnten und müßten, und freue mich darin auch nicht geirrt zu haben."[13] Und er vertraut auf Paolis Betreu-ungskompetenz: „Mir jedenfalls ist es eine überaus beruhigende Empfin-dung die Pflege dieses mir so theuern Wesens in geistiger und materieller Beziehung in Ihren Händen, den einzigen mir dazu geeignet scheinenden weiblichen, gelegt zu wissen".[14]

Paoli war es anfangs recht, dass das Leben auf dem Schloss „sanft und unmerklich" hingeht, sie schildert den Tagesablauf:

Die Morgenstunden ausgenommen, verbringe ich den ganzen Tag mit Ihrer Durchlaucht zu, Vormittags meistens lesend, den Nachmittag zu Spaziergän-gen verwendend. Die Fürstin ist (unberufen!) wohl und heiter; ich spreche nur davon, denn wie gütig, wie tief, wie klar und mild sie ist, brauche ich Ihnen nicht erst zu sagen.[15]

Später wird sie über ihre Arbeitgeberin sagen: „Groß war der Gewinn, [...] den ich aus dem beständigen Verkehr mit dieser wahrhaft außerordentlichen Frau zog. [...] Was die Erziehung an mir versäumte, hat der Verkehr mit die-sem ganz großen und ganz reinen Charakter nachgeholt."[16]

Krankheit und Tod

Gleich im ersten Jahr ihres Dienstes war Betty Paoli mit einem tragischen Todesfall in der Familie Schwarzenberg konfrontiert. Die Enkelin der Fürs-tin, Gabriele Schwarzenberg, Tochter von Karl und Josephine, starb mit

---

11 R..r: „Tagebuch". *Die Grenzboten.* 2 (1843). S. 777-786, hier S. 779.
12 Anonym. „Salon für Theater, Kunst und Literatur". *Der Ungar*, 3. Dezember 1844, S. 1122f.
13 Friedrich Schwarzenberg an Betty Paoli, 14. Juli 1843.
14 Friedrich Schwarzenberg an Betty Paoli, 14. Juli 1843.
15 Betty Paoli an Friedrich Schwarzenberg, 5. Juli 1843.
16 Zitiert in Leopold Kompert. „Betty Paoli". *Gedenke mein!* 1857, S. IX-XVIII, hier S. XV.

17 Jahren, wahrscheinlich an Typhus. Ein Brief Paolis an Friedrich Schwarzenberg schildert die Bemühungen um das Leben der Prinzessin, nennt die Ärzte, die aus der näheren Umgebung und aus Prag ins Haus geholt wurden und bereitet den Onkel der Schwerkranken vor: „Und dennoch, dennoch; Fürst! kann ich es Ihnen nicht verhehlen, daß Sie auf das Äußerste gefaßt sein müßen. Die Kranke kennt heute Niemanden mehr, nicht einmahl Vater und Mutter."[17] Am 26. November 1843 stirbt Gabriele und im nächsten Jahr schreibt Paoli: „Ich weiß noch nicht wo wir den 26. November zubringen werden, doch meine ich, es wird in Prag sein; hier alle diese überschmerzlichen Erinnerungen durchzumachen, wird zu traurig [...]".[18] Im Dezember desselben Jahres erkrankt Fürst Karl bei seinem Aufenthalt auf Worlik und wieder schickt Paoli einen Brief per „Stafette" an Friedrich Schwarzenberg, in dem sie ihm nicht nur berichtet, welche Ärzte sich um das Wohl seines Bruders kümmern, sondern ihn auch bittet, möglichst bald selbst nach Worlik zu kommen.[19] Karl erholte sich von der schweren Krankheit.

Paoli war auch für die medizinische Betreuung ihrer Arbeitgeberin zuständig und schreibt ihm Namen der Fürstin an deren behandelnden Ärzte, so zum Beispiel über das „ins Ohr gegoßene Mandelöhl", das der Fürstin unangenehm sei, man wünsche eine Ersatztherapie mit einem Dunst von Eibischwurzeln.[20] Als ihr Freund Moritz Hartmann erkrankt, schreibt ihm Paoli: „[I]ch war selber so viel krank, hab so viele Kranke gepflegt, daß man mich wie eine sœur grise [Barmherzige Schwester] brauchen kann".[21]

Reisebegleitung

Paoli unternahm mit der Fürstin Fahrten nach Prag und weitere Reisen. Auch bei diesen Gelegenheiten musste sie für die Dinge des täglichen Lebens sorgen. In den Jahren, in denen Paoli bei ihr war, lagen die Reiserechnungen

---

17 Betty Paoli an [Friedrich Schwarzenberg], Worlik, 20. November 1840 [recte 1843].

18 Betty Paoli an Friedrich Schwarzenberg, 28. September 1844.

19 Betty Paoli an Friedrich Schwarzenberg, 17. Dezember 1844.

20 Vgl. Betty Paoli an Dr. Gruber. o. O., 6. Februar 1846. Wienbibliothek im Rathaus (in der Folge WBR) https://resolver.obvsg.at/urn:nbn:at:AT-WBR-1313416.

21 Vgl. Betty Paoli an Moritz Hartmann, Prag, 4. Dezember 1844. WBR. https://resolver.obvsg.at/urn:nbn:at:AT-WBR-1307984.

der Fürstin deutlich über dem Durchschnitt.[22] Sie hatte mit Paoli eine selbstständige, kluge Frau als Betreuerin, die die praktischen Dinge organisierte und ein gern gesehener, sprachgewandter Gast (sie beherrschte Französisch, Englisch und Italienisch) in den Salons und intellektuellen Kreisen fremder Städte war.

Im Jahr 1844 führte die Sommerreise bis Helgoland, wobei die 76jährige Schwarzenberg ein beachtliches Tempo anschlug und die Gesellschafterin selbstverständlich kein Mitspracherecht bei dem Reiseziel hatte. „[V]on mir selbst weiß ich kaum etwas Anderes zu sagen, als daß ich mich als Colli betrachte, das man einpackt und hinschickt wohin man will"[23]. Fürstin Maria Anna Schwarzenberg entsprach der liberalen Klientel, die die englische Kolonie Helgoland besuchte, weil es „eine Handweit Erde außer dem festen und gefesteten Europa" war.[24] Die nächste geplante Fahrt nach Gmunden und Ischl wurde dann zwar abgesagt, Ende Oktober war man aber schon wieder unterwegs und Fürst Friedrich kommentierte: „Sie, und meine theure Mutter – habt Euch aber dergestalt dem Vagabundenleben ergeben, daß man Euch eigentlich mit gar keinen anderen Briefen, als mit Steckbriefen, einholen kann!"[25]

Paoli war schon als junge Frau Arbeitsmigrantin, die ihr Reiseziel nicht frei wählen konnte und nicht zum Vergnügen reiste. Als Begleiterin der Fürstin Schwarzenberg boten sich ihr jedoch Möglichkeiten, die bürgerlichen Frauen üblicherweise verwehrt waren. Unternahmen diese „Reisen als Selbstzweck, zur Befriedigung persönlicher Interessen", dann machten sie sich verdächtig und man „bezichtigte [...] sie unangebrachter, unweiblicher Beweggründe."[26] Als Gesellschafterin verrichtete Paoli aber typisch weibliche Betreuungsarbeit und profitierte von den Reisen. Ihre Zeitungsbeiträge, ihre Übersetzungen und Nachdichtungen, ihr ganzes Werk ist ohne ihre Besuche in den Museen und Theatern fremder Städte, ohne die Gespräche in den Salons außerhalb Wiens nicht denkbar.

Im Sommer 1844 berichtete die Leipziger *Allgemeine Zeitung*: „Fräulein Glück, Betty Paoli, wie sich die Dichterin nennt, war im Gefolge der Fürstin

---

22 Vgl. Stekl, S. 154.

23 Betty Paoli an Friedrich Schwarzenberg, 21. Juli 1844.

24 Vgl. Ludolf Wienbarg. *Tagebuch von Helgoland.* Hamburg: Hoffmann & Campe, 1838, S. VI-VIII.

25 Friedrich Schwarzenberg an Betty Paoli, 21. Oktober 1844.

26 Gabriele Habinger. *Eine Wiener Biedermeierdame erobert die Welt. Die Lebensgeschichte der Ida Pfeiffer (1797-1858).* Wien: Promedia, 1997. S. 50.

Schwarzenberg, der Wittwe des Feldmarschalls, nur flüchtig auf der Durch-
reise hier."[27] Bei ihrem zweiten Besuch im Herbst hatten die beiden Damen
Zeit für Sozialkontakte: Paoli lernte „die meisten Notabilitäten" der Stadt
kennen, wie zum Beispiel den Kritiker und Redakteur Gustav Kühne und
Heinrich Laube.[28] Man wohnte im Hôtel de Bavière, in dem in diesen Jahren
auch die Kaiserin von Russland abstieg.

Auch im Herbst 1847 reisten Paoli und die Fürstin nach Deutschland.
Die Gesellschafterin kündigte das Moritz Hartmann brieflich an und versuchte ein Treffen mit ihm zu organisieren.[29] Hier lässt sich ablesen, wie
viele Pläne zu schmieden und Rücksichten zu nehmen waren, wollte man
eine solche Reise organisieren. Mitte August plante man, Anfang September
Worlik zu verlassen, nach Prag zu reisen und von dort weiter nach Dresden.
Die Absicht war ein „rendez-vous mit Savigny's"[30], der Familie des Rechts-
gelehrten Friedrich Karl von Savigny. Nach der Rückkehr nach Worlik stehe
eine Reise nach Italien an, da das Regiment des Enkels der Fürstin dorthin
beordert worden war. Allerdings war zu diesem Zeitpunkt noch nicht klar,
in welche Garnison Karl (er war Lieutenant im 4. Chevauxleger-Regiment
Fürst Windisch-Grätz) kommen würde. Paoli erklärt Hartmann, dass der
Fürstin nur der Aufenthalt in einer großen Stadt mit einigem Komfort zuzu-
muten sei. Aber auch in diesem Fall habe eine solche Reise „doch immer ihr
Ungemach und ihre Störungen"[31].

Vier Wochen später sieht Paoli dem „Abreise Trouble" für die Fahrt
nach Dresden entgegen.[32] Ende Oktober waren die Fürstin und ihre Gesellschafterin zurück in Worlik, die Reisepläne für Italien wurden verworfen,
man plante nun den Umzug nach Wien.[33] Der fand üblicherweise Anfang
Dezember statt, in diesem Jahr aber musste man auf einen früheren Aufbruch
gefasst sein, da die „Fürstin Grassalkovics" – Leopoldine Grassalkowits von

27 [Notiz]. *Allgemeine Zeitung*, 12. August 1844, S. 1799.
28 Betty Paoli an Friedrich Schwarzenberg, 13. November 1844.
29 Vgl. Betty Paoli an Moritz Hartmann. 21. September 1847. WBR. https://resol-
   ver.obvsg.at/urn:nbn:at:AT-WBR-1306185.
30 Betty Paoli an Moritz Hartmann. Worlik, 18. August 1847. WBR. https://
   resolver.obvsg.at/urn:nbn:at:AT-WBR-1306503.
31 Betty Paoli an Moritz Hartmann. Worlik, 18. August 1847. WBR. https://
   resolver.obvsg.at/urn:nbn:at:AT-WBR-1306503.
32 Betty Paoli an Moritz Hartmann. 21. September 1847. WBR. https://resolver.
   obvsg.at/urn:nbn:at:AT-WBR-1306185.
33 Vgl. Betty Paoli an Friedrich Schwarzenberg, 29. Oktober 1847.

Gyavak, geborene Esterházy –, eine Stieftochter der Fürstin Schwarzenberg (die Tochter ihres ersten Ehemannes aus dessen erster Ehe), vielleicht in die Stadt kommen wollte, wo die beiden sich treffen müssten.

Schließlich kamen die Fürstin und Paoli doch erst Anfang Dezember nach Wien, und kaum hatte man sich etabliert, wurde der übliche Salonbetrieb aufgenommen. Paoli schreibt an Adalbert Stifter:

> Theuerster Freund! Seit vorgestern sind wir wieder in Wien; die wahrste Freude, die uns hier erwartet ist die, Sie wiederzusehen. Wollen Sie so freundlich sein, uns den heutigen Abend zu schenken? Wir sind von 7 Uhr an zu treffen; kommen Sie wann Sie wollen, aber kommen Sie nur gewiß. Ich bitte Sie so sehr darum! Tausend herzliche Grüße von der Fürstin.[34]

Literarisches

Paolis literarische Verbindungen in Wien rissen trotz längerer Abwesenheit nicht ab, ihr Engagement ließ ihr sogar Zeit zum Schreiben. Der Redakteur des *Morgenblatts* macht sich aber wohl falsche Vorstellungen, wenn er schreibt, dass Paoli „in einer romantischen Gebirgsgegend Böhmens" „träumt und singt"[35]. Paoli war vor allem die Vorleserin der Fürstin und berichtete Friedrich Schwarzenberg von der Lektüre, bat auch um Besorgung von Büchern. Im ersten Sommer lasen sie ein Werk über Madame de Sévigné und Memoiren des Vizekönigs von Navarra unter König Heinrich IV, beide Bücher waren französische Neuerscheinungen.[36] Als die Fürstin sich das Buch *Un nom de famille* wünscht, einen Roman von Auguste Luchet, der dafür wegen Staatsgefährdung zu zwei Jahren Haft verurteilt wurde, muss Fürst Friedrich passen. Das Werk liege zwar bei ihm in Wien, sei aber „aus Gründen" nicht mit der Post zu verschicken.[37]

---

34 Betty Paoli an Adalbert Stifter, 10. Dezember 1847. *Adalbert Stifters sämmtliche Werke* 23, Briefwechsel 7. Hg. Gustav Wilhelm. Reichenberg: Sudetendeutscher Verlag Franz Kraus, 1939. S. 44.

35 [Notiz]. *Morgenblatt für gebildete Leser*, 3. Oktober 1843, S. 944.

36 *Mémoires touchant la vie et les écrits de Marie de Rabutin-Chantal, dame de Bour-billy, marquise de Sévigné* von Charles Athanase Walckenaer. *Mémoires authen-tiques de Jacques Nompar de Caumont, duc de la Force, maréchal de France.*

37 Friedrich Schwarzenberg an Betty Paoli, 30. Juli 1843.

Adalbert Stifter schuf in seinem Roman *Der Nachsommer* ein literarisches Portrait der Fürstin und ihrer Gesellschafterin. Die Fürstin in Stifters Roman ist freundlich und gebildet, „geistige Erholung oder Anstrengung – wie man den Ausdruck nehmen will", ist ihr ein Bedürfnis.[38] „Sie wollte nicht bloß das wissen, was jetzt noch auf den geistigen Gebieten hervorgebracht wurde [...], sondern sie nahm oft auch ein Buch von solchen Personen in die Hand, die in ihre Jugendzeit gefallen und dort bedeutsam gewesen waren [...]."[39] Außerdem informiert sich die Roman-Fürstin aus Zeitungen darüber, „was in den Verhältnissen der Staaten und Völker vorging".[40] Vorlesen lässt sie sich das alles von einer Gesellschafterin, die „mit ihr über das Gelesene sprach, und die eine solche Bildung besaß, daß sie dem Geiste der alten Frau Nahrung zu geben vermochte, so wie sie von diesem Geiste auch Nahrung empfing."[41] Die Gesellschafterin in dem Roman ist zudem außerordentlich begabt und ihre eigenen „Hervorbringungen" gehören zu den „beachtenswertesten der Zeit."[42]

In ihre Zeit bei Maria Anna Schwarzenberg fällt Paolis Fertigstellung des Bettina von Arnim gewidmeten Gedichtbands *Romancero*, ein markantes Beispiel für ihre kurz während politische Sturm-und-Drang-Phase. Hier ist eine vormärzliche Haltung ausgedrückt, die in ihrer Radikalität jener von Paolis Dichterfreunden Alfred Meißner und Moritz Hartmann in nichts nachsteht. Dass Paoli sich dem brisanten Thema der protonationalistischen Aufstände zuwandte, hatte nicht zuletzt mit ihrer Begegnung mit Bettina von Arnim in Berlin in der Begleitung der Fürstin Schwarzenberg, einer Arnim-Anhängerin[43], zu tun. Diese empfing in ihrem Wiener Salon nicht nur Adalbert Stifter, sondern auch den späteren radikallinken Abgeordneten Moritz Hartmann. Ihn nach Worlik einzuladen, war allerdings nur bedingt möglich. Paoli schreibt ihm, sie hoffe ihn zu sehen, „wenn Fürstin Josephine

---

38 Vgl. Adalbert Stifter. *Der Nachsommer.* Adalbert Stifter: *Werke und Briefe. Historisch-kritische Gesamtausgabe.* Hg. Alfred Doppler/Wolfgang Frühwald. Bd. 4, 2. Stuttgart: Kohlhammer, 1999. S. 76.

39 Stifter, *Der Nachsommer*, S. 76f.

40 Vgl. Stifter, *Der Nachsommer*, S. 77.

41 Stifter, *Der Nachsommer*, S. 78.

42 Stifter, *Der Nachsommer*, S. 78.

43 Vgl. Ottilie von Goethe. *Tagebücher 1839-1841. Weimar/Wien/Weimar.* Hg. Heinz Bluhm. Bd. 1. Wien: Bergland, 1962. S. 86.

nach Prag zurückgekehrt und wir allein hier sein werden"[44]. Der *Romancero* wurde in Teilen mit der Verbotsformel „erga schedam" belegt, was bedeutete, dass er „ohne Gefahr nur Geschäftsmännern und den Wißenschaften geweihten Menschen gegen Reverse von der Polizeyhofstelle bewilligt werden" konnte.[45] Ob es nun an ihrer Stellung als Gesellschafterin der Fürstin Schwarzenberg, an der schützenden Hand des mit der Fürstin befreundeten Grafen Kolowrat oder daran lag, dass die Behörden meinten, ihre Leserschaft sei unpolitisch: In der Korrespondenz Paolis gibt es keinen Hinweis auf Zensurprobleme.

Paoli trieb in ihrer Zeit bei der Fürstin ihre literarische Karriere voran. Sie veröffentlichte nicht nur den *Romancero*, sondern arbeitete auch an ihrem zweiten Gedichtband *Nach dem Gewitter*, stellte eine Prosasammlung zusammen (*Die Welt und mein Auge*) und erweiterte ihren ersten Gedichtband für die zweite Auflage. In dieser findet sich eine poetische Huldigung mit dem Titel „An Gabriele Sch.", in der Paoli der Trauer über den Tod der Prinzessin Gabriele Schwarzenberg Ausdruck verleiht.[46]

Nach fünf Jahren als Gesellschafterin der Fürstin Schwarzenberg zählte Paoli zum literarischen Establishment und wurde von der nächsten Generation schreibender Frauen verehrt, so auch von Marie Comtesse Dubsky, verehelichte Baronin Ebner-Eschenbach. Im Februar 1848 trafen sich die beiden Frauen auf Initiative von Xaverine, geborene Gräfin Kolowrat-Krakowský, der Stiefmutter der Comtesse.[47] Jahrzehnte später wird Ebner-Eschenbach ihrem einstigen Idol Paoli einen Nachruf widmen, in dem sie schreibt: „Segen ihrem Andenken, und Dank ihr, mit der Keiner im Verkehre stehen konnte, ohne sich wachsen zu fühlen, ohne die Grenzen seines Denkens zu erweitern."[48]

---

44 Vgl. Betty Paoli an Moritz Hartmann. Worlik, 18. August 1847. WBR. https://resolver.obvsg.at/urn:nbn:at:AT-WBR-1306503/.

45 Vgl. https://zensur.univie.ac.at/ und Julius Marx. *Die österreichische Zensur im Vormärz.* Wien: Verlag für Geschichte und Politik, 1959. S. 75.

46 Betty Paoli. „An Gabriele Sch." Gedichte. 2. vermehrte Auflage. Pesth: Heckenast 1845. S. 89f.

47 Vgl. Anton Bettelheim. *Marie von Ebner-Eschenbach. Biographische Blätter.* Berlin: Gebrüder Paetel, 1900. S. 24f.

48 Marie von Ebner-Eschenbach. „Betty Paoli". Betty Paoli. *Gedichte. Auswahl und Nachlaß.* Stuttgart: Cotta, 1895. S. IX-XXI, hier S. XXI.

Exkurs: Genealogie

Dass Betty Paoli einen für eine bürgerliche Bedienstete eher lockeren Umgangston mit ihrer hochadeligen Dienstherrin und deren Familie pflegte und sich neben ihren Verpflichtungen als Gesellschafterin auch ihrem Schreiben widmen konnte, könnte an der unkonventionellen Fürstin liegen. Hinzu kommt, dass Paoli durch ihre literarischen Erfolge bereits vor Antritt ihrer Stelle eine bekannte, öffentliche Person war. In einem Brief an sie stellt Friedrich Schwarzenberg geistigen und Geburtsadel gegenüber:

> Sie sind viel zu gütig und nachsichtig, liebes Fräulein, in Ihrer Beurtheilung meiner eigenen ziemlich miserablen Persönlichkeit. Sie kommen mir darin vor wie die wahren Aristokraten welche dem armen Parvenu nicht seine unbedeutende Herkunft wollen fühlen lassen. Als, ohne Schmeicheley sey es Ihnen gesagt, – hoch und vornehm geborne geistige Aristokratin, reichen Sie gütig Ihre Hand, des innern eignen Adels tiefbewußt, auch dem unebenbürtigen Spießbürger, und schämen sich nicht Ihr Wappenschild neben dem seinen aufzustellen. Das kömmt daher weil Sie, was ich längst erkannte, von tiefstem wahren Seelenadel sind, – ich aber weiß recht gut daß als Schrifsteller mir nur eine kleine Stelle unter dem reisigen Volke gebührt, und indem ich meine Feder demüthig senke, erkenne ich in Ihnen aufrichtig den geharnischten, blank gewaffneten, federgeschmückten Herrn und Ritter.[49]

Das kann als eine tiefe Verneigung vor der berühmten Dichterin gelesen werden – aber auch als Anspielung auf Paolis Herkunft. Denn dass Paoli zeitlebens in Adelshäusern bestens integriert war, könnte damit zu tun haben, dass ihr leiblicher Vater ein Aristokrat war. Dieses Gerücht stammt an dieser Stelle aus vierter Hand: Der Biograph Anton Bettelheim vertraute dem Schauspieler Hugo Thimig an, dass er von Marie von Ebner-Eschenbach wisse, die Dichterin sei „eine natürliche Tochter des Fürsten Esterhazy" gewesen.[50] Der wahrscheinliche Kandidat für die Vaterschaft ist der Sohn von Fürst Anton Esterházy aus seiner ersten Ehe mit Gräfin Maria Theresia Erdödy, Nikolaus II. Esterházy de Galantha (Esterházy Miklós). Er wurde 1765 in Wien geboren, war seit 1794 Chef des Hauses Esterházy und starb im Jahr 1833 in Como, Italien. Betty Paoli wäre somit als Gesellschafterin

---

49 Friedrich Schwarzenberg an Betty Paoli, 14. August 1843.
50 Vgl. Hg. Franz Hadamovsky. *Hugo Thimig erzählt.* Graz, Köln: Böhlau, 1962. S. 160.

der Stiefmutter ihres leiblichen Vaters engagiert worden. Gräfin Schönfeld-Neumann berichtet von ihren Vorurteilen gegenüber kreativ-chaotischen Schriftstellerinnen ohne Benimm, die sie nach der näheren Bekanntschaft mit Paoli revidieren musste: „Ich war daher sehr erstaunt, in Betty einer äußerst soignierten Dame zu begegnen, der man ansah, daß sie sich nur in distinguierten Kreisen bewegte."[51]

Burn out

„Wir haben unser altgewohntes Leben wieder aufgenommen, lesen, gehen spazieren, fahren nach dem Annahof u. s. w." schreibt Paoli am 12. August 1844 an Fürst Friedrich und gibt damit das Bild der Wiederkehr des Immergleichen. Ende 1844 zeichnete sich ab, dass Paoli mit diesem Leben zugleich unter- und überfordert war. An Hartmann schreibt sie: „Sonst geht das Leben den alten Gang fort und jeden Abend verwundre ich mich darüber, wie ein Abend gar so schrecklich lang sein kann." Die Mitglieder der Jagdgesellschaft schliefen im Salon auf ihren Sesseln ein „wie die Apostel auf dem Öhlberg", das Leben in Prag halte sie vom Schreiben ab, ohne dass sie durch Unterhaltung oder Genuss dafür entschädigt werde.[52]

Die Pflege der Fürstin war anstrengend, dabei war Paoli selbst oft krank. Als sie in elendem Zustand von Leipzig nach Worlik unterwegs war, musste sie nicht nur wie üblich die Reiseorganisation übernehmen, sondern auch bei der Whistpartie neben der Fürstin sitzen. Paoli ruft Hartmann zu: „[S]chreiben Sie mir!!! Gefangne besuchen ist ein mildthätig Werk und, o Gott! hinter welchen Gittern und Riegeln lieg' ich verkerkert!"[53] Das ist ein bitterer Scherz der Dichterin, deren neueste Gedichtsammlung ein großes Lob der Freiheit ist. Aber auch die Vorzeichen der Revolution zeigten sich im Alltag der Fürstin: Bei der Planung der Reise nach Helgoland wurde noch mit der Begleitung durch Fürst Karl gerechnet, der fiel aber wegen der „unseligen Prager Unruhen" (Paoli an Fürst Friedrich am 21. Juli 1844) aus.

---

51 „Erinnerungen von Louise Gräfin Schönfeld-Neumann. Mitgeteilt von Helene Bettelheim-Gabillon". *Österreichische Rundschau* 5 (1905/06) S. 167-180, hier S. 171.

52 Vgl. Hg. Otto Wittner. *Briefe aus dem Vormärz. Eine Sammlung aus dem Nachlaß Moritz Hartmanns.* Prag: Calve, 1911. S. 283. (8. November 1844 [?])

53 Hg. Wittner, S. 284.

Im Jänner 1845 berichtete Heinrich Landesmann, dass Paoli krank sei, wenige Monate darauf, dass sie ihre Stelle bei der Fürstin aufgeben und nach Deutschland ziehen wolle.[54] Paoli bezeichnete sich selbst als „Vogel im Käfich" und schreibt: „[I]ch ersticke in dieser Atmosphäre, ich verkümmere in diesem Boden." Den Sommer 1845 wollte sie noch mit der Fürstin in Gmunden, eventuell in der Schweiz oder in Meran verbringen, sich dann aber allein in Dresden „etabliren". Ihre Pläne klingen vage und vor allem: Sie wusste nicht, wie sie ihren Entschluss der Fürstin beibringen sollte.[55] Paoli konnte sich nicht entschließen, den Schritt zu tun, sie blieb bei der Fürstin und im Jahr darauf ist aus dem Vogel im Käfig ein „Murmelthier" geworden.[56] An Karl August Varnhagen schreibt sie:

> Von allem, was ich gern täte, kann ich kaum zum geringsten gelangen, ich sehe meine Freunde äußerst selten, von literarischen Arbeiten ist gar nicht die Rede, und wenn die unerquicklichen Zerstreuungen mir auch wirklich ein paar Stunden freilassen, so fehlt die rechte Stimmung, die sich nicht plötzlich herzaubern lässt.[57]

Die Wintermonate in Wien nennt sie einen „Taranteltanz"[58] und sich selbst „versumpft" und „untergegangen in den Nichtigkeiten" des gesellschaftlichen Lebens.[59] Auch ihre Freunde bemerkten: „Paoli reibt sich in dem trouble ihres Concert- Theater- und Praterlebens auf".[60]

Nach drei Jahren als Gesellschafterin, Vorleserin, Sekretärin und Pflegerin der Fürstin suchte Paoli bei Friedrich Fürst Schwarzenberg um Urlaub an.

> Ich bin so leidend und auch geistig so gestört, daß ich das dringende Bedürfniß fühle, Etwas zu thun um meine Gesundheit wieder zu erlangen und mich wieder auf mich selbst zu besinnen. Eine, wenn auch nur kurz dauernde, Reise

---

54 Vgl. Hg. Wittner, S. 313 und 347.

55 Vgl. Hg. Wittner, S. 354.

56 Vgl. Betty Paoli an Moritz Hartmann, 14. Februar 1846. WBR. https://resolver.obvsg.at/urn:nbn:at:AT-WBR-1305200.

57 „Betty Paoli. Ungedruckte Briefe. Mitgeteilt von Wilhelm Schenkel". *Das literarische Echo* 18 (1915-1916) Sp. 151-164, hier Sp. 153.

58 Vgl. Schenkel: Betty Paoli, Sp. 153.

59 Vgl. Betty Paoli an Moritz Hartmann, 15. Jänner 1847. WBR. https://resolver.obvsg.at/urn:nbn:at:AT-WBR-1306864.

60 Heinrich Landesmann an Moritz Hartmann, 19. März 1846. WBR. https://resolver.obvsg.at/urn:nbn:at:AT-WBR-1016645.

würde mich diesen Zweck wohl am sichersten erreichen laßen und darum bitte ich Sie, mein Fürst, mir einen Urlaub von einigen Wochen zu erwirken. Ich möchte einen Ausflug nach Venedig machen und dann, will's Gott, daß ich dort die physische und geistige Stärkung finde, die ich hoffe, erquickt und erfrischt zurückkehren, um meinen Pflichten beßer zu genügen, als mir's in meinem jetzigen krankhaften Zustand möglich wäre. So wie ich jetzt bin kann mein Umgang Niemandem auf der Welt zur Zerstreuung und Erheiterung dienen [...].[61]

In den Kreisen um die Fürstin grassierte das Gerücht, Paoli („es ist eine traurige Thatsache, daß ich ohne Cigarre nicht arbeiten kann"[62]) erhole sich in Italien „von den heillosen Nachwirkungen allzu starken Rauchens"[63].

Aus einigen Wochen Urlaub wurden sechs Monate. Nach einem kurzen Aufenthalt in Venedig reiste Paoli nach Florenz, im August 1846 zurück nach Venedig. Von dort schreibt sie einen langen Brief an Friedrich Schwarzenberg, aus dem hervorgeht, dass sie sich nur langsam erholt und befürchtet, ihre Stelle als Gesellschafterin der Fürstin verwirkt zu haben.[64] Allerdings gibt sie auch zu bedenken, dass der für sie engagierte Ersatz, Fräulein Vignet, den Ansprüchen der Fürstin kaum genügen dürfte.

Nach ihrer Rückkehr nach Wien und an die Seite der Fürstin Schwarzenberg lieferte Paoli einen farbenfrohen Bericht von ihren „Irr- und Leidensfahrten", den Mühen der Reise und ihrem schlechten Gesundheitszustand während ihres Aufenthalts.[65] Der ausgedehnte Urlaub trug aber offenbar Früchte: Paoli fühlte sich gestärkt und machte auch auf ihre Umgebung einen erholten Eindruck.[66] In ihrer Lyrik hinterließ die Reise nach Florenz und Venedig deutliche Spuren. Im Band *Neue Gedichte* von 1850 finden wir einige Venedig-Stücke, wie *So mag es sein!* mit der Anfangszeile „Um meine Gondel kos't der Wind", in der die Gondel, ganz in der symbolischen

---

61 Betty Paoli an Friedrich Schwarzenberg, 19. Mai 1846.

62 Betty Paoli an Moritz Hartmann. 24. August 1844. WBR. https://resolver. obvsg.at/urn:nbn:at:AT-WBR-1304895.

63 Anton Bettelheim. *Marie von Ebner-Eschenbach. Biographische Blätter*. Berlin: Gebrüder Paetel, 1900. S. 24.

64 Vgl. Betty Paoli an Friedrich Schwarzenberg, 26. September 1846.

65 Vgl. Betty Paoli an Moritz Hartmann, 15. Jänner 1847. WBR. https://resolver. obvsg.at/urn:nbn:at:AT-WBR-1306864.

66 Vgl. Heinrich Landesmann an Moritz Hartmann. 22. Juli 1847. WBR. https:// resolver.obvsg.at/urn:nbn:at:AT-WBR-1014785.

Tradition der romantischen Venedig-Literatur, mit der Wiege und dem Sarg verglichen wird.[67]

Ende

Als Paoli sich in Venedig von den Anstrengungen des Gesellschafterinnen-daseins erholt, versichert ihr Friedrich Schwarzenberg mehrfach brieflich, dass sie bei ihrer Rückkehr bei allen willkommen sein würde. Sie habe mit ihm und seiner Familie „Leid und Freud' und Schmerz und Lust" getragen.[68] Anfang 1847 wohnt Paoli wieder bei der Fürstin in Wien im Jakoberhof und berichtet Hartmann: „Meine Verhältniße sind die alten; ich fand bei meiner Rückkehr dieselbe Freundschaft, dasselbe Verständniß. Die Fürstin ist (unberufen!) geistig frischer und regsamer als je; man muß staunen über die Unverwüstlichkeit dieser großartigen Natur."[69] Im Sommer 1847 ging man wieder auf Reisen, Anfang 1848 korrespondierte Paoli im Auftrag der Fürstin mit Karl Varnhagen von Ense und berichtet ihm von deren guter körperlicher und geistige Verfassung[70], im März konnte die liberale Maria Anna Schwarzenberg noch die Genugtuung von Metternichs Rücktritt erleben. Sie starb am 2. April 1848 und ihre Gesellschafterin war auch in ihrer Todes-stunde bei ihr. Die Fürstin

> entschlief sanft und ruhig, im Beisein ihrer Söhne Friedrich und Edmund, dann ihres Gesellschaftsfräuleins, – der hochbegabten, vielseitig gebildeten und bekannten Dichterin – Betti Paoli, welche sie bis an ihr Lebensende mit unermüdlicher Liebe und hingebender Sorgfalt gepflegt hatte.[71]

Betty Paoli teilte den Alltag der Fürstin, nach deren Tod sorgte Fürst Fried-rich für ihr Auskommen, bis sie sich eine neue Existenz aufbauen konnte. Die Familie verhalf ihr zu einer neuen Stelle, lud sie im Sommer auf ihre

---

67 Betti Paoli. „So mag es sein!" Betti Paoli. *Neue Gedichte.* Pest: Heckenast 1850. S. 125.

68 Friedrich Schwarzenberg an Betty Paoli, 28. Oktober 1846.

69 Betty Paoli an Moritz Hartmann. Wien, 15. Jänner 1847. WBR. https://resol-ver.obvsg.at/urn:nbn:at:AT-WBR-1306864.

70 Vgl. Schenkel: Betty Paoli, Sp. 156.

71 Paul Aloys Moldawsky. „Fürst Friedrich von Schwarzenberg." *Libussa.* 1854. S. 429-442, hier S. 440.

Landsitze ein, hielt zeitlebens Kontakt und machte ihr Geschenke, zuletzt bei der Hochzeit von Karl IV., Urenkel der Fürstin Maria Anna.[72] 1867 verfasste die Dichterin anlässlich der Enthüllung des Schwarzenberg-Denkmals in Wien ein Gedicht auf den Sieger von 1813. Es wurde in der *Neuen Freien Presse*, der Zeitung des liberalen österreichischen Großbürgertums, gedruckt.[73]

---

72 Betty Paoli an Karl III. Schwarzenberg, 17. November 1891.
73 Betty Paoli. „Zur Enthüllung des Schwarzenberg-Denkmals". *Neue Freie Presse*, 20. Oktober 1867, S. 3.

II.
Rezensionen

Christopher Clark: Frühling der Revolution. Europa 1848/49 und der Kampf für eine neue Welt. München: Deutsche Verlags-Anstalt, 2023.

Die Stärke des breit angelegten Blicks von Christopher Clark auf den revolutionären Umbruch von 1848/49 liegt in seiner analytischen Tiefe. Dabei entwickelt er vielschichtige Bilder von sozialen Verhältnissen und Beziehungen, politischen Machtstrukturen und Staatsidealen, von Reibungsflächen und Handlungsimpulsen. Sie lassen die Komplexität der Bewegungen erkennen, durch die in vielen europäischen Räumen weitgehende Umbrüche erreichbar erschienen. Anschauungen, Konzepte und Entwicklungen macht er verschiedentlich am Beispiel bestimmter Personen fassbar, die er (vereinzelt zu ausführlich) vorstellt und deren Verschränkungen mit dem Geschehen er mehrfach wieder aufgreift. Historische Analyse knüpft immer an Fragen, Aufgaben und Verunsicherungen der eigenen Zeit an, und Clark betrachtet in souveräner Zwanglosigkeit herausgearbeitete Strukturen gelegentlich über verschiedene Phasen in Vergangenheit und Gegenwart hinweg. Dabei stellt er Perioden autoritär „verwalteter" wirtschaftlicher Entwicklung heraus, in denen die Wirkungen politischer Umbrüche und sozialer Konflikte durch Wohlstandsversprechen von oben her gedämpft und eingefangen wurden – insbesondere auch nach 1848/49.

Der politische Raum zeigt sich als „Eine Welt der Männer", wie es im Titel eines Unterkapitels heißt (S. 135ff.), auch wenn Frauen als Akteurinnen langsam sichtbar werden. Für Clark entstammt die Revolutionen befeuernde Energie der „Summe vieler potentiell dissonanter oder sogar widersprüchlicher Absichten" (S. 1015), weshalb sich breit gestützte Forderungen und Konzepte zur Umwälzung von Staat und Gesellschaft schwer entwickeln lassen. So fehlte sowohl liberalen und demokratischen als auch sozialistischen Ideen eine allgemeine und organisierte Unterstützung in breiten Teilen der Bevölkerung und damit eine – letztlich entscheidende – Machtbasis. Die alten Mächte dagegen erholten sich schnell vom Schock der revolutionären Impulse, sie fanden insbesondere das Militär als loyale Kraft weitestgehend unversehrt und handlungsfähig und konnten bei Bedarf auf etablierte zwischenstaatliche Vernetzungen zurückgreifen.

Die europäische Vernetzung der Veränderungsbewegungen dagegen war beschränkt – bei aller gegenseitigen Beeinflussung und bei allem Einsatz einer kleinen Zahl von Internationalisten (vgl. S. 916f.). Wenn Clark auch betont, dass die Revolutionen „als *europäische* Aufstände wahrgenommen" wurden, welche dann „im Rückblick jedoch [...] nationalisiert" wurden

(S. 10), so muss er andererseits zugestehen, dass die Dominanz des nationalen Denkens bereits vor 1848 einsetzte (S. 165). Und: „Der Nationalismus war das am weitesten verbreitete, emotional intensivste und ansteckendste Phänomen der Revolutionen" (S. 736), er bewirkte „Zustände unvergesslichen Hochgefühls und eine erstaunliche Bereitschaft, alles zu riskieren. Aber er untergrub auch den Zusammenhalt der revolutionären Bewegungen und schuf Möglichkeiten für" ein geschickt spalterisches Agieren der alten Regime (S. 746f.). Die von Clark betonte nachträgliche Nationalisierung der Revolutions-Geschichten ist jedoch zweifellos erfolgt, und zwar, indem die vielfältigen und regional unterschiedlichen sozialen und politischen Dissonanzen in den ex post etablierten Nationalerzählungen verdrängt oder diskreditiert wurden.

Clark beginnt seine Darstellung mit dem Blick auf die Soziale Frage und stellt damit die materiellen Bedingungen wichtiger Akteursgruppen ins Zentrum. Dabei zeigt er neben dem Elend, das das Leben vieler Menschen beherrschte, die Differenziertheit sozialer Interessenlagen. Das Unterkapitel „Galizien, 1846" zu einem Aufstandsversuch polnischer Adliger in diesem habsburgisch beherrschten Territorium für die Wiederherstellung eines polnischen Staates (S. 102ff.) verdeutlicht die mögliche Dominanz sozialer und materieller Fragen selbst gegenüber der mächtigen Nationalidee: Ihre zum bewaffneten Antreten kommandierten polnisch sprechenden Untertanen verweigerten sich ihren aufständischen Grundherrn und wendeten die Waffen sogar gegen sie, weil sie die kaiserlichen Behörden als Schutzschirm gegen unmäßige Belastungen und Zumutungen ihrer feudalen Herrschaften empfanden. Nicht nur hier gelang es der Obrigkeit, widerständige Eliten und breite Bevölkerungsschichten gegeneinander auszuspielen. Soziale Gewalt aber, wie sie bereits vor 1848 verschiedentlich in Europa aufblitzte, versetzte die alten Mächte vielerorts in Angst, und diese Angst „katapultierte" nach Clark letztlich zu Beginn der Revolutionszeit „liberale und radikale Anführer auf Positionen mit echter Verantwortung" (S. 131f.), indem verunsicherte Monarchen Oppositionelle in ihre Regierungen holten. Die „Geographie der Hungersnöte von 1845-1847 und die Geographie der Revolutionen in den Jahren 1848/49" wichen jedoch sehr voneinander ab, weil „Verarmung [...] die Menschen eher ‚sprachlos' und untätig" macht (S. 126). „Das Fehlen einer klaren Doktrin oder eines Leitsatzes, abgesehen von dem verzweifelten Ruf ‚Freiheit oder Tod!'" konstatiert Clark selbst für den massiven und von der Republik blutig niedergeschlagenen Arbeiteraufstand im Juni 1848 in Paris (S. 764).

In neun Hauptkapiteln und mehr als 60 Unterkapiteln entwickelt Clark Themen und Ereignisse der Revolutionszeit, wobei er unterschiedlichste Bausteine erst bereitstellt, um sie dann aufeinander zu beziehen. Dabei beachtet er sehr bewusst auch die peripheren Bereiche des Kontinents, die aus zentraleuropäischer Sicht oft wenig Berücksichtigung finden. Entsprechend beschränkt sich der Blick auf Italien nicht auf den habsburgisch beeinflussten Norden, und auch die Auseinandersetzungen in Portugal und Spanien finden Raum. Über die ungarische Unabhängigkeitsbewegung hinaus stellt Clark die komplizierten Verhältnisse im Raum des heutigen Rumänien auch vor dem Hintergrund der Konkurrenz zwischen den Großmächten Russland und dem Osmanischen Reich dar. Das scheinbar außerhalb des Revolutionsgeschehens liegende britische Empire berücksichtigt er ebenfalls, wobei Clark eine Saturierung möglicher sozialer und politischer Konflikte im Kernland auf Kosten der schwer belasteten überseeischen Gebiete sieht. Die Wirkung des Revolutions-Frühlings von 1848 geht über Europa hinaus.

Mehrfach widmet sich Clark dem Kampf gegen die Sklaverei, für die europäische (Kolonial-)Mächte eine erhebliche Verantwortung trugen und der mit den Romasklaven in der Walachei auch Europa direkt betraf. Damit wird ein Aspekt des Freiheitskampfes nach vorn geholt, der meist im Schatten steht. Aber Clark resümiert: „Wie die Roma erfahren mussten, bestand für sie, wie für die Juden und die versklavten Afrikaner in der Karibik, eine tiefe Kluft zwischen der Verkündigung [...] und der Verwirklichung der Emanzipation" (S. 633). Die Widersprüchlichkeit von Bewegungen wird fassbar, wenn der Freiheitskämpfer Lajos Kossuth nach der Niederschlagung des Kampfes für die Unabhängigkeit Ungarns in den USA Geld für dessen Weiterführung einwerben will, sich aber um eine Stellungnahme zur Frage der Sklaverei in den Südstaaten drückt, um mögliche Geldgeber dort nicht zu verprellen (vgl. S. 952f.).

Den nach dem Ende der Revolutions-Phase stark im allgemeinen Bewusstsein stehenden Exil-Ländern USA und Großbritannien wird das Osmanische Reich hinzugefügt, das in der Sorge um seine internationale Reputation die geforderte Auslieferung von Flüchtlingen an Österreich und Russland verweigerte (vgl. S. 929ff.). Die Befreiung der Romasklaven jedoch machen die osmanischen Behörden bereits im September 1848 wieder rückgängig.

Es ist im Rahmen einer Rezension nicht möglich, die thematische Vielschichtigkeit dieses seitenstarken Buches auch nur annähernd zu umreißen. Es ist aber auch schwer, sich diese Vielfalt sequentiell zu erschließen, denn im Inhaltsverzeichnis erscheinen die Unterkapitel gar nicht, und ihre Titel sind nicht durchgehend von inhaltlicher Aussagekraft. Man muss sich auf dieses Buch also einlassen wie auf einen Roman, und man wird – bei vorausgesetztem historischem Interesse – nicht enttäuscht werden. Der gelegentlich journalistische Stil tut der wissenschaftlichen Qualität des Gebotenen keinen Abbruch, im Gegenteil: Er erleichtert das Erfassen der sich entfaltenden Komplexitäten.

Die Übersetzung zeichnet sich durch einen gewandten Sprachstil und gute Lesbarkeit aus. Dennoch stolpert man gelegentlich über Aspekte und Passagen, die zeigen, dass bei der Übertragung ins Deutsche der historische Hintergrund zu wenig im Blick war. So zitiert, um ein Beispiel zu nennen, Clark die ärmliche Ausgabenstatistik eines Arbeiterhaushalts aus Toulon im Jahr 1835, in der „Lumière", sprich Lampenöl, mit 15 Franc jährlich veranschlagt ist; er vermerkt das in der englischen Ausgabe als „Light" (dort S. 19), die deutsche Übersetzung macht – in unzulässiger Modernisierung – daraus „Strom" (S. 33). Auch wenn die wesentlichen zitierten deutschen Quellen-Passagen den Übersetzern im Original zur Verfügung gestellt wurden, fehlen gelegentlich typische Begriffe durch unbedachte Rückübersetzung aus dem Englischen (z. B. „deutsche Zollunion" auf S. 164 statt ‚Zollverein', „Berliner Arsenal Unter den Linden" auf S. 651 statt ‚Zeughaus'). Und wenn Clark in Bezug auf Liberale „a wide range of conflicting positions" feststellt (S. 113 der englischen Ausgabe), so darf man fragen, ob das mit: „eine breite Palette widersprüchlicher Positionen" nicht missverständlich übersetzt ist (S. 161) und besser von ‚gegensätzlichen Positionen' gesprochen würde.

Trotz der Breite und Tiefe seiner Darstellung resümiert Clark: „Jeden Tag fallen mir Dinge, Orte und Menschen ein, die in diesem Buch vorkommen sollten, es aber nicht tun" (S. 1029). Lücken sind unvermeidlich, und es zählt das Geleistete. Einen Aspekt aber sähe der Rezensent doch gern ergänzend vertieft, und das sind die sogenannten „Landwehrmeutereien" im Mai 1849, bei denen sich Reservisten dem befohlenen erneuten Einrücken in das preußische Heer widersetzen wollten, sich dann aber letztlich doch gegen die letzten Versuche zur Rettung der Paulskirchen-Verfassung einsetzen ließen. Diese Thematik wird kurz und – vor allem in der Übersetzung – missverständlich angesprochen (S. 892, englische Ausgabe S. 657, in beiden Fällen falsch auf das Jahr 1848 datiert). Auf einer solchen Widersetzlichkeit von Landwehr-Kompanien basierte auch der Aufstand in Iserlohn, der in seinem Ablauf geschildert wird (S. 884f.), nicht aber in seinem Anlass. Die grundsätzliche Problematik des weitgehenden Funktionierens der Streitkräfte als gegenrevolutionärer Ordnungsfaktor, die Clark auf S. 892 erneut thematisiert, ließe sich am Agieren der preußischen Landwehr im Rheinland und in Westfalen beispielhaft diskutieren.

Clark arbeitet heraus, dass Liberale und Radikale auf die Macht ihrer Ideen setzten, die konservativen Kräfte aber auf die Wirksamkeit organisierter Macht und Gewalt. Die geringe Organisiertheit der Erneuerer, der vielfältige Richtungsstreit und auch die weitgehende Nichtbeachtung der Landbevölkerung und ihrer Interessen ließen die alten Mächte dominieren. Aber auch diese mussten sich verändern, das war eine Wirkung der Revolutionszeit (vgl. S. 1013ff.), und diese Wirkung bestand nicht zuletzt in einer Ökonomisierung der Politik. Clark wirbt für eine Auseinandersetzung mit den Bewegungen von 1848, weil er Ähnlichkeiten zur aktuellen „Polykrise" wahrnimmt, deren nichtrevolutionäre Lösung er keinesfalls als gesichert ansieht, und er erwartet, eine neue Revolution „könnte ganz ähnlich aussehen wie 1848: schlecht geplant, verstreut, uneinheitlich und voller Widersprüche" (S. 1024). Wir sollten vielleicht das vielschichtige und zu Perspektivwechseln anregende Buch von Clark zum Anlass nehmen, darüber nachzudenken, wo wir eigentlich hinwollen – und das nicht nur als Individuen.

Wilfried Sauter (Essen)

James M. Brophy, Gabriele B. Clemens, Bärbel Holtz (Hg.): *Vormärzliche Verleger zwischen Zensur, Buchmarkt und Lesepublikum* [= Schriften der Siebenpfeiffer-Stiftung, Band 12]. Ostfildern: Jan Thorbecke, 2023.

Der aus einer Tagung hervorgegangene Band versammelt 13 Beiträge, in deren Zentrum die Thematik (und Problematik) des Verlagsgeschäftes in der ersten Hälfte des 19. Jahrhunderts unter den Bedingungen der politischen Restauration und des Vormärz steht. Die Perspektive wird hierbei auch durch Seitenblicke nach Italien, Spanien und Österreich erweitert. Neben bereits in der Sekundärliteratur häufig diskutierten Aspekten wie der Herausbildung einer Leserschaft hinsichtlich der von Land zu Land bzw. Region zu Region unterschiedlich schnell voranschreitenden Alphabetisierung oder der zunehmenden Spezialisierung und dadurch auch Kommerzialisierung des Buchmarktes werden auch unbekanntere Details betrachtet, wie etwa die jeweiligen Besonderheiten in den anderen europäischen Ländern, die Netzwerke der Verlage und Verleger untereinander und die spezifische Arbeitsweise des preußischen Zensurapparats, der mitunter aufgrund mangelnder administrativer Effizienz mehr Schlupflöcher und Freiräume ermöglichte als von der Obrigkeit beabsichtigt.

In ihrem einleitenden Überblick über die Facetten und Schwerpunkte der einzelnen Beiträge reißt Gabriele B. Clemens („Europäische Verleger im Vormärz: Gewinnorientiertes Unternehmertum und politisch-kulturelle Avantgarde") bereits die in diesem Kontext sehr wichtige und immer wieder gestellte Frage nach der tatsächlichen Lesekompetenz der Bevölkerung an, die sich für die Staaten des deutschen Bundes lange nach den von Rudolf Schenda 1970 ermittelten Zahlen bemaß. Auch wenn neuere Studien hier einen großzügigeren Maßstab anlegen und von einer „größere[n] ‚elementare[n] Alphabetisierung'" ausgehen, so ist „damit nicht geklärt [...], wer tatsächlich las" (S. 17). Ergänzen ließe sich zudem, dass etwa die Lektüre einfacher Gebrauchstexte noch wenig mit einer tatsächlichen *literacy* zu tun hat, der Fähigkeit also, komplexe und umfangreiche Texte zu rezipieren, eine Fähigkeit, die erst die vollständige Teilnahme an einer (literarischen) Öffentlichkeit ermöglicht und dank der sich im Laufe des 19. Jahrhunderts das aufstrebende Bürgertum zu emanzipieren begann. Auch Ute Schneider versucht in ihrem Beitrag („Das Lese- und Käuferpublikum in der medialen Vielfalt des Vormärz") zu eruieren, welche Bevölkerungsschichten welchen Lesestoff konsumierten, wobei sie der Lektüre einen kompensatorischen Effekt auf mehreren Ebenen zuschreibt, indem diese dem Bürgertum sowohl zur „Distinktion gegenüber anderen Schichten" und zur „individuellen (Persönlichkeits)Bildung" diente als auch „aufgrund der fehlenden politischen Einheit nationalitätsstiftend" wirkte (S. 81). Ein wichtiger Aspekt, den Schneider herausstellt, ist die damals noch weit verbreitete kulturelle Praktik des gemeinschaftlichen Vorlesens, wodurch der eingeschränkte Kreis der wirklich lesefähigen Bevölkerung auf eine deutlich größere Rezipientenzahl erweitert werden konnte (vgl. S. 74). Hierauf rekurriert auch James M. Brophy („Zensur, Buchmarkt und Lesepublikum: Verleger und die politische Kultur im Vormärz"), der u.a. Szenarien des gemeinschaftlichen Vortrags von Flugblättern beschreibt und umreißt, wie diese besondere Gattung der politischen Agitationsliteratur nicht zuletzt auch zu einem neuen Experimentierfeld für alle am Textproduktionsprozess Beteiligten wird, bedingt durch „die große Bandbreite an Themen und [die] Leichtigkeit der Verbreitung" in Kombination damit, dass das Genre mit „Auflagen zwischen 500 und 50.000 Exemplaren [...] skalierbar auf verschiedene Leserschaften ist" (S. 62).

Die größte Einschränkung und Beschneidung des sich gerade ausdifferenzierenden und zur Moderne hin entwickelnden Buchmarktes stellen

freilich die Zensurmaßnahmen dar, die nicht nur in den einzelnen Herrschaftsgebieten des Deutschen Bundes (1815-1866) erheblich variieren,
sondern sich auch in der Periode vom Wiener Kongress (1814/1815) bis
in den Nachmärz hinein je nach aktueller Gesetzesvorlage unterscheiden,
wie Bärbel Holtz am Beispiel Preußens kenntnisreich darlegt („Preußens
Zensurpolitik und Zensurpraxis im 19. Jahrhundert"). Während die Zensur
zunächst „seit 1819 eine staatlich angeordnete totale Vorzensur" bedeutet,
die indes durch die eher dilettantische Umsetzung (von den Zensoren „privat am Feierabend" unternommen, die dabei nicht etwas vom Staat sondern
„von den Betroffenen" ihren Lohn erhielten (S. 27-28)) hinter ihren Zielen
zurückbleiben muss, tritt ab 1843 mit dem „Oberzensurgericht" eine neue
iudikative Instanz in Kraft, die die Entscheidungen der exekutiven Zensurbehörden nicht selten rückgängig macht. Die von der Obrigkeit als juristi-
sche Absicherung des Agierens der Administration und für bestimmte Fälle
auch als Schlichtungsstelle eingerichtete Instanz verkehrt sich somit ins
Gegenteil des intendierten Zwecks, denn „das Gericht [gab] oftmals den
Klagen von Verfassern, Verlegern und Buchhändlern statt und erklärte die
von der Innenverwaltung verhängten Druckverbote sowie Konzessionsver-
luste für unrechtmäßig" (S. 47). Dass generell jede sich bietende (Gesetzes-)
Lücke von manchen Verlegern äußerst geschickt und mutig genutzt wurde,
zeigt sich in den Porträts, die den zweiten Teil des Sammelbandes dominie-
ren. Thomas Gergen wirft hierbei einen Blick auf Georg Ritter (1795-1854)
(„Zwischen Betriebswirtschaft und Aufklärung – Der Zweibrücker Verleger
Georg Ritter und sein ‚demokratisches Experiment'"), der progressive und
oppositionelle Schriften in sein „sehr breite[s] Verlagsprogramm" integrierte
und dabei „ausreichend Gewinne" erwirtschafte (S. 97), somit also den
Beweis antritt, dass ein gewisses verlegerisches Wagnis und ökonomischer
Erfolg kein Widerspruch sein müssen. Eine der Galionsfiguren des damaligen Buchmarktes ist freilich Julius Campe (1792-1867), seit 1823 Inhaber
des renommierten und bis heute bestehenden Verlagshauses Hoffmann und
Campe, der nicht nur als „unerschrockene[r] Vorkämpfer der Geistesfrei-
heit" (S. 140-141) auftritt und sich auf manches Katz-und-Maus-Spiel mit
den Zensurbehörden einlässt, sondern der die Literatur des Vormärz und des
Jungen Deutschland und seine Konzentration darauf als sein Alleinstellungs-
merkmal begreift und entsprechend nutzt, wie Christian Liedtke in seinem
Beitrag pointiert herausstellt („Julius Campe, der ‚Odysseus des deutschen
Buchhandels'. Strategien eines Verlegers im Vormärz"). Nicht vergessen werden darf dabei die Bedeutung der „starke[n] Netzwerke" (S. 135), die die

damaligen Akteure des Buch- und Medienmarktes zueinander unterhielten, die gerade auch für Campe von immenser Bedeutung waren und ihm ermöglichten, mancher (strafrechtlichen) Maßnahme durch einen Informationsvorsprung zu entgehen.

Die Bedeutung der Netzwerke hebt auch Katharina Thielen („Zwischen Stadtrat und Gefängnis? Die Rolle der Verleger in der Verwaltungskommunikation der preußischen Rheinprovinz 1815-1840") hervor, insbesondere im Hinblick auf eine gewisse Infiltrierung der Administration, ein Umstand, der die Beurteilung der Zensur noch vielschichtiger macht, da „einzelne Vertreter eben jenes Behördenapparats als Teil der Netzwerke und als Ideengeber" (S. 123) fungierten und mit den Verlegern und Buchhändlern eng verflochten waren.

Mit der 1825 erfolgten Gründung des „Börsenvereins der Deutschen Buchhändler zu Leipzig", eine Institution, die zunächst die Messeabrechnung erleichtern sollte (vgl. S. 232), erhielt der Buchhandel deutschlandweit ein starkes Organ und konnte sich fortan in professioneller Form den Behörden gegenüber für seine Interessen einsetzen, wie Thomas Keiderling („Leipziger Verleger und Buchhändler im Vormärz – eine gruppenbiographische Untersuchung") dokumentiert (inkl. Anhang: „Gesamtnachweis aller Leipziger Verleger und Buchhändler 1815-1848" sowie „Allgemeines Adreßbuch für den Deutschen Buchhandel, den Antiquar-, Colportage-, Kunst- Landkarten- und Musikalien-Handel sowie verwandte Geschäftszweige" von 1848, S. 247-265). Flankiert vom „Verein der Buchhändler zu Leipzig" (gegründet 1833) und den „Deputierten des Leipziger Buchhandels" suchte man, direkten Einfluss auf Zoll- und Zensurbestimmungen zu nehmen, zumal mit „der wachsenden ökonomischen Bedeutung des Kommissionsplatzes Leipzig [...] der Druck auf die sächsische Regierung größer [wurde], günstige Rahmenbedingungen zu schaffen" (S. 244).

Inwieweit auch Autoren die Besonderheiten des Marktes für ihre Zwecke instrumentalisieren bzw. die Zensurmaßnahmen gar als (inter)mediale Werbemaßnahmen zu nutzen verstehen, skizziert Meike Wagner („Politiken des Öffentlichen zwischen Aufführung und Druck. Der Theaterskandal um Robert Prutz' *Moritz von Sachsen* (1844) und seine Folgen"). Nachdem das Stück *Moritz von Sachsen* bereits nach der Uraufführung 1844 verboten wurde, gelingt es dem Dramatiker und profilierten Vormärzautor Prutz (1816-1872), durch die Publikation des Textes (1845 beim Verlag des Literarischen Comptoirs Zürich und Winterthur) „den Konflikt mit Preußen auf einer anderen Ebene fortzuführen, wenn schon das Stück im Theater nicht mehr direkt in Erscheinung treten durfte"(S. 151). Der Text wird durch einen Anhang ergänzt, in dem Prutz den Vorfall und die Aktenlage der Affäre offenlegt.

Thematisch wird der Band, wie eingangs erwähnt, durch einen Seitenblick ins europäische Ausland abgerundet. Jan-Pieter Forßmann („Giovan Pietro Vieusseux (1779-1863) und Giuseppe Pomba (1795-1876): Zwei italienische Verleger der Restaurationszeit und im Vormärz") bemerkt für Italien, dass das Berufsbild des Verlegers bis in die 1820er-Jahre hinein noch weniger professionalisiert ist als etwa in Deutschland (vgl. S. 162). Was die potenzielle Leserschaft anlangt, zeichnet sich Italien durch eine hohe Analphabetenrate aus (mit einer gewissen Variation in den einzelnen Herrschaftsgebieten und Unterschieden zwischen Stadt- und Landbevölkerung, vgl. S. 170). Dieser Problematik begegnet man auch in Spanien, wo „um 1850 [...] gut drei Viertel aller Spanier weder lesen noch schreiben [konnten]" (Jens Späth, „„Den Puls der Leser fühlen': Verlage und Verleger in Spanien zwischen Zensur, Buchmarkt und Lesepublikum in der ersten Hälfte des 19. Jahrhunderts", S. 192). Weitere Hemmnisse, mit denen der Buchmarkt zu kämpfen hat, liegen in dem noch immer existenten Instrument der Inquisition „bzw. ihren langlebigen Nachfolgeinstitutionen sowie [den] permanenten Bürgerkriegen der isabellinischen Zeit" (S. 194). Zudem erreichen auch die bahnbrechenden technischen Neuerungen im Druckgewerbe das romanische Land mit leichter Verzögerung und jeweils als Import (vgl. S. 193).

Für das Nachbarland Österreich bleibt festzuhalten, dass die „strikten Zensurvorschriften", die „rigoros[e] Konzessionspolitik" und die „übermächtige Konkurrenz von Hof- und Staatsdruckerei und staatlichem Schulbuchverlag" den Handlungsspielraum für die Akteure sehr stark einschränkten, wie Johannes Frimmel konstatiert („Carl Armbruster: ein Wiener Verleger im Vormärz und sein Scheitern"). Verlegerpersönlichkeiten wie „Campe, Brockhaus, Wigand, Reclam oder Cotta, die regelmäßig Zensurrichtlinien missachteten", sind daher in der Habsburgermonarchie „undenkbar", unterstreicht Norbert Bachleitner („Der österreichische Buchmarkt und die Nöte der Verlage und Buchhändler im Vormärz", S. 214). Einen für den gesamten Themenkomplex der Zensur äußerst wichtigen Punkt spricht Bachleitner an, wenn er die Unterschiede hinsichtlich des sozialen Milieus der Rezipienten und der Umsetzung der Zensurmaßnahmen benennt. So soll vor allem „die Verbreitung von Druckschriften in den weniger gebildeten Schichten" unterbleiben (S. 216), wohingegen es privilegierteren Bürgern, Adligen, „Diplomaten und Gelehrten" mitunter möglich ist, sogar

„Scheden" (Erlaubnisscheine) für indizierte Bücher und Texte zu erhalten (S. 217). Es wird also mit zweierlei Maß gemessen und die Obrigkeit scheint vor allem eine ungesteuerte Rezeption oppositioneller und regierungskritischer Schriften in breiten Teilen der einfachen Bevölkerung zu fürchten – die Revolutionen von 1848 können durch die Maßnahmen allerdings nicht verhindert werden.

Der sehr vielseitige Sammelband wird durch die von Thomas Keiderling besorgte Auflistung der Leipziger Verlage und Buchhandlungen ergänzt, die als wertvolle Datenbasis für tiefergehende Einzelstudien fungieren kann. Ferner finden sich im Anhang dankenswerterweise sowohl ein Orts- als auch ein Personenregister, die gerade angesichts der verschiedenartigen Sujets die Orientierung und den Gesamtüberblick erheblich erleichtern. Ein kleines Desiderat wäre vielleicht noch ein weiterer Anhang mit den zahlreichen in den Beiträgen besprochenen Verlegern in alphabetischer Reihenfolge inkl. ihrer Lebensdaten und evtl. sogar jeweils einer kurzen Vita. Die Beiträge, die sich im Wesentlichen um die Hauptthemen „Zensur", „Netzwerke", „Verlage und Verlegerpersönlichkeiten" und „Die Situation im europäischen Ausland" gruppieren, hätten vielleicht noch einmal stärker in Themenblöcke mit jeweils einer kurzen einleitenden Vorbemerkung sortiert werden können. Dieser eher marginale Kritikpunkt vermag aber nicht den positiven und äußerst facettenreichen Gesamteindruck zu schmälern, den der Sammelband unbedingt hinterlässt. Die Vormärzzeit markiert für den Buchmarkt eine entscheidende Epoche des Umbruchs, viele Entwicklungen, die sich bis heute fortsetzen, nehmen hier ihren Anfang. Gleichzeitig müssen sich bestimmte Größen erst noch etablieren, nicht zuletzt die Leserschaft, die erst mit fortschreitender Bildung und *literacy* zu den Konsumenten des nach Genres spezialisierten (Massen-)Buchmarkts heranwachsen kann. Den Verlegern und Buchhändlern kommt gerade in dieser Periode eine äußerst wichtige Funktion zu, steuern sie doch in gewissem Maße die voranschreitende Volksbildung und tragen zudem zu einer Verbreitung demokratischer Grundsätze und Ideen bei – und dies unter großem persönlichem Einsatz und Risiko, wie immer wieder zu betonen ist. Ihre zunehmende Professionalisierung dient ihnen neben dem wirtschaftlichen Ertrag gleichzeitig auch als Schutz, denn der gesamte Buchhandel wächst so zu einem eigenen ökonomischen Zweig heran, den auch die Obrigkeit irgendwann nicht mehr ignorieren kann und der daher aus Staatsräson nicht endlosen Sanktionen und Reglementierungen ausgesetzt werden darf. All diese Aspekte werden in der in jedem Fall empfehlenswerten Studie behandelt und es wird zudem deutlich, dass auch die Zensur viele Erscheinungsformen kannte und je nach ausführenden Akteuren keineswegs ein lückenloses und einheitliches System repräsentierte.

Patricia Czezior (München)

Aufklärung – Hegel – Vormärz. Reisen in die Ideengeschichte. Eine Festschrift für Norbert Waszek. Hg. v. von Stephanie Baumann/Marie-Ange Maillet, Baden-Baden: Karl Alber, 2024.

Dieser Band ist eine Festschrift für Norbert Waszek, der im Jahr 2022 seine Universitätszeit als Professor für Ideengeschichte an der Universität Paris 8 Vincennes-Saint-Denis beendete. Solche Festschriften sind mittlerweile aus der Mode gekommen. Zu oft lieferten sie einen disparaten Blumengarten der Texte von SchülerInnen und KollegInnen, die, ohne Übertreibung gesagt, additiv aneinander gereiht ihre jeweiligen Spezialthemen von der Antike an präsentierten. Allerdings kommt es zu produktiven Ausnahmen. Diesen Sammelband kann man dazu zählen. Mit der Konzentration von Beiträgen auf die Periode der Aufklärung bis in den Vormärz und darüber hinaus bis ins 20. Jahrhundert (mit dem Zentrum Hegel und Hegelschule) folgt er einer relativ konsistenten Agenda, nämlich gruppiert um die Arbeitsschwerpunkte Waszeks. Freilich gibt es auch unter diesen Beiträgen – sie stammen von WeggefährtInnen, d.h. KollegInnen, SchülerInnen und engeren Bekannten des Eremitus – einige Fremdkörper, und die Herausgeberinnen betreiben nolens volens auch Seilschaftspolitik. So wirkt ein generalisierender Beitrag über deutsche Juden und den Holocaust (Mark Roseman), um nur ein Beispiel zu nennen, hier sichtlich deplatziert.

In einer Rezension können nicht alle Beiträge einer solchen Sammlung genannt und referiert werden. Hier muss es dabei bleiben, zu erwähnen, dass sie gerahmt sind von einer Einleitung, die Waszeks Werdegang schildert, und einer Bibliographie seiner bisherigen Schriften. AutorInnen des Bandes sind, hier in alphabetischer Reihenfolge: Olivier Agard, Stephanie Baumann, Myriam Bienenstock, Reinhard Blänkner, Nina Bodenheimer, Thomas Bremer, Stefanie Buchenau, Robert R. Calder, Gregory Claeys, André Cressoni, Wolfgang Fink, Bernd Füllner, Karin Füllner, Richard Gunn, Stephen Houlgate, Françoise Knopper, Marie-Ange Maillet, Douglas Moggach, Angelica Nuzzo, Ursula Reitemeyer, Jacques Le Rider, Mark Roseman und Helmut Schneider. Zwar fehlen bei diesem Generalthema – obwohl man es hätte erwarten können – Akteure mit ostdeutscher oder osteuropäischer Herkunft. Aber das ist letztlich nicht als Mangel zu markieren, sondern eher als Zeugnis einer nach wie vor gegebenen Diskursnormalität. So interessant jeder Text im Einzelnen sein mag: In dieser Kurzübersicht kann es nur um die mit dem Bezug zum Thema ‚Vormärz‘ im engeren oder weiteren Sinn gehen. Hervorzuheben sind erstens die zum Thema Heine, zweitens die zur Hegelschule

Karin Füllner zeigt in ihrem Beitrag „Die pacifike Mission‘. Heinrich Heine über Deutschland und Frankreich“, wie virtuos der Autor mit Mentalitätstypologien spielt und wie es ihm gelingt, Nationalstereotypen zu hinterfragen. Marie-Ange Maillet behandelt in „Hermann von Pückler-Muskau, un (autre) voyageur allemand dans la France des années 1830“ Pücklers Nachrichten über seine Reise in die Pyrenäen 1834/35 und geht auf Gemeinsamkeiten und Unterschiede in Heines und Pücklers Frankreich-Bildern ein. Bernd Füllner widmet sich in seinem Beitrag „Heinrich Heines Auseinandersetzungen mit Wolfgang Menzel. Zur Strategie literarischer Fehden im Vormärz“ – letztlich über diesen Einzelfall hinausgehend – den Praktiken von Polemiken, die mitunter in Schmähungen übergingen und nicht nur Werke oder weltanschauliche Positionen betrafen, sondern auch ‚Persönliches‘. Diesem Feld der Beiträge zu Heine im weiteren Sinn ist auch der Text von Nina Bodenheimer „Eugène Rodrigues – saint simonien, traducteur de Lessing et penseur de religion“ zuzurechnen, der einen Abriss von Leben und Schaffen des Saint-Simonisten gibt, der meist im Schatten seines älteren Bruders Olinde steht.

Der Hegelschule der ‚Vormärz-Zeit‘ widmen sich die Beiträge von Reinhard Blänkner und Ursula Reitemeyer. Ersterer unternimmt es in „Eduard Gans und Leopold (v.) Ranke. Eine antipodische Konstellation? Zur Gegenläufigkeit zeitgenössischer und säkularer Wirkung“, bestimmte dichotomisch angelegte Überlieferungen zu befragen. Das rhetorische Fragezeichen steht für eine Frage. Die Antwort bestätigt jedoch, angereichert um neue Details (vor allem aus dem Feld der nicht ausbleibenden Begegnung der zwei Protagonisten in der Szene Berliner Salons), die bisherige Tradierung von höchst unterschiedlichen methodischen und weltanschaulichen Positionen beider Akteure. Ursula Reitemeyer schließlich – um hier auf einen weiteren der für dieses Vormärz-Jahrbuch relevanten Beiträge einzugehen – behandelt vor dem Hintergrund der aktuellen Feuerbachforschung in „Die Ordnung der Hegelschule(n) oder: Was die Vormärzforschung Norbert Waszek zu verdanken hat“ nach wie vor beliebte Sortierschemata, nämlich die nach Alt- und Jung- bzw. Rechts- und Linkshegelianern. Sie dekuvriert sie als wissenschaftsgeschichtlich weitgehend untauglich, nämlich als einst aus zeitgenössischen und ideologischen Interessen und Diffamierungen entstanden. Darüber hinaus berührt dieser Beitrag, um hier abschließend einen größeren Bogen zu schlagen, generell die Leistung und Nichtleistung von schematischen Klassifizierungen. Das betrifft letztlich auch die Topoi von ,Aufklärung' und ,Vormärz', die für den hier zu besprechenden Band titelgebend sind. Denn im Grunde handelt es sich um emotionsgeladene Vereinheitlichungsschlagworte, die zweifellos einer Erstorientierung dienen, die sich aber bei schrittweiser analytischer Autopsie als problematisch erweisen. Auch in der Vormärz-Forschung gewinnt diese eigentlich selbstverständliche Problematisierung mehr und mehr an Bedeutung. Forschung als Forschung unter einem Label, das sich selbst zu hinterfragen, gar zu untergraben vermag: ein wohl nicht unproduktives Herangehen.

Olaf Briese (Berlin)

Karl Gutzkow: Reisen durch Deutschland und Österreich. *Hg. von Stefano Apostolo. Gutzkows Werke und Briefe. Kommentierte digitale Gesamtausgabe. Hg. vom Editionsprojekt Karl Gutzkow Exeter, Berlin. Münster: Oktober Verlag 2025, VI. Abteilung: Reiseliteratur Bd. 4.*

Martina Lauster, Doyenne der Gutzkow-Edition, hat schon vor mehr als 20 Jahren die Spur gelegt und den Schleier über den *Wiener Eindrücken* (1845) gelüftet, die ideologische Struktur dieses Texts enthüllt, der seinerseits beansprucht hatte, den sinnlichen Schein der südlich-katholischen Metropole durch politisches Räsonnement zu entlarven.[1] Seinen eigenen Interessen hat Gutzkow mit dieser Schrift geschadet, seine Dramen durften am Burgtheater nicht mehr gespielt werden, seine Gesammelten Werke wurden verboten, er wurde mit einem Einreiseverbot belegt. Die *Wiener Eindrücke* wurden so, nach Inhalt und Rezeption, zu einem Schlüsseltext für die Kenntnis der Zensur, aber auch der vorrevolutionären sozialen und politischen Situation in Wien, Österreich und, mittelbar, auch in den anderen Ländern

---

1 Martina Lauster: Das Lüften des Schleiers: Gutzkows Wiener Eindrücke (1845). In: Hubert Lengauer, Primus Heinz Kucher (Hg.) Bewegung im Reich der Immobilität. Revolutionen in der Habsburgermonarchie 1848-1849. Literarisch-publizistische Auseinandersetzungen. Wien: Böhlau 2001, 132-149. Zitate aus dem Text der Edition werden mit Seitenzahl in Klammern belegt.

des Deutschen Bundes, soweit sie sich den Bestimmungen der Karlsbader Beschlüsse (1819) unterwarfen. Die neue Edition im Rahmen der Gutzkow-Gesamtausgabe bettet den Text ein in ein Konvolut von Reisetexten, beginnend mit *Aus dem Reisetagebuche des jüngsten Anacharsis* (1832), über die *Reiseskizzen* (1833/34), die in einem Bogen über Salzburg, Innsbruck, Verona, Venedig, Triest, Graz bis an die Stadtgrenze von Wien führen, die *Reise-Erinnerungen* (1840), *Paläste und Hütten* (1842) bis zum Text *Ein Tag in Leipzig* (1850), der weniger (räumliche und politische) Bewegung denn Statik bei hektischer Warenproduktion beschreibt. Bewegung ist ein Zeichen der Zeit, Ersatz oder Kompensation für politische Tätigkeit und gleichzeitig Vehikel politischer und gesellschaftlicher Erkenntnisse und so „politisch" auf dem Umwege der Reisen. Der Herausgeber Stefano Apostolo greift in seinem glänzenden Nachwort diesen Konnex auf. Es zeigt sich, dass das Reisen imstande ist, schematische Oppositionen aufzulösen, vorgefasste Bilder zu unterlaufen oder zu modifizieren. Das gelingt dort am besten, wo die Anschauung von Realität einbricht, der Berichtende dem Wahrgenommenen beinah ausgeliefert ist, was ihn gleichzeitig zur verallgemeinernden Reflexion legitimiert:

Beim Eintreffen in Salzburg in finsterer Nacht zeigt sich dem Berichtenden folgendes Bild.

Riesenhafte, weiße Grenadiere mit hohen Bärenmützen standen gespenstisch an ihre Wachthäuser gelehnt und blickten stumm und unbeweglich auf die Reisenden, die in der Stadt herumliefen und an die Thüren der Gasthöfe pochten. Diese stummen Krieger werde ich lange nicht aus dem Gedächtnisse verlieren. Es waren Söhne ferner Länder, um deren Kindheit die Blätter unbekannter Wälder gerauscht, auf deren Zunge fremde Laute lebten. Wovon träumten sie jetzt, auf die Muskete gestützt? Von ihrer Heimath? Von ihrem Weibe? Von ihrem Erstgebornen, dessen Tod ihnen ein gestriger Brief ankündigte? Von dem Uebergewichte ihrer Brodportionen, das ihnen der Zufall am nächsten Tage schenken kann? Ach! Gewiß niemand dachte an Italien, und er konnte morgen dorthin marschieren; Niemand an Frankreich, und morgen konnte ihm ein Kriegsmanifest übersetzt werden; Niemand an das revolutionäre Prinzip, und morgen mußte er es unterdrücken helfen. (48-49)

Die politische Situation der Habsburgermonarchie ist hier in einem eindrucksvollen, komplexen Bild erfasst. Es zeigt die Widersprüche von Ethnien und Zentralgewalt, von Militär und Zivilgesellschaft, von (potentiellem) Krieg und Frieden. Zugleich das Widerspiel von „gespenstischer" Statik (dieser Macht) und „Bewegung" der herumirrenden, quartierbedürftigen Reisenden. In Verona fällt die militärische Präsenz der Österreicher auf, doch nicht nur als Macht der Finsternis („doch waren es Oesterreichs Soldaten, die uns zuerst in den Straßen der Stadt begegneten, und in jedem größern italienischen Orte werden sie dir zuerst in den Weg kommen, dann die Mönche, und zuletzt die übrigen Bewohner", 86), sondern auch als Entertainment: Alle Welt saß unter freiem Himmel und kühlte sich an Eis und anderen Erfrischungen [...] Dazu spielte die österreichische Militärmusik die lustigsten Wiener Walzer von Strauß und Lanner, welche in dem trüben Italiener alle Grillen verscheuchen müssen" (94). Die „lustigen Melodien der österreichischen Klarinette" sind die Begleitmusik der „blutigen That" der giovine Italia (107), einem Terroranschlag bei Mailand.

Von Triest aus muss das Hinterland (entgegen der geographischen Realität) „in das rauhe, steinigte, dunkle Kärnthen" verwandelt werden, damit die kritische Leitlinie als Projektion gehalten werden kann, während eine „erhellende" gesellschaftliche Praxis anderes nahelegt:

Ich befand mich in der besten Gesellschaft. Der Präsident des Obertribunals von Venedig, ein gebohrner Kärnthner, nebst seinem Diener theilte mit mir den Wagen, welchen wir in Triest gemeinschaftlich gemiethet hatten. Nichts konnte einnehmender seyn als die freundlichen, leutseligen Sitten dieses Mannes. Seine aufgeklärte, vorurtheilsfreie Weise, über die Dinge zu urtheilen, seine jugendliche, politische Unbefangenheit bestimmten mich, mich über die Kreise, in welchen er lebte, von ihm belehren zu lassen. (125-126)

Es ist reizvoll und verführerisch, Adolf von Tschabuschnigg an diese Stelle zu projizieren (bei Gutzkows Spiel mit den Figuren nicht undenkbar), er teilt diese Eigenschaften (Kärntner Abkunft, Leutseligkeit), arbeitete zur gleichen Zeit in Triest, stand im Ruf, Anhänger des Jungen Deutschland zu sein, machte sich mit Gedichten (ab 1830), später auch mit Novellen und Romanen einen Namen in der literarischen Welt (Hugh Ridley hat über ihn geschrieben);[2] in der juridischen Welt brachte er es zum Justizminister (1870). Allein: er ist es nicht, der hier beschrieben wird, es handelt sich um einen gewissen und real existierenden Paul Abram, der vom Herausgeber als jener Reisegenosse identifiziert wurde und der vergleichsweise ruhmlos von „Se. K. k. Majestät [...] mit Allerhöchster Entschließung vom 30. Juni d. J.

---

2 Hugh Ridley: Adolf v. Tschabuschnigg: Signifizierung und Zynismus. In: Bewegung im Reich der Immobilität (wie Anm. 1), 299-310.

[1851] in den „wohlverdienten Ruhestand allergnädigst" entlassen wurde, so berichtet es die *Allgemeine Österreichische Gerichtszeitung*.[3]
Die *Reiseskizzen* brechen ab, als die Stadtgrenze von Wien erreicht ist. Sie bleiben an der Peripherie. Der Gang ins Herz der Finsternis sollte einer späteren Darstellung vorbehalten bleiben. An Menzel berichtet Gutzkow allerdings im September 1833 aus Berlin:

> In Wien trafen wir [in der zweiten Augusthälfte 1833] mit Grillparzer zusammen. Es wurde mir unheimlich bei diesem Manne; denn noch nie hab ich Ratlosigkeit, Unmännlichkeit, gebrochenen Willen in diesem Grade bei einem Manne gefunden. Er sollte in ein Kloster gehen. Er sagt, daß er von allen Seiten verfolgt werde, und ist doch seinem Herrn so treu. Es liegt in diesem Mißverständnisse eine eigene Ironie. Ein Gedicht auf den Kronprinzen hat Grillparzer um allen Kredit gebracht.[4]

Grillparzers Gedicht von 1832 *Auf die Genesung des Kronprinzen* Ferdinand des „Gütigen"[5] ist freilich eine zweifelhafte Anstrengung, Krankheit und manifeste intellektuelle Unfähigkeit des Thronfolgers zur „Güte" als oberste Herrschertugend umzudeuten. Heinrich Laube sollte in den Reisenovellen milder über Grillparzer urteilen.[6]
Die Geringschätzung war eine wechselseitige. Für Grillparzer waren die Autoren des Jungen Deutschlands „lauter naseweise Gelbschnabels" (zur Zeit des Zusammentreffens war Gutzkow 22, Laube 27, das Verbot der Jungdeutschen erfolgte 3 Jahre später), welche die Aufmerksamkeit eines Verbots nicht verdient hatten: „diese Buben werden nun wie Märtyrer betrachtet und solche verehrt man, diese aber verdienens nicht. – Wally ist ihm [Grillparzer, H. L.] kein gefährliches Buch, sondern ein ganz unschädliches, weil es ein höchst langweiliges ist."[7] Zu Gutzkows *Nero* notiert Grillparzer 1837: „Da ließe sich denn viel Gutes sagen [...] Ich will es aber nicht".[8] Die Begründung: er ist gegen eine Literatur der Einzelheiten, gegen die „Vorliebe für das

---

3 Nr. 160, 648. Über Anno – Austrian Newspapers online. https://anno.onb.ac.at.
4 Zit. nach: Franz Grillparzer: Sämtliche Werke. Ausgewählte Briefe, Gespräche, Berichte. 4 Bde., München: Hanser 1964, Bd. 4, S. 937 = IV 937.
5 Grillparzer (wie Anm. 3) I 209.
6 Grillparzer IV 941.
7 Notiz Theodor v. Karajans, 22. Januar 1836, in: Grillparzer III 665.
8 Grillparzer III 803-804.

Unfertige, das Skizzenhafte, und von diesem zum Fratzenhaften sind zwar mehrere, aber unvermeidliche Schritte." Bei dem Besuch 1845 in Wien urteilt Gutzkow milder über den resignierten, gewissermaßen außer Konkurrenz Schreibenden: „Er schafft, er dichtet im Stillen für sich, läßt aber an den Frost der Verhältnisse von seinem warmen Busen nichts fort und hofft auf einen Frühling, den vielleicht nicht mehr er selbst, aber sicher seine Werke erleben." (212) Diesen Frühling hat ihm partout Heinrich Laube (Reisegenosse Gutzkows 1833/34) beschert, der Ende 1849 Direktor des Burgtheaters wurde und programmatisch die Wiederaufnahme der Werke Grillparzers besorgte.

Die Metropole, die „Hauptstadt" des deutschsprachigen Theaters, motivierte auch Gutzkows Reise und Wiener Aufenthalt von 1845 und macht die *Wiener Eindrücke* zum Kernstück des vorliegenden Bandes. Die Motivation, dorthin zu reisen, ist freilich ambivalent: sie entsteht auch aus einem Mangel der deutschen Kleinstädterei.

> In großen Städten wird man toleranter, lernt fremde Eigenthümlichkeiten genauer prüfen, Fremdartiges sogar schätzen, in kleinen aber gedeihen Tyrannen. Der Himmel bewahre unsere Literatur vor Reactionen, die plötzlich von einem gescheuten Manne in Muskau oder Gräfenhänichen ausgehen könnten! (150)

So heißt es am Ende des Berichtes einer Reise nach Weißenfels.[9] Schon Magdeburg und Stuttgart zeigen Ambition und Gelingen urbaner Kultur, und Wien, die einzige Großstadt im deutschsprachigen Raum, war durch eben diese Qualität Ziel von Reisenden. Friedrich Nicolais *Beschreibung einer Reise durch Deutschland und die Schweiz im Jahre 1781* hätten als Beispiel dieser Tradition eine Erwähnung verdient.

Die „große Demarkationslinie zwischen nord- und süddeutschem Charakter" (24) ist schon 1832 Gegenstand des Interesses und wird die politische Kulturkritik Gutzkows bis zu den *Wiener Eindrücken* bestimmen. Die Parteinahme für den protestantischen Norden ist ein treibendes Moment, dem allerdings irritierende Momente der „Alterität" (des Südens) entgegenwirken, wie das der Herausgeber trefflich analysiert. 1850 wird die weiter

---

9 Das „Lamento über die Verhältnisse in kleinen Städten" wurde, wie in den editorischen Notizen Wolfgang Raschs vermerkt (303), in Gutzkows *Erholungstagen* 1876 weggelassen, die Unterstellung eines kompensatorischen Alkoholismus (Jean Paul) hingegen verstärkt.

bestehende Trennung von Nord und Süd sogar in der egalisierenden Warenproduktion wiederkehren: „Man vermißt die große deutsche Einheit. Die
Demarkationslinie der Cabinetspolitik durchschneidet diese Säle" (236).
In dem starken österreichischen Kontingent liege etwas „Geflissentliches,
Commandirtes", Produkt einer „etwas schreienden, effekthaschenden, bunten und manierirten Industrie" (236) Österreichs, dies als ästhetische Folge
eines „lichtscheuen Systems" (236).

„Im politischen Dunkel Wiens", so konzediert der Herausgeber in seinem Kommentar zu den *Wiener Eindrücken*, „scheinen jedoch Lichtpunkte
auf". (287) Sie betreffen vor allem die Bühnenkultur, und bei aller Kritik
der politischen, ideologischen und sozialen Verhältnisse konnte Gutzkow
zusammenfassen: „Hier hab' ich so viel Schönes erlebt, so viel Ueberraschen-
des kennen gelernt, daß ich mit Dank von der schönen Kaiserstadt geschie-
den bin" (196, 287). Die Petition von 1845, die sich gegen die herrschende
„kindisch-bornirte Censur" (201) wendet, die das „spielend Frivole, das
neckisch Zweideutige [...] herzlich gern" duldet (201-202), belegt nicht nur
den beklagenswerten Zustand der literarischen Verhältnisse, sondern auch,
„daß sich hier viel mehr Einheit, Zusammenhang und fast möchte ich sagen,
erlaubte Collegialität zeigte, als man bei uns in Leipzig oder Berlin findet
[...] Man findet hier mehr Freundschaft, mehr wechselseitige Achtung und
Schonung als bei uns" (210) Der „große Raum des Wirkens verhindert, daß
der Eigennutz sich überall auf die Füße tritt." (210)

Eine Ahnung vom „großen Raum" der Metternichschen Machtausübung
hatte Gutzkow schon bei seinem Besuch auf dem Metternichschen Schloss
Johannisberg ergriffen: „Der Geist, der hier wohnt, hängt nicht an kleinen,
dilettantischen Liebhabereien, die weltumfassende Politik hat keine Nip-
pes." (173) In Wien konnte Gutzkow die Kehrseite dieser Machtpolitik
kennenlernen.

Die *Wiener Eindrücke* sind – im Gegensatz zum understatement des
Titels – eine literarhistorische Quelle ersten Ranges, eine scharfe Beobachtung und Analyse der innenpolitischen Vorgänge. Das kann man nicht von
allen Texten des Konvoluts sagen. Der Autor selbst gesteht im Rückblick
von 1839, er habe zu Beginn seiner Reiseberichte „ein gutes und frommes
Herz, aber einen sehr unklaren Styl gehabt" (298). Im abschließenden Text
des Bandes, *Ein Tag in Leipzig* (1850), war ein anderer Schleier zu lüften,
um zur Erkenntnis zu gelangen: „daß hier zur kleineren Hälfte doch nur der
Fleiß und das Talent, zur größeren das Capital vertreten ist! Wir finden die
Firmen, nicht die Namen der Arbeiter. [...] Die Capitalisten stellen hier das

aus, was mit Hülfe ihres Geldes von Unbekannten geschaffen wurde [...] es ist das Anonyme, Unsichtbare, hinter Schleiern Verborgene, das uns beim Eintritt in diese Säle geisterhaft anweht und über das Schöne, Herrliche, das hier zu sehen, uns mehr Rührung, als Freude abgewinnt." (235) Karl Marx wird sich später (1867) der Sache bzw. der Ware annehmen.

Der Herausgeber versteht es, in seinem Nachwort die Texte von den verspielten Reisebriefen des „jüngsten Anacharsis" bis zum nachmärzlichen Besuch an der Leipziger Messe in ihrem thematisch-inhaltlichen und formalen Zusammenhang darzustellen. Dabei wird die Chronologie auch des öfteren zugunsten einer systematisierenden Untersuchung unterlaufen, welche die Texte von unterschiedlichen Konzepten her öffnet, aber auch aneinander bindet - und dies mit gutem Gewinn in der Lektüre.

Die „Editorischen Notizen" von Wolfgang Rasch (auch hier ist der Titel bescheiden angesichts der imponierenden Leistung) informieren in genauester und vollständiger Weise über Textgrundlagen und Publikationsgeschichte. Auf einen begleitenden Stellenkommentar wird in der Printausgabe verzichtet. Stattdessen erschließen zwei Register (Martina Lausters Beitrag) die Texte, eines für Personen, Titel und Institutionen, ein weiteres – wie für Reiseliteratur sinnvoll – für Ortsnamen (und innerhalb der registrierten Orte werden Sachbegriffe wie Sehenswürdigkeiten, Theater usw. registriert). Die im Internetzweig der Ausgabe über die nächsten Jahre entstehenden Stellenerläuterungen werden Hintergründe und Zusammenhänge erhellen. Für Erklärungen in der Printausgabe muss man manchmal Umwege gehen. Das schadet nicht, man kommt weit herum.

„Anacharsis"? Hier stock' ich schon. Wer hilft mir weiter fort? Man schämt sich ein bisschen, im Namenregister ist er nicht, was tun? In Wikipedia hat man in Millisekunden alles über den alten Skythen und Preußen und muss nicht geduldig bis Seite 258 des Nachworts lesen, wo die Erklärung folgt. Es gilt also: sapere aude! Habe Mut, dich deiner eigenen Suchmaschine zu bedienen! Nicht alles muss erklärt werden, der Leser / die Leserin soll nicht unterfordert oder bevormundet werden. Das „dunkle Laub der Goldorangen"? – Geschenkt! Die Innsbrucker Hofkirche (60)? War das nicht bei Heine (*Reisebilder* Kapitel VIII) lustiger? Wäre zu *Palläste und Hütten* (1842) eine Erinnerung an Georg Büchner schon zu viel des Guten, gerade wo die „Hütten" bei Gutzkow fehlen? Drei Hütten waren geplant (175): wurde dabei an Matthäus 17,4 gedacht? Solche Querverweise sind mit einem Stellenkommentar leichter zu erledigen, ohne dass der Übersichtskommentar (Nachwort) damit befasst werden müsste. Irritierend auch

eine Stelle, in der ein antisemitischer Angriff („Hep Hep") auf Börne dem
Fürsten Pückler-Muskau unterstellt wird („daß er ein plebejisches Hep Hep
gerufen hat hinter unserm modernen Moses", 16). Man glaubt es nicht und
macht sich über den Börne-Index und das *Morgenblatt für gebildete Stände*
(online) kundig, freut sich über den Zugewinn und findet sich auf S. 273
des Nachworts bestätigt. Ungeduldige hätten es vielleicht lieber an Ort und
Stelle erklärt bekommen. Anderes bleibt ungewiss: war der „andere Autor"
(273) der *Neuesten Briefe eines Verstorbenen* tatsächlich Ludwig Robert, wie
Börne selber mutmaßt? Im 67. Brief aus Paris heißt es:

> Von den Briefen eines Verstorbenen im „Morgenblatt" habe ich die, welche
> mich betreffen, aber nur flüchtig, gelesen, die andern noch gar nicht. Ich werde
> sie mir zu verschaffen suchen und dann auch darüber sprechen. Ich glaube,
> daß sie Robert geschrieben. Der unglückliche Robert, der an den Ufern der
> Oos trauert, daß in den Stürmen der Julirevolution seine nicht assekurierten
> Vaudevilles untergegangen. Dort sinnt und sinnt er, wie zu machen, daß von
> ihm gesprochen werde. Dem Manne kann geholfen werden – sage ich, wie
> Karl Moor in den „Räubern".[10]

Jener Ludwig Robert, der jüngere Bruder der Rahel Varnhagens, selber Jude
und Zeuge der Hep-Hep-Krawalle von 1819?[11] Ein Zweifel bleibt (vorläufig).

Kurzum: man lernt auch viel durch hier angeregte eigene Nachfor-
schung. Das Fehlen eines Stellenkommentars in der Printausgabe wird im
Konzept der „Edition in progress" aufgehoben. „Das Riesengeschäft von
Erläuterungen zur Entstehungs- und Rezeptionsgeschichte und das noch
riesigere der Stellenerläuterungen bleibt dem Internetzweig der Ausgabe
vorbehalten."[12] Die Auslagerung breiterer und tieferer Kommentierung in
das Netz erscheint so als eine praktikable und ökonomisch sinnvolle Konzeption. Das Kernstück, die verlässlichen Texte, die Darstellung ihrer Genese
und ein Überblicks-Kommentar liegen vor, die erweiterte Kommentierung
folgt nach. Die damit gewonnene zeitliche Erstreckung wird sich als Gewinn
niederschlagen.

So bleibt zu resümieren: eine textkritisch und interpretatorisch gelungene
Leistung, ergänzt durch hilfreiche Register und drei geographische Karten

---

10 Ludwig Börne: Sämtliche Schriften. Neu bearb. u. hg. von Inge und Peter Ripp-
      mann. Dreieich: Abi Melzer 1977, 454.
11 https://de.wikipedia.org/wiki/Hep-Hep-Krawalle, 12. Jänner 2025.
12 Martina Lauster, Mail vom 22. Jänner 2025.

zu den Reisen (diese in der Internetausgabe der Edition). Vier weitere Bände Reiseliteratur sollen folgen. Der vorliegende Band berechtigt zu den schönsten Erwartungen.

Hubert Lengauer (Klagenfurt)

III.
Mitteilungen

Nachruf auf Peter Stein

Am 7. März 2024 verstarb mit fast 83 Jahren unser Freund und Kollege Peter Stein. Seit ca. 50 Jahren hatten wir privat, wissenschaftlich und hochschulpolitisch engen Kontakt, gemeinsam haben wir wichtige Forschungsvorhaben und -projekte entwickelt. Peter Stein war vor allem historisch interessiert, Literatur und Kultur im Kontext der Sozialgeschichte standen für ihn im Vordergrund, weniger die Poetik von Texten. Dem Verhältnis von Politik und Literatur galt schon in seiner Dissertation *Politisches Bewußtsein und künstlerischer Gestaltungswille in der politischen Lyrik 1780-1848* (1971) und in der Edition *Theorie der politischen Dichtung. 19 Aufsätze* (1973) sein besonderes Interesse. Mit der Untersuchung *Die Enden vom Lied. Probleme ästhetischer Operativität in der Literatur des deutschen Vormärz* (2017) hat er in einer seiner letzten wissenschaftlichen Publikationen Vormärz und politische Literatur mit Blick auf den zentralen Aspekt der Operativität zusammengedacht.

Peter Stein war einer der wichtigsten Vormärzforscher der letzten Jahrzehnte, er hat diese seinerzeit recht junge Forschungsrichtung innovativ mitgeprägt. Seine wissenschaftliche Untersuchung *Epochenproblem Vormärz (1815-1848)* von 1974 hatte und hat großen Einfluss auf die Diskussion der komplexen Epochenproblematik des Vormärz, gerade auch, weil er zum einen eine überzeugende und sehr differenzierte Gegenposition zu Friedrich Sengles „Endzeit-Theorie der Biedermeierzeit" in dessen einflussreichen, dreibändigen Publikation *Biedermeierzeit* (1971-1980) mit ihrer kulturkonservativen Ausrichtung vertrat; und weil er zum anderen die Sichtweise der DDR-Forschung kritisierte, dass die Epochenschwelle des Vormärz in der Julirevolution 1830 zu finden sei. Als wir jetzt Peter Steins schmales

Bändchen von 115 Seiten, Nummer 132 der Sammlung Metzler, aus dem traurigen Anlass seines Todes wieder in die Hand genommen haben, wurde uns an den vielen Anstreichungen und Kurzanmerkungen deutlich, wie oft wir mit seinem Buch gearbeitet haben – unsere Exemplare sind in positivem Sinne ‚zerlesen' und erinnern an die wissenschaftlichen Kontroversen der vergangenen Jahrzehnte um Biedermeier und Vormärz.

Peter Stein war 1994 Mitbegründer des Forum Vormärz Forschung und hat seitdem vor allem im wissenschaftlichen Beirat intensiv an der Erforschung des Vormärz, an Buch- und Veranstaltungsprojekten mitgewirkt. Im Kontext der kulturpolitischen Ausrichtung des Forums hat Peter Stein über viele Jahre wichtige Akzente und thematische Schwerpunkte gesetzt. Zusammen mit Florian Vaßen hat er im Aisthesis Verlag 1998 das dritte Jahrbuch des Forum Vormärz Forschung unter dem Titel *1848 und der deutsche Vormärz* herausgegeben. In dem Vorwort haben wir in Form eines Gesprächs einen *Dialog über die Revolution* geführt und *1848 zwischen Vormärz und Nachmärz* situiert, indem wir „in Rede und Gegenrede [...] die verschiedenen Sichtweisen deutlich" gemacht und unterschiedliche „Position[en] dargelegt und widerlegt" haben. Fünf Jahre später in den Vormärz-Studien X (2003) gab es erneut eine gemeinsame Herausgeberschaft, nun mit Wolfgang Bunzel und Florian Vaßen, und zwar zu der Thematik *Romantik und Vormärz* als „rivalisierende Diskursformationen der ersten Hälfte des 19. Jahrhunderts", wie der Untertitel des einführenden Textes lautet. Zentrales Thema war die „Archäologie literarischer Kommunikation in der ersten Hälfte des 19. Jahrhunderts". 1998 hat Peter Stein zusammen mit Wolfgang Beutin eine Tagung zu dem heute weitgehend vergessenen Autor Willibald Alexis organisiert und deren wissenschaftliche Ergebnisse 2000 in dem Sammelband *Willibald Alexis (1798-1871). Ein Autor des Vor- und Nachmärz* als Vormärz-Studien IV herausgegeben. In Abgrenzung zu Friedrich Sengles negativem Bild von Alexis wird dort dessen vielfältige und umfangreiche Literaturproduktion sowie seine komplexe politische Haltung ausführlich und differenziert diskutiert.

Peter Stein hat in Marburg und Hamburg studiert, er war Lektor in Schweden, von 1968 bis 1974 Lehrer in Hamburg und seitdem Mitglied in der Lehrer*innengewerkschft GEW; er war demgemäß im positiven Sinne nicht nur Wissenschaftler, sondern ebenso Pädagoge, wie auch die Publikation *Wieviel Literatur brauchen Schüler* von 1980 belegt. Seit 1974 lehrte Peter Stein im Studiengebiet Sprache und Kommunikation des Magisterstudiengangs Angewandte Kulturwissenschaften an der Hochschule Lüneburg,

1997 hat sich Peter Stein an der Universität Hannover kumulativ habilitiert (in Lüneburg war eine Habilitation damals noch nicht möglich).

Peter Stein hat nicht nur im Bereich des Vormärz wissenschaftlich gearbeitet, er war auch noch in weiteren Forschungsfeldern aktiv. In seinen späteren Jahren hat er drei wichtige Publikationen zu Heinrich Mann veröffentlicht bzw. herausgegeben: 2002 in der bekannten Sammlung Metzler das Standardwerk *Heinrich Mann*, 2013 *Heinrich Mann: Essays und Publizistik* (Bd. 1) und 2020 *Literatur und öffentliches Leben. Heinrich Manns Weg in die Moderne.* Ohne Zweifel hat ihn der Schriftsteller Heinrich Mann vor allem als ein wichtiger Vertreter von Aufklärung, Demokratie und Antifaschismus sowie als ein Autor der Literarischen Moderne besonders interessiert. Stein hat ein „Bild von Heinrich Mann" „entworfen", „das weder gegen oder ohne Thomas Mann noch von ihm her entworfen ist." Zudem hat er sich mit der Pressegeschichte beschäftigt (*Die NS-Gaupresse 1925-1933*, 1987) und 2006 einen Band zur *Schriftkultur. Eine Geschichte des Schreibens und Lesens* veröffentlicht. Mit großem Engagement hat er sich immer wieder mit dem Nationalsozialismus, dem Rechtsradikalismus der letzten Jahrzehnte und dem heute besonders gefährlichen Rechtspopulismus auseinandergesetzt.

Peter Stein war entsprechend seinem politischen Engagement auch Mitglied im Dringenberger Kreis (1978-2001), eine Gruppe von Hochschuldozenten, die sich im Deutschen Herbst (1977), vor allem nach der Suspendierung von Peter Brückner, angesichts eines allgemeinen konservativen ‚Rollbacks' in Deutschland zusammenfand, um undogmatische linke Positionen weiterhin öffentlich zu vertreten und die Hochschulreform weiter voranzubringen.

Peter Stein wird uns in seiner ruhigen, bescheidenen und doch selbstbewussten, reflektierten und zugleich pragmatischen Art fehlen – als Freund, Kollege und Wissenschaftler.

Florian Vaßen und Bernd Füllner †

In Erinnerung an Bernd Füllner

Die Nachricht vom Tod Bernd Füllners hat eine solch tiefe Bestürzung hervorgerufen, dass uns allen sehr schnell zu Bewusstsein kam, wie sehr er gemocht wurde – und wie riesengroß die Lücke ist, die er hinterlässt. Zuallererst in seiner Familie, der unser tiefes Mitgefühl für diesen unersetzbaren Verlust des Ehemanns (Bernd und seine Frau Karin waren ein Paar seit 1973), Vaters, Schwiegervaters und vierfachen Großvaters gilt. In seinem Freundeskreis, der seine Begeisterungsfähigkeit, seinen Elan, seinen Humor und seine Zugewandtheit so an ihm schätzte. Nicht wenige aus diesem Kreis hat er über seine wissenschaftliche Arbeit kennengelernt: in der Heine- und der Weerth-Forschung, in der Editionsphilologie und natürlich im Forum Vormärz Forschung, dessen Mitinitiator und Mitglied des Gründungsvorstands er 1994 war und seit 2013 dessen Erster Vorsitzender. Die Beliebtheit, der Respekt und die Anerkennung, die er allenthalben erfuhr, waren immer schon Beleg dafür, dass er ein ganz besonderer Mensch war, dem nichts fremder war als Überheblichkeit und eitle Selbstbezogenheit.

So wie ich ihn in den fast vierzig Jahren, die ich ihn kennen durfte, erlebt habe, vereinte der am 16.10.1950 in Düsseldorf geborene Bernd für mich viele sympathische Eigenschaften eines Rheinländers, wie Lebensfreude, Geselligkeit und Toleranz – und eine ausgeprägte Weltoffenheit und Reiselust mit den Lieblingsdestinationen Frankreich und Skandinavien. Immer wieder zog es ihn in das von ihm so geliebte Paris. Weit mehr als 50 Führungen auf Heines Spuren in Paris haben er und seine Frau Karin gemeinsam für die Maison Heinrich Heine konzipiert und durchgeführt, die letzte noch im Mai 2024. Und seit vielen Jahren haben er und Karin ihre Urlaube, wann immer es möglich war, in ihrem roten Holzhaus am südschwedischen Vetternsee verbracht. Auch im

Sommer 2024 waren sie noch in Hjo, von wo er mir ein Foto des lachenden Paares Bernd und Karin schickte, aus dem so viel Lebensfreude hervorstrahlte, dass es völlig unmöglich gewesen wäre anzunehmen, dieser so glücklich in sich ruhende Mann könnte uns nur wenige Monate später für immer verlassen.

Bernd war ein überaus verdienstvoller Literaturwissenschaftler und Editionsphilologe. Er hat über Jahrzehnte, beginnend 1980 mit einer Studie zu Georg Weerths Adelssatire *Leben und Thaten des berühmten Ritters Schnapphahnski* in den „Lippischen Mitteilungen", Jahr für Jahr gründlichst recherchierte Beiträge von stupender Sachkenntnis geliefert: zum von ihm so geschätzten, ja verehrten Georg Weerth, zu Heinrich Heine, über dessen Rezeption in der deutschen Literaturgeschichte er 1982 promoviert wurde, zu Karl Immermann, zu Ferdinand Freiligrath, zu Friedrich Engels u.a. sowie zur (auch digitalen) Editionsphilologie. Die beeindruckende Aufstellung seiner mehr als 100 Publikationen, zu der auch über ein Dutzend von Herausgaben gehört, ist im „Germanistenverzeichnis" unter http:// www.germanistenverzeichnis.phil.uni-erlangen.de/institutslisten/files/de/ 05400_de/5492_de.html verfügbar. Fast allen gemeinsam ist, dass sie zum Vormärz-Kontext gehören. Auf dem Feld der Forschungen zu dieser besonderen Phase der deutschen Literatur-, Ideen- und Politikgeschichte ist Bernd ganz sicher einer der kompetentesten Teilnehmer.

Ende der 1970er Jahre begann seine Mitarbeit an der von Manfred Windfuhr herausgegebenen Historisch-Kritischen Gesamtausgabe der Werke Heinrich Heines (Düsseldorfer Ausgabe), die erst mit dem vollständigen Erscheinen der Edition zum 200. Geburtstag Heines 1997 endete (und an der auch Karin mitwirkte). Mit den von ihm geleiteten DFG-Projekten der digitalen Editionen „Heinrich-Heine-Portal" (seit Dezember 2006 online), einem digitalen Pionierprojekt, und dem daran anschließenden „Grabbe-Portal" (seit September 2013 online) hat er (in Zusammenarbeit mit dem Kompetenzzentrum für elektronische Erschließungs- und Publikationsverfahren in den Geisteswissenschaften, Trier) unverzichtbare Instrumente für die Heine- und die Grabbe-Forschung bereitgestellt, die inzwischen aus der Forschung nicht mehr wegzudenken sind.

Ein kurzer persönlicher Exkurs sei mir an dieser Stelle gestattet. Ich nahm erstmals 1987 Kontakt zu Bernd auf. Zwei Jahre zuvor hatte ich zusammen mit Michael Vogt den Aisthesis Verlag gegründet, und schon bei den Vorüberlegungen zur Verlagsgründung waren wir uns einig, dass der Vormärz und seine Autoren (später auch Autorinnen) einen Schwerpunkt des Verlagsprogramms bilden sollten. Eine der ganz zu Anfang geplanten Publikationen sollte Georg Weerth (Detmolder wie wir – wie auch Freiligrath und Grabbe, die uns ebenfalls sehr am Herzen lagen) zum Thema haben. Auf der Suche nach einem dafür prädestinierten Bandbetreuer stießen wir bald schon auf Bernd. Also nahmen wir Kontakt zu ihm auf und konnten ihn, der anfangs mit berechtigter Skepsis auf das Angebot der verlegerischen Greenhorns reagierte, schließlich auch dafür gewinnen. Der dann 1988 erschienene Band *Georg Weerth – Neue Studien, herausgegeben von Bernd Füllner*, hat, so darf man wohl sagen, wieder Fahrt in die Weerth-Forschung gebracht und wurde zum Standardwerk. Nach dieser ersten erfolgreichen Zusammenarbeit blieb Bernd dem Verlag und uns als hoch geschätzter Projektbetreuer und immer engerer Weggefährte und Freund bis zuletzt treu. Insgesamt sind es 13 Buchpublikationen, die nur dank der Initiativen und der editorischen Exzellenz von Bernd im Aisthesis Verlag (vor allem in den Verlagsreihen „Vormärz-Studien" und „Veröffentlichungen der Literaturkommission für Westfalen") erschienen sind, zuletzt, 2022, Weerths *Englische Reisen. Reiseskizzen und Reportagen 1843 bis 1847. Hrsg. und mit Erläuterungen versehen von Bernd Füllner*. Dafür ist der Verlag – bin ich – ihm zu größtem Dank verpflichtet.

Als der bis dahin amtierende Vorsitzende 2013 nicht erneut kandidieren wollte, kristallisierte sich in Restvorstand und Wissenschaftlichem Beirat schnell heraus, dass der seit seiner Gründung 1994 im Vorstand des Forum Vormärz Forschung e. V. als Schatzmeister tätige Bernd fortan den Vorsitz des Forums übernehmen sollte. Die Ordentliche Mitgliederversammlung wählte ihn dann auch am 4. Mai 2013 in Wuppertal einstimmig zum Ersten Vorsitzenden. Diese Mitgliederversammlung schloss sich an die 4. Studientagung Junge Vormärz Forschung an, die bis dahin in unregelmäßiger Folge in Bielefeld stattgefunden hatte. Auch in diesem Fall ging es auf Bernds Initiative zurück, dass – von ihm koordiniert und geleitet – zu dieser Nachwuchstagung des FVF ab 2012 regelmäßig für Ende April eines jeden Jahres an die Bergische Universität Wuppertal eingeladen wurde, wo er seit dem Wintersemester 2010/11 in der Germanistik, und dort vor allem in den Editionswissenschaften, lehrte. „In dieser Zeit hat er maßgeblich dazu beigetragen, das Profil dieses (bundesweit mittlerweile einmaligen) Studiengangs zu formen", wie die Fakultät für Geistes- und Kulturwissenschaften in ihrem Nachruf, seine besondere Leistung rühmend, hervorhebt. Mit dem Ende des Wintersemesters 2023/24 beendete Bernd sein dortiges Wirken als Lehrbeauftragter, der er zuvor auch schon an der Universität Paderborn gewesen war. Aus seinen editionsphilologischen Seminaren gingen einige gemeinsam mit den Studierenden erarbeitete Editionen hervor. Dazu zählt unter anderem eine kommentierte Neuedition von Friedrich Engels' *Briefen aus dem Wupperthal (Briefe aus dem Wupperthal. Reiseskizzen, Essays und Rezensionen aus Barmen. 1839 bis 1841).* Auch sie erschien 2021 bei Aisthesis.

Bernd hat drei Tagungen des FVF als Mitinitiator und Moderator maßgeblich geplant und moderiert: 1999: „Briefkultur im Vormärz" (Düsseldorf, mit Michael Vogt), 2004: „Von Sommerträumen und Wintermärchen" – Versepen im Vormärz (Düsseldorf, mit Karin Füllner) und 2012: „Zuckererbsen für Jedermann". Literatur und Utopie. Heine und Bloch heute (Düsseldorf, wieder mit Karin Füllner). An fast allen anderen Tagungen des FVF war Bernd als Referent aktiv beteiligt – bis hin zur vorerst letzten, „Die Modernität von 1848/49", die im Mai 2023 aus Anlass des 175. Jubiläums der Revolution von 1848 in Frankfurt am Main stattfand. Hier referierte Bernd zum Thema „Zwischen Fiktion und Realität: Fürst Lichnowsky und Ritter Schnapphahnski. Verknüpfung von realer Person und fiktiver Romangestalt in der Karikatur". Zudem war Bernd maßgeblich an der Konzeption von zwei Jahrbüchern des FVF beteiligt und hat sie mitherausgegeben: 2002: „Deutsch-französischer Ideentransfer im Vormärz" (zusammen mit Gerhard Hohn) und 2015: „Das Politische und die Politik im Vormärz" (zusammen mit Norbert Otto Eke). Es spricht sehr viel dafür, dass Bernd nicht nur ein wichtiger, sondern der wohl wichtigste Impulsgeber in der inzwischen 30-jährigen Geschichte des Forum Vormärz Forschung gewesen ist.

In der letzten von ihm geleiteten (besonderer Umstände halber leider nicht im persönlichen Beisammensein, sondern über Zoom durchgeführten) Sitzung von Vorstand und Wissenschaftlichem Beirat des FVF am 23. November 2024 hatte er angekündigt, im April 2025 nicht noch einmal für das Amt des Ersten Vorsitzenden zu kandidieren. Als Mitglied im Beirat wolle er aber selbstverständlich weiter aktiv im Forum mitwirken, hatte er betont. Nicht alle von uns wussten zu diesem Zeitpunkt, wie ernst die Erkrankung war, an der er schon seit mehr als einem Jahr litt. Er machte auch durchaus nicht den Eindruck, als müsse man sich Sorgen um ihn machen. Er war wie immer voller Zuversicht, Pläne und Tatendrang. Niemand hätte vermuten können, dass es die letzte gemeinsame Sitzung mit Bernd gewesen sein könnte. Umso heftiger traf uns alle in den ersten Tagen des Jahres 2025 die schockierende Nachricht, dass Bernd schon am 19. Dezember 2024 den Folgen seiner Krankheit erlegen war. Das Entsetzen über diese Nachricht war gewaltig, und wir alle waren über diesen Verlust untröstlich – und sind es noch immer.

Detlev Kopp

Personalia

Verstorben

Prof. Dr. Peter Stein (23.5.1941-7.3.2024)
Dr. Bernd Füllner (16.10.1950-19.12.2024)

Neue Mitglieder
(seit 1.1.2024)

Dr. Demian Berger (Zürich, CH)
Melissa Vogt (Richterswil, CH)
Charlotte Krick (Wien, A)

Ausgeschieden
(zum 31.12.2024)

Pavlos Dimitriadis (Berlin)
Silvie Lang (Kassel)
Ludmila Peters-Behrens (Paderborn/Soest)
Dr. Eckhard Pilick (Karlsruhe)

Call for Papers für das FVF-Jahrbuch 2025

Polemik, Kontroverse, Disput, Zensur – literarische Streitkulturen im Vormärz

Herausgegeben von Dr. Demian Berger und MA Melissa Vogt (Universität Zürich)

Im Vormärz wurde heftig gestritten, gerade im literarischen Modus. Dieser trivial anmutende Befund kann nicht darüber hinwegtäuschen, dass ein systematischer, theoriegeleiteter Zugang zu den unterschiedlichen, literarischen und paraliterarischen Streitmodi im Vormärz noch immer aussteht. Diesem Mangel möchte das FVF-Jahrbuch 2025 abhelfen, indem es, in Korrespondenz zum laufenden, von den Herausgebenden bearbeiteten SNF-Projekt *Polemik und literarisch-politische Öffentlichkeit 1815-1850* (Universität Zürich), Beiträge und Fallstudien zu Polemiken, Kontroversen, Disputen sowie Zensurpraktiken in der Literatur und (literarischen) Publizistik im besagten Zeitraum versammelt und historisch-begrifflich einzuordnen versucht. Dabei ist der Plural ‚Streitkultur*en*‘ insofern leitend, als die Variabilität der Streitformen in ihrer öffentlichkeitsbildenden und -zersetzenden Kraft sowie in ihrer epistemischen und ästhetischen Produktivität im Mittelpunkt steht. Entsprechend unterschiedlich können die Zugänge sein: Zielt Polemik in der elementaren Form auf die Schwächung bzw. ‚Vernichtung‘ des polemischen Objekts (Individuum oder Gruppe) und auf die Differenzierung des Publikums in pro und contra ab, so kann sie je nach Handlungszusammenhang in ‚dialogische‘ Streitformate wie die Kontroverse überführt werden oder umgekehrt diskursive Eskalationsdynamiken in Gang setzen. Solche literarischen oder publizistischen Kommunikationslogiken gilt es exemplarisch zu beschreiben. Dabei können etwa Prozesse polemisch bedingter Gattungshybridisierung in den Blick genommen werden (manifest etwa in den Mischformaten der literarisch-sozialkritischen Reportage), Tendenzen ästhetischer Sublimierung von Polemik in der politischen Lyrik oder der polemisch induzierten Auflösung von Kunstautonomie in der Schmähschrift. Besondere Aufmerksamkeit gebührt den literarischen Ermächtigungsstrategien weiblicher Akteure, dem emanzipatorischen Potential literarisierter Polemik im frühfeministischen Kontext sowie der Bildung progressiver Gegen-Öffentlichkeiten unter eminent polemischen

Vorzeichen. Schließlich kann auch die Zensur unter dem Signum von Polemik begriffen werden, nämlich als diskursive Ausschlusspraxis mit institutionellem oder juristischem Rückhalt, eine Praxis, die paradox öffentlichkeitsbildend wirkt und entsprechende polemische Gegenreaktionen und ‚wachsame' Rezeptionshaltungen (Vigilanz) evoziert.

Beitragsangebote sind bitte zu senden an: demian.berger@ds.uzh.ch und/oder melissasabrina.vogt@ds.uzh.ch; Einsendeschluss für das Exposé (max. 1 Seite): **31. Mai 2025.**

Die fertigen Beiträge (max. 40 000 Zeichen, inkl. Leerzeichen) müssen den Herausgebenden bis zum 30. November 2025 vorliegen.

Zwischen Vor- und Nachmärz. Österreichische Lyrik im zweiten Drittel des 19. Jahrhunderts

Herausgegeben von Michael Ansel und Torsten Voß (Bergische Universität Wuppertal)

Die Frage, ob bzw. inwiefern es eine genuin österreichische Literatur-(geschichte) gibt, wird bis heute diskutiert, im Wesentlichen aber bejaht. Betrachtet man das 19. Jahrhundert, so lassen sich eine Vielzahl politischer, sozial- sowie mentalitätsgeschichtlicher und kultureller Faktoren benennen, die die Annahme nahelegen, dass zu Recht von der Existenz einer solchen Literatur(geschichte) gesprochen werden kann: der Vielvölkerstaat und die übernationale Ausrichtung seiner Staatsdoktrin, die Glorifizierung der Habsburgerdynastie als Garantin einer kontinentaleuropäischen Friedensordnung, die Koexistenz unterschiedlicher national(kulturell)er Bewegungen in den nicht nur deutschsprachigen Kronländern (Ungarn, Böhmen), die konfessionelle (Religion) und kulturelle (Schulunterricht) Prägung durch den Katholizismus, die vergleichsweise schwache Rezeption der Romantik, die starke modernisierungsfeindliche Allianz zwischen Kirche und Bürokratie, die sehr verhalten voranschreitende Industrialisierung einschließlich der Rückständigkeit des Verlagswesens und Buchhandels, die starke agrarische Prägung der Gesellschaft und die regionale Verwurzelung der Kultur, die oftmals kreativitätstötende Kraft der Zensur und der fehlende Urheberrechtsschutz, die Vielsprachigkeit und nationalkulturelle Pluralität des Staats, die realpolitischen Zwänge einer europäischen Großmacht in Folge der Revolutionen von 1848/49 sowie der nationalen Freiheitsbestrebungen, der Neoabsolutismus der 1850er Jahre, der Verlust der Lombardei und Venetiens nach dem verlorenen Krieg gegen die von Frankreich unterstützte italienische Freiheitsbewegung und das definitive Scheitern der großdeutschen Idee im Jahr 1866 – alle diese im deutschsprachigen Raum außerhalb Österreich-Ungarns so nicht vorhandenen Faktoren lassen es als plausibel erscheinen, von „der Gewissheit einer jedenfalls soziokulturell belegbaren Eigenart [der österreichischen] Literatur" (Klaus Zeyringer/Helmut Gollner) auszugehen.

Diese Gewissheit soll anhand der im zweiten Drittel des 19. Jahrhunderts publizierten Lyrik österreichischer Autorinnen und Autoren auf den Prüfstand gestellt werden. Da diese Lyrik in den letzten Jahren eher ein Schattendasein in der literaturwissenschaftlichen Forschung gefristet hat, offeriert sie einen vielversprechenden Raum für epochengeschichtlich relevante Neuentdeckungen. Die doppelte Beschränkung der Fragestellung auf eine Gattung und einen um die Jahrhundertmitte und die Revolution der Jahre 1848/49 zentrierten Zeitraum soll einerseits einen fokussierten Blick auf einen vergleichsweise eng definierten Gegenstandsbereich und andererseits die Einbeziehung bislang kaum oder wenig beachteter Autoren der ‚zweiten Reihe' ermöglichen, deren Dichtungen oftmals von ergiebigerer epochen- bzw. literaturgeschichtlicher Relevanz sind als die immer wieder einseitig im Fokus der Forschung stehenden Werke allgemein anerkannter Klassiker wie z.B. Lenau oder Grillparzer. Diese doppelte Beschränkung impliziert zugleich eine zweifache Perspektivierung auf die Lyrik: Obwohl sie, in ihrer Gesamtheit betrachtet, keinem eindeutigen Stil- und Formparadigma zugeordnet werden kann, ist zu fragen, ob sie hinreichend trennscharfe Familienmerkmale im nachgefragten Sinn aufweist: Gibt es belastbare Kriterien, die diese Lyrik von vergleichbaren, im deutschsprachigen Bereich außerhalb Österreichs produzierten Texten unterscheiden? Zweitens ist in diachroner Perspektive zu untersuchen, ob bzw. inwiefern in ihr durch die von spezifisch österreichischen Konditionen geprägte Epochenschwelle vom Vor- zum Nachmärz relevante Modifikationen oder Veränderungen stattfinden, die gleichfalls den Status der ihr eigentümlichen Austriazität begründen oder betreffen: Wird diese Epochenschwelle eher als Fingerzeig zur ‚Rückkehr' oder als Aufforderung zu einem ‚Neueinsatz' gewertet und welche inhaltlichen bzw. konzeptionellen Vorstellungen verbinden sich mit diesen Auffassungen?

Gedacht ist dabei an drei Untersuchungsfelder, die (1) auf der Ebene des Textsystems, bei (2) den Institutionen des literarischen Lebens oder (3) bei der Erörterung der gesellschaftlichen Funktionen der Literatur lokalisiert werden können. Exemplarisch dafür seien jeweils nur kurz einige Aspekte skizziert, die gemäß den eigenen Forschungspräferenzen der am Projekt Interessierten modifiziert bzw. ergänzt werden können. (1) Welche Themen, Stoffe und Motive behandelt die Lyrik und welches Formspektrum weist sie auf? Sind Fortschrittsgläubigkeit und eine optimistisch-liberale Anthropologie in ihr schwächer ausgeprägt als in jungdeutschen und junghegelianischen Werken? Wird sie durch die rivalisierende Koexistenz deutsch(sprachig)er und nichtdeutscher nationalkultureller Bestrebungen auf spezifische Weise geprägt (Exotismus vs. Heimat)? Sucht sie eher Anknüpfungspunkte an

die außerösterreichische deutsche Literatur oder grenzt sie sich davon ab?
(2) Wie wirkt sich die im Vergleich zum Deutschen Bund schwach entwickelte Zeitschriftenlandschaft oder der Umstand aus, dass sehr viele Autoren aus Gründen des Urheberschutzes Verlagskontakte außerhalb Österreichs pflegen? Welche Folgen hat ihre aus beruflichen Gründen zum Teil
hohe Mobilität mit oftmals mehrjährigen Stationen außerhalb Österreichs?
Gibt es wegen des für österreichische Verhältnisse typischen Beamtenlitera-
tentums eine spezifische Form der Zensur(prävention)? (3) Welche Strategien der Selbstinszenierung nehmen Autoren in der Öffentlichkeit ein und
welcher auch außerliterarische Stellenwert wird ihrer Dichtung zuerkannt?
Gibt es in Anbetracht des Habsburgermythos eigene Ausprägungen opera-
tiver Lyrik oder antisemitischer Ste-reotype? Kommt die obrigkeitsstaatlich
geförderte Konzentration der ‚unmündigen‘ Untertanen auf das Private und
Unterhaltsame der Lyrik als einer (vermeintlich) intim-subjektiven Gattung
zugute?

Erwünscht sind insbesondere Beiträge zu Autorinnen und Autoren, die
im Zeitraum zwischen den 1820er und 1860er Jahren publiziert haben
wie Karl Isidor Beck, Ignaz Franz Castelli, Hermann von Gilm, Anastasius
Grün, Friedrich Halm, Robert Hamerling, Moritz Hartmann, Karl Adam
Kaltenbrunner, Josefine von Knorr, Johann Mayrhofer, Alfred Meißner,
Betty Paoli, Hermann Rollett, Ferdinand von Saar, Moritz Gottlieb Saphir,
Ferdinand Sauter, Johann Gabriel Seidl, Franz Stelzhamer, Adalbert Stifter,
Adolf von Tschabuschnigg und Johann Nepomuk Vogl.

Beitragsangebote sind bitte zu senden an: ansel@uni-wuppertal.de und/
oder torsten.voss@aau.at; Einsendeschluss für das Exposé (max. 1 Seite):
31. Oktober 2025.

Die fertigen Beiträge (max. 40 000 Zeichen, inkl. Leerzeichen) müssen
den Herausgebern bis zum 31. Oktober 2026 vorliegen.